音乐教育家常苏民纪念文集

四川音乐学院高等教育研究所　编

四川文艺出版社

图书在版编目（CIP）数据

音乐教育家常苏民纪念文集 / 四川音乐学院高等教育研究所编. — 成都：四川文艺出版社，2014.9（2021.9重印）

ISBN 978-7-5411-3924-6

Ⅰ. ①音… Ⅱ. ①四… Ⅲ. ①常苏民（1910~1933）–纪念文集 Ⅳ. ①K825.76–53

中国版本图书馆CIP数据核字（2014）第177503号

音乐教育家常苏民纪念文集
YINYUE JIAOYUJIA CHANGSUMIN JINIAN WENJI

四川音乐学院高等教育研究所　编

责任编辑	郭　健
责任校对	韩　华　王　冉　舒晓利
装帧设计	史小燕
出版发行	四川文艺出版社

社　　址	成都市槐树街2号
网　　址	www.scwys.com
电　　话	028-86259285（发行部）　028-86259303（编辑部）
传　　真	028-86259306

读者服务	028-86259310
邮购地址	成都市槐树街2号四川文艺出版社邮购部　610031

印　　刷	三河市嵩川印刷有限公司
成品尺寸	168mm×238mm　1/16
印　　张	17.25
彩　　插	36码
字　　数	220 千
版　　次	2014年9月第1版
印　　次	2021年9月第2次印刷
书　　号	ISBN 978-7-5411-3924-6
定　　价	58.00元

编委会

主编：柴永柏

编委：文 兴　冯志飞

人民音乐家
冼星海永垂不朽

曹庆泽 二〇一〇年
于北京

曹庆泽，中共中央纪委原常务副书记

为培养音乐专
业人才作出卓越
贡献

常苏民同志百年诞辰谨贺

庚寅春日 孙慎
九十有四

孙慎，中国音协原副主席、分党组书记

蔼然仁者

常苏民同志

想起老领导

流沙河

庚寅正月初九

流沙河，四川作协原副主席、著名诗人

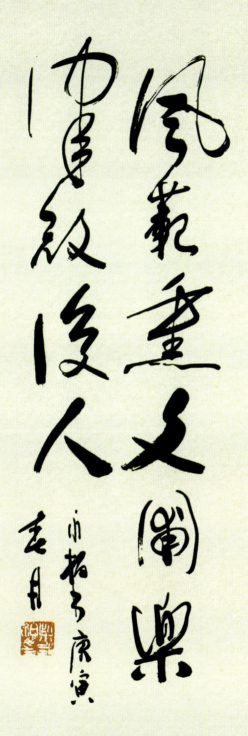

風范垂文阐乐
重敷後人

小柏书于庚寅
正月

柴永柏，中国音乐文学学会副主席，
四川音乐学院党委书记、教授、博士生导师

时代楷模
川音丰碑

深切怀念常苏民院长

易柯 2013.6.

易柯，四川音乐学院原院长、教授

亲民务实敢为人先

德高望重誉满乐坛

纪念著名音乐教育家
常苏民教授百年诞辰

宋大能敬题

宋大能，四川音乐学院原院长、教授

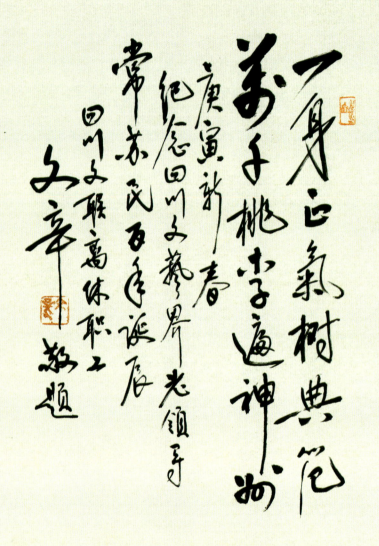

一身正氣樹典範

弟子桃李遍神州

庚寅新春

紀念四川文藝界元老領軍

常蘇民百年誕辰

四川文聯高休職工

文辛 敬題

文辛，四川省戏剧家协会原副主席，《戏剧电影》主编

奉命为驱
音樂趨楚
學界導師
藝境楷模
常幸有年记感而诛

嚴肅

严肃，四川省文化厅艺委会原主任

常苏民在抗日战争时期

书影

1950年常苏民任成都军事管制委员会文艺处处长时佩戴的臂章　　　常苏民配章和纪念章

常苏民和夫人李彬、女儿常爱华、儿子常小勇

常苏民和夫人李彬、儿子常小勇

1941年常苏民任晋东南
鲁迅艺术学校任音乐部主
任，与部分教职工合影
（二排右二）

1944年，常苏民（后排左一）任晋绥边区文联音乐部长，与文联部分同志合影

1944年和晋绥边区文联（左一）同志们在一起

1945年，与卢梦、林杉在晋西北兴县
（左二）

1947年，晋绥土改时（左二），
常苏民任山西崞县某区副区长

1949年参加全国文代会

1949年，常苏民参加全国第一次文代会时与西北代表团代表合影（三排左一）

1949年7月，常苏民在中华全国音协成立大会上（一排右三）

1949年，常苏民和妻子李彬、大女儿常爱群等在山西临汾

1951年，常苏民与成都艺专刘文晋在《刘胡兰》剧组

1950年冬，在长春电影制片厂与《刘胡兰》电影摄制组有关人员合影

1952年与四川省文联的同仁合影（二排右二）

1951年，常苏民（后排右二）、羊路由（一排右三）和成都艺专部分教师合影

1953年与西南音专教职工合影（二排左五）

《猛河的黎明》剧照（左一）

1954年担任电影《猛河的黎明》音乐创作，在米亚罗与部分演职人员合影（左一）

1954年，常苏民赴朝鲜访问，图为在朝鲜 开城留影

1954年，在朝鲜"三八线"留影（右三）

1954年7月，常苏民赴蒙古人民共和国访问，图为在夏令营与蒙古青少年合影（后排右四）

1954年7月，在蒙古人民共和国（右二）

1954年夏，常苏民赴苏联访问，图为在苏联基辅机场（右二）

1954年夏，在莫斯科高尔基公园（左一）

1955年，与李伯钊（杨尚昆夫人、中央戏剧学院院长）在川音校园合影（右三）

1958年，与中国音乐家协会主席吕骥、西南音乐专科学校副校长安春振合影

1957年，见证宝成铁路通车

1958年，在康定体验生活（右二）

1958年，和澳大利亚舞蹈家在双流机场（右三）

1959年，为电影《嘉陵江边》作曲，在八一制片厂与摄制组有关人员合影（三排左四）

1961年，在广州与作曲家王云阶、王莘合影

1962年，与韩立文老师带领学生周亨芳、李存琏在武汉演出（二排左二）

1962年，在广州讲学时与作曲家时乐蒙、王莘合影

1964年，同川音附中少先队员在一起（中）

1965年，常苏民在会理慰问参加社教工作的师生（前排左三）

1981年，常苏民与《不是为了爱才爱》摄制组人员合影（一排右四）

1981年，常苏民参加全国文联全会与山西文艺界的同志合影（右一）

1981年1月，常苏民与《风流千古》摄制组人员合影（摄影机后二排中）

1982年，常苏民在中央党校学习（右四）

1982年，常苏民同山西部分文学艺术家在山西杏花村合影（右三）

1982年，常苏民在江西九江音协做学术报告

1982年，常苏民在四川音乐学院为先进工作者授奖

1983年，常苏民同宋大能副院长在一起探讨学术问题

1983年，常苏民与四川音乐学院年度先进支部、优秀党员合影（一排右四）

1983年，常苏民率团参加在平壤举行的第六届亚洲音乐节，图为向平壤音乐大学赠琴

1983年10月28日，常苏民访朝归来（一排右六）

1984年，常苏民与上海文化局
局长孟波同志在四川音乐学院
王光祈碑亭合影（右二）

1985年，常苏民在四川音乐学院校园与吕骥、康振黄、关立人、安春振及省市有关部门负责
同志合影（一排左六）

1985年10月，常苏民访问香港中文大学（左一）

（时任四川音乐学院顾问的常苏民同志应学院钢琴系名誉教授、香港教师音乐家协会主席周书绅的邀请赴港访问、省文化厅厅长杜天文、四川音乐学院院长宋大能同行）

1985年，常苏民与宋大能院长访问香港中文大学（左二）

1986年10月，常苏民、宋大能与中央乐团演员亲切握手

1989年10月，参加温江王光祈纪念馆落成仪式（二排右四）

1990年3月，四川音乐学院祝贺常苏民老院长从事音乐教育工作60周年暨80寿辰会场

1990年7月3日，常苏民在芙蓉饭店与原"七月剧社"在蓉部分老同志合影（二排左八）

常苏民与杜天文、郭兰英在一起

1991年9月1日，常苏民参加太原平民中学69周年校庆校友联谊会（一排右九）

1991年，常苏民参加太原平民中学69周年校庆联谊会（左六）

1993年初，常苏民在四川省干部疗养院

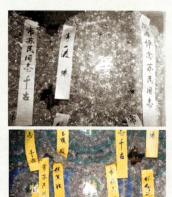

1993年2月5日，常苏民因病在成都逝世，薄一波、杨白冰等领导人敬献花圈

家人将常苏民骨灰安葬于龙泉山

先生之风　山高水长

中国音乐文学学会副主席，四川音乐学院党委书记、教授　柴永柏

引　言

我在青年时代，虽然没有机会接触艺术训练，但还是对音乐充满了兴趣。有时也和同学们在一起，高歌几曲。在中学时期就知道常苏民是一位有名的作曲家、音乐理论家。20世纪80年代，我踌躇满志地踏进了高等学府的门槛。那时，他创作的电影《神圣的使命》的插曲《心上人啊，快给我力量！》和电影《漩涡里的歌》的插曲《船工号子》，在社会上广为流传。特别是《心上人啊，快给我力量！》，曲调缠绵凄恻，融情入景，感人肺腑。刚从十年"文化沙漠"中走出来的小青年，听了这一歌曲，真是如醉如痴。大学毕业后，工作几经辗转，后调四川音乐学院党委工作。在和部分老教授、老职工的交谈中，我对常老的革命生涯、渊博学识、广阔胸怀、仁厚风貌，有了较深刻的了解，崇敬之情油然而生。在院庆75周年之际，为了缅怀常老的历史功绩，学校高研所组织编写了《音乐教育家常苏民纪念文集》，编委会要我代表学校党委和行政写一篇纪念文章，我觉得义不容辞，责无旁贷，于是，欣然应诺。特撰此文，以表达对老前辈筚路蓝缕，创业艰辛的敬意。

四川音乐学院从建院到现在，校（院）长更迭，历经八届。

著名戏剧艺术家熊佛西先生是第一届。

1939年，在抗日战争烽火连天的日子里，熊佛西先生在郫县吉祥

寺创立了四川省戏剧音乐学校。在四川近现代史上，开新音乐教育之先河，是四川音乐学院的"开篇"之作。可惜学校只办了一年，就被反动军阀借故查封。

著名色彩学家李有行先生是第二届。

1941年，他在成都锦水之滨，创办了四川省立艺术专科学校，偏重于培养绘画、建筑、印染、漆器等美术人才。虽设有音乐学科，但规模不大，教师很少，学生不多，缺乏社会影响力。

第三届就是原晋西北鲁艺分院老领导、老革命音乐教育家常苏民。从新中国成立后1953年院系调整开始，主持学校工作，前后达三十余年。在漫长的岁月中，他朝乾夕惕，呕心沥血，克服困难，历经坎坷，对学校发展和建设起了最关键的奠基作用。从某种意义上也可以说他是音乐学院的真正创始人。所以，我们隆重纪念建院75周年，绝不能也不应该忘记我们最尊敬的常老院长。

一、革命音乐家的前驱

一个人的兴趣爱好，一生走什么道路，是和他成长的环境分不开的。

常老1910年3月出生于晋东南古上党郡的长治市。他的祖父、外祖父均是当地精明干练，善于运营的商人，喜欢家乡古老的上党梆子，兴之所至，也会引吭高唱，舒展胸怀。他的父亲善弹三弦，痴迷梆子戏。在他家院落中，经常聚集票友，排练演唱，自娱自乐。他的隔壁邻舍，是一个承办红白喜事的鼓乐班社。一年四季，地方戏曲，民间小调，声弦缭绕，不绝于耳。他家对面，是一座红墙绿瓦庄严肃穆的关帝庙，大小和尚，拜佛念经，钟磬叮当，笙管悠扬。常老就在这样一个"耳染七音"的环境熏陶中，叩开了音乐的大门，走进了音乐殿堂。七八岁学会了弹月琴、拉二胡、唱梆子戏。在乡邻的心目中，他从小就是个有天赋的音乐神童。

1924年冬，14岁的常苏民，由父亲带领，步行七八百里，考入了太原六年制的山西国民师范学校。这所学校虽为阎锡山所办，校长为阎锡山的老师赵戴文，但在当时却是共产党活动的大本营。老一辈无产阶级革命家薄一波在学校组织共产党支部并任书记，发动学生声援太原民众反对阎锡山强征房产税的斗争。成立"沪案后援会"，声援五卅爱国运动。在学生运动中，常苏民接受了新文化、新思想，冲破了封闭的"上党脚盆"①意识，豁然看到了广阔的天地。在薄一波的介绍下，1925年他秘密加入了中国共产主义青年团地下组织（C.Y），成为薄一波的好朋友。在薄一波组织的地下党"夜间轮训班"，他站过岗，放过哨，也参加过轮训。还跟潜入学校讲课的苏联友人学会了唱《国际歌》和《共产主义青年团歌》。

在国民师范，他勤奋好学，志存高远。在老师的指导下，小时已掌握的乐器演奏技巧得到了很大的提高。还初步学会了小提琴、风琴、琵琶的演奏。入学第二年，他考入了在太原闻名遐迩的"国民师范雅乐团"。由于他排练刻苦，技艺娴熟，富有组织力和号召力，16岁便出任该团团长。1926年秋，初师毕业升入高师时，他凭借优越的吹、拉、弹、唱基本功，很顺利地进入高师艺术科，主修音乐和美术。师从北大音乐传习所毕业的王美岩先生，学习音乐理论作曲，课余兼修古琴。

常老虽然出生于黄土高原，但他身上缺少太行、吕梁那种北风呼号、高亢、粗犷、大线条的风派。相反，他说话斯文，走路怕踩死蚂蚁，从头到脚，清清爽爽，线条细腻，一尘不染，颇有几分江南才子的丝竹韵味。加之，他才艺出众，在稠人广聚的场合，经常露面，因而受

---

① 毛泽东曾称上党是山西一个洗脚盆子。

到太原诸多小青年的热捧。有人还为他编了个小曲："长治来了个年轻人，身上穿着一身清，手里拉着喂唔铃①，他叫常苏民。"这首小曲，后来还流传到抗日根据地，晋绥解放区的老同志，有好些现在还可以有盐有味地唱出来。

1927年蒋介石发动了四一二反革命政变。6月，阎锡山下令通缉抓捕薄一波等61名共产党人。在一个漆黑的夜晚，常老蹲在墙角下作为人梯，帮助薄一波翻墙逃跑。薄走时，曾交给他一箱地下党文件及有关各地党组织情况、联络线索的资料，他根据薄的嘱托，想方设法，费尽周折，转交给了隐蔽在太原的中共山西地方执委宣传部长王瀛同志，圆满地完成了任务。

1929年，他毕业于太原国民师范学校。在白色恐怖下，返回老家长治。任教于一所师范学校，静观时变。

1931年，九一八事变后，抗日救亡的热浪汹涌中华大地。常老又返回太原，担任女师附中、省女中、成成、进山、阳兴、平民等八所中学音乐教师，发起成立"太原市中小学音乐教育研究会"，亲自担任会长，他们并编写救亡歌曲教材，把教唱抗日救亡歌曲，推广传播到各学校各工厂及太原市郊区，激发人民救国御侮的热情。1935年，他又以成成中学为中心，发起全市学生在太原"海子边公园"进行救亡歌咏竞赛。是日，人潮汹涌，激情澎湃，"大刀向鬼子们头上砍去"的歌声，响彻云霄。

几十年后，太原平民中学的老学生、老校友，缅怀当年，对常老师的教诲，感恩难忘。

西安工业学院赵文蔚（原平民中学学生）教授说："特别值得怀念的是音乐老师常苏民，他编了一本歌曲集，有《大路歌》《开路先锋》

---

① 喂唔铃即小提琴。

《义勇军进行曲》《满江红》等，教育我们要抗日御侮，要为劳苦大众呐喊，要向黑暗社会宣战，要为人类文明而战！"

中国人民解放军原第14军副军长王立岗说："日寇铁蹄踏进山西，常老师教我们唱《松花江上》《流亡三部曲》《义勇军进行曲》，鼓舞我们投身抗日救亡。"我们就是在"中华民族到了最危险的时候"走进太原八路军办事处，投身了革命。

二、战斗在抗日前线

1937年春，常老参加了薄一波领导的"山西国民军军官教导团"第八团，后改为决死二纵队，驻长治地区。七七事变后，日寇疯狂进攻。蒋介石的中央军，阎锡山的晋绥军，望风溃退。当年11月，太原失陷，山西人心惶惶，风雨飘摇。常老在长治地区牺盟会的领导下，组织儿童剧团，在县城，在农村，在工厂，在课堂，教唱抗日救亡歌曲，散发传单，刷写标语，发动群众投入抗日运动。1938年春，决死六纵队转战长治。政治部主任廖鲁言决定组建政工队，深入基层，宣传抗战，动员青年参军，壮大部队力量。不久，政工队与儿童剧团合并，成立"怒吼剧团"，常苏民担任团长。

怒吼剧团是在随军战斗中生活和工作的。部队走到哪里，剧团就在哪里宣传演出。常老对排练演出，十分认真，一丝不苟。每次教大家唱歌，他都用毛笔将曲谱和歌词工整地抄在纸上，耐心教大家演唱。他的二胡演奏《满江红》是最受欢迎的节目，场场必演，场场轰动。他还指导把《松花江上》改为《在雁门关外》，演出时台上台下，热泪盈眶，掌声不绝。

当年秋，日寇对晋东南太行根据地进行大扫荡。怒吼剧团随六纵队翻山越岭，过河涉涧，转移到吕梁根据地。在战斗频繁，疟疾折磨，衣食困乏的环境中，常老从一位来自延安的同志手中，获得冼星海《黄河大合唱》的油印稿。他无比兴奋，无比激动，立刻夜以继日，组织排练。对《黄河大合唱》每一乐章的音乐，他都详细讲解，耐心范唱。在很短的时间里，《黄河大合唱》搬上了舞台，演出获得极大的成功。"风在吼，马在叫，黄河在咆哮"，高亢的旋律，激动人心的歌唱，大大鼓舞了保卫黄河的英雄儿女，也大大激发了根据地人民斗争的信心和勇气。

1939年底，吕梁抗战形势急剧恶化。阎锡山发动了"十二月政变"，企图消灭我决死队和牺盟会。根据上级指示，常老率怒吼剧团在前有日军堵截，后有阎军追杀的极度困难下，历尽艰险，于1940年初，返回太行，转入著名戏剧家李伯钊在太行根据地西营创办的晋东南鲁艺分院（也称前方鲁艺）。

在晋东南鲁迅艺术学院，常老担任音乐系主任，教授作曲理论课。在这里，常老和李伯钊结下了深厚的战斗友谊。新中国成立后，李伯钊曾两次来川看望老战友。两人并肩散步校园，言辞恳恳。李伯钊还应常老之邀，向全院师生做了报告。

1942年秋，日军疯狂扫荡太行根据地，实行"三光"政策，制造无人区，形势极为严峻。晋东南鲁艺决定返回延安。常老率李季、马惠文等21名学生，经过五个多月的徒步跋涉，艰难地到达晋绥首府兴县。后经贺龙司令员挽留，在兴县筹办晋西北鲁艺分院。常老任教务长兼音乐部主任。

1943年冬，晋绥分局决定将七月剧社、大众剧社、鲁艺晋绥分院和文艺工作团集中进行整风。整风后上述几个单位均合并于七月剧社。这期间常老除任晋绥文联音乐部长外，还任七月剧社艺术指导。

在七月剧社，他创作了不少在晋绥广为流传的群众歌曲。还为歌颂互助合作的《杨满仓办喜事》，揭露阶级敌人拉拢腐蚀干部的《美人计》，宣传对敌斗争的《闹对了》以及《交城山》等歌剧担任音乐设计。1944年夏，常老精心策划，在七月剧社组建了一个大型的中西乐混合乐队，将西洋音乐中的和声、配器技法及小提琴加入传统乐队，提高了民族乐队的音质，增宽了音域，加强了力度。他亲自拉小提琴参加乐队，收到了意想不到的效果。乐队后来还独立举办音乐会，常老的杰作《山西民歌联奏》给观众留下了难以磨灭的印象。为了使效果更好，在常老指导下，乐队队员自己动手，制作低音大提琴，用羊肠制作琴弦，这些乐器现在看来觉得原始好笑，可在当时实在是一个创举。原成都市人大常委会副主任，老七月剧社队员冯如秀回忆说："常苏民当时33岁，是一个在我们革命文艺队伍中很有名气，很受人尊敬的师长。他那种诲人不倦的精神，使我们非常感动。我们剧社不论上下，干部战士，都亲切叫他常老师。他辅导我们学习，指导我们排练时，无论我们学得快，学得慢，做得对，做得错，从来没见他发过脾气，他总是和颜悦色地面对我们，鼓励我们。他越是这样，我们反而把任务完成得更快、更好，大家更加尊敬他。"

1944年夏，鲁艺晋绥分院停办。常老调晋绥新民主主义实验学校，任文化教育队主任。这是一个专科学校，学制为三年。文化教育队开办了新闻、教育、文艺等专业课程。当年5月5日，是马克思诞辰纪念日，常老就在这一天发起成立学校实验剧团，命名为"五五剧社"。这是一个不脱离学校半专业化的艺术团体。常老倾注心血，为这个剧社的发展、建设谋划运筹。五五剧社一直活动在雁北一带，直到抗战胜利。

抗战八年的日日夜夜，常老一直随部队转战太行、吕梁。他热爱根据地的一山一水，一草一木，他热爱根据地的劳苦大众，父老乡亲。他是太行、吕梁的好儿子。太行、吕梁永远不会忘记在这里保卫家乡，保卫祖国的常苏民。

三、中国民间戏剧音乐研究的先导

在抗日战争极其困难，极其艰险的环境中，常老除了组建剧社，服务前线，从事革命音乐教育为抗日培养人才外，他在音乐上最大的历史贡献就是收集、记录、论述、整理出版了《山西梆子音乐》。这是一部前无古人、后启来者的著述。著名音乐理论家、中国音乐家协会原主席吕骥先生在当时及许多年后，都称常老为"中国民间戏剧音乐研究的先导"。

毛主席的《在延安文艺座谈上的讲话》发表以后，中共晋绥分局成立的"晋西民间戏剧研究会"提出："记录根据地流行的民间戏剧音乐，加强对戏剧音乐的学习，提高为工农兵服务的效能。"常老负责民间戏剧研究工作。在晋西"整风运动"、"抢救运动"的"左"倾热潮中，特务遍地，人人自危。日寇实行"三光"政策，反复扫荡，根据地生存面临极大的困难。在这样的环境中，常老静下心来，以学者的心态，热情展开了对山西梆子音乐的收集研究工作。完成这一任务，困难是可想而知的，既无古籍文献资料，又无唱片、录音等现代科技手段，全凭散落在根据地的老艺人们一遍一遍地反复演唱，常老不厌其烦地埋首记录，并一次次整理。前后用了将近两年的时间，《山西梆子音乐》于1944年7月编撰完成，由晋绥《抗战日报》全文发表。在抗战文艺界、音乐界引起了很大的震动，对我国民族民间音乐的收集和整理起到了巨大的推动作用。著名音乐理论家吕骥和作曲家贺绿汀均对该书做了高度的评价。

《山西梆子音乐》全书共分五部分。前言：对山西梆子之名及音乐在梆子中的重要作用，进行了阐释。说明：对山西梆子调式、定调、音域、板眼、节拍、词，分类进行了论述。文场：对文场的乐器、文场说明简表、丝弦曲牌进行了分述。武场：对武场的器乐、武场的念音谱、武场的说明简表、唱腔中的武场、动作和过场中的武场进行了分述。唱腔：对各种唱腔进行了分述。中国音协书记处原常务书记、音乐理论家冯光钰认为："这是一本专著，文字不多，张力却很大，内涵丰富，意韵深长。将山西梆子梳理得针脚细密，透露出作者深厚的戏曲音乐理论功底和严谨的治学态度，显示出可贵的学术探索价值。"

几十年以后，1983年吕骥在郑州一次讲话中还说："我1941年秋在延安鲁艺发表的《中国民间音乐研究提纲》提出，要全面研究民间音乐优秀遗产。在对民间戏曲抢救研究方面，常苏民同志对山西梆子音乐收集整理工作最有成效。那时处于战争年代，山西梆子流行地区广泛，他脚踏实地深入民间调查访问，工作之艰辛是可想而知的。他对山西梆子文武场及唱腔分类编撰是难能可贵的。"常老得知吕骥的讲话，颇为感慨。晚年，贺绿汀曾建议他修订《山西梆子音乐》并用五线谱再版。惜哉！天不假年，夙愿未能实现。

四、四川音乐学院的奠基人

1948年，人民解放战争迅猛发展，为了适应战争的需要，晋绥军区决定创立西北人民艺术学校，培养部队文艺人才。学校设理事会，主任为贺龙司令员。亚马担任校长，常苏民任教育长。下设二部，一部在兴县，二部驻临汾。1949年10月，上级决定西北艺校一部编入中国人民解放军西北南下工作团第三梯队第二大队，常老任大队教导员，随周士第18兵团挺进大西南。师生们荷枪实弹，意气风发，唱着常老谱写的《向前进》军歌，翻越秦岭，越过巴山，风餐露宿，跋涉千里，进入蜀中。12月27日，成都解放。12月30日，举行入城式，西北艺校师生组成军乐队，紧随贺龙司令员的指挥车，高奏凯歌，在群众的热烈欢呼声中，进入成都。

成都解放后，常老任军管会第一任文艺处长。曾先后参加全国第一、第二次文代会，被选为全国音协常务理事、西南音协主席、四川省音协主席、四川省文联副主席。

1953年，全国大专院校进行院系调整。重庆西南人民艺术学院音乐系与成都艺术专科学校音乐科合并成立西南音乐专科学校，常老被委任为校长。10月12日，学校举行了隆重的成立仪式。工字房正中的小礼堂披上节日盛装，四川省教育厅厅长张秀熟把一颗金光灿灿的"西南音乐专科学校"方形校印，双手交给了常苏民。常老接过印后，在热烈的掌声中，十分严肃地表示："授印"是党对学校广大师生员工的信任，我们一定要坚定不移地执行党的教育方针、文艺方针。一定要按照党的方针政策，团结一致，办好学校。"接印"表示了我们承担责任，我们一定要培养合格的演唱、演奏、创作人才，向党交出满意的答卷。

从"接印"这一刻起，此后三十余年，常老的心血就和四川音乐学院融合在一起。甘做园丁，要让这一花蕾绽放出艳丽的花朵。

20世纪30年代，常老曾在多所学校从事音乐教育。抗日战争时期两度出任晋东南、晋西北鲁艺分院领导。在教育实践中，常老形成了自己的教育理念。几十年来，他一直坚持按照这一理念办学。这就是"出人才，出作品、出理论"。

〈一〉出人才 常老一生爱护人才，尊重人才，保护人才。视人才为明珠，爱人才如珍宝。他认为一个学校的水平，关键在教师的水平。教师的学术地位，决定学校的社会地位。学生选择学校，是投奔名师。学校的知名学者、教授，是学校名声和地位的标杆。因此，学校必须有一批一流的社会知名的学者和专家。四川音乐学院起步时，学校专业教师仅二十余人。知名学者、教授，寥寥可数。为此，常老费尽心机，

"吐哺握发，八方求贤"。①他礼聘上海音乐学院刘振汉、中央乐团艺术指导韩德章、程希逸等专家教授，充实教师队伍。邀请罗马尼亚声乐大师克里斯德斯古来校办培训班，借鉴国外教学经验。调聘川派古琴大师喻绍泽，北派古筝名师曹东扶，平湖派琵琶名家杨少彝，广集传统国乐品种，传承薪火。还聘请了一些有一技之长的民间艺人，向学生传扬曲艺音乐艺术，开阔眼界。

除礼聘专家教授外，常老对我院毕业留校的青年才俊，倍加珍惜，倍加爱护。他认为青年是学校的活力，是学校的青春，是学校待开发的潜力与智慧。只要他认为是块宝，他就会想方设法让他闪光。有的青年教师推荐出国留学，有的选送上海音乐学院苏联专家班深造，有的选送中央音乐学院、上海音乐学院培训。在选送培养对象过程中，常老默默地承受了极大的政治压力和精神压力。比如杨汉果是钢琴专业中的佼佼者，继续深造，将来定会有不凡的成就，但他是大军阀杨森的儿子。在以阶级斗争为纲的极"左"年代，这涉及站在什么立场，培养什么人的路线问题。常老参加过延安"整风运动"、"抢救运动"，"三查三整"运动，想到后果，也曾战战兢兢，不寒而栗。但为了学校事业的发展，他抛弃个人得失，毅然拍案决定。又如但昭义，父亲被划为右派。常老觉得这个小青年有思想，有毅力，有智慧，是一块待开发的富矿。他费尽思考，和好友中央乐团团长李凌商议，借培训打击乐之名，送但昭义进京学习钢琴，还特批一架钢琴，运送中央乐团，供练琴之用。临走时常老亲送但昭义到校门口，言辞真挚，多有叮嘱。但昭义热泪盈眶，久久不忍离去。

常老当年培育的这批青年教师，后来都成为誉满乐坛的一代名师。

在培训骨干教师的同时，常老号召培养"尖子学生"。他曾诚挚地

---

① 史载周公为了广纳贤才，一饭三吐哺，一沐三握发。

在会上讲："你们能培养出像聂耳、星海那样的音乐家，我向你们下跪。"老师感动，学生激奋。1962年中央文化部在北京举行全国独唱独奏音乐会，常老带声乐系高年级学生李存琏、周亨芳参加演出，获得很大的成功。《人民日报》《光明日报》均刊文赞扬四川音乐学院的办学成就。会后，常老到西安、重庆、武汉巡演展示。时任武汉音乐学院院长、湖北省音协主席的林路看完演出后，激动地写了两句打油诗："峨眉鼻祖下山来，两位高徒把路开。"表彰李存琏、周亨芳的声乐才华，赞扬常老办学有方。

林路是抗日时期新音乐运动的领导人，也是一位诗人。晚年他忆起老友常苏民，曾深情地说："常老办四川音乐学院很有成绩，'峨眉鼻祖'他是受之无愧的。"

1980年学校钢琴专业奋力攀登，展翅高翔。学生刘忆凡参加华沙肖邦钢琴大赛，获《诙谐曲》演奏优秀奖。常老高兴地为他颁了奖，记了功，这是川音钢琴专业的一个大跨越，是零的突破。1982年全国民族器乐独奏选拔赛，扬琴学生瞿冰心，二胡学生周钰，大奏凯歌，双双获奖。被选入青年艺术家代表团赴欧洲巡回演出。学校人才辈出，常老喜不自禁，多少年奋斗、期盼，终于看到了成果。

〈二〉**出作品**　音乐作品是作曲家的情感素描，是作曲家灵魂符号的吟咏。它具有号召力，感染力。润物于无声，默化于无形。常老一生曾创作了不少成功的作品。曾为《刘胡兰》《猛河的黎明》《打金枝》《黄河少年》《巴蜀洞天》等十多部电影进行音乐创作。他认为川音聚集了大西南第一流专家，理应创作出具有高水平的作品，否则，就愧对人民的期望。所以，他在培养教师队伍时，特别要求提高创作能力，向社会提供优秀的音乐作品。为此他采取了诸多办法：

1.他给作曲系一批有才华的青年教师，每人家里配备一架钢琴，作为工作的物质技术保证。20世纪60年代，学校设备非常简陋，钢琴仅有三十余架，质量差，数量少。不少人质疑这种做法，有些人甚至愤愤不平。常老下定决心，"特殊人才，特殊照顾"。力排众议，果断执行。历史证明这一做法，对教学、对科研、对创作，都起了积极的促进作用。著名作曲家黄虎威教授说："如果说我在工作上有所收获，有所成就，有所贡献，这架钢琴就是很好的助手，它是有功劳的。看到这架琴，我就会想起我心中一直尊敬的常苏民院长。"

2. 组织师生下乡采风、创作、艺术实践。1964年，学校先后组织了三支队伍，奔赴阿坝、甘孜、宜宾等地，深入生活，收集民歌，创作演出。为期三个多月，创作出一批不同类型的作品。这些具有浓郁地方风情、民族风味的歌曲，在当时曾起到很好的宣传效果，也曾在社会上产生过轰动效应。少数极有原生态韵味，富有魅力的动人作品，直到现在还流传在一些人的心中。

3. 组织部分有表演才能、有创作才能的师生，集中攻关，演出大型歌剧，创作大型作品。1960年代初期，曾组织演出大型歌剧《柯山红日》，大型歌舞剧《椰林怒火》，改编歌剧《李双双》，创作歌剧《激浪丹心》《收租院风暴》。连续几年，每次对外演出，剧场爆满，盛况空前。师生激动，社会轰动。在川音的历史上，是一段难忘的岁月。

进入20世纪80年代，春风吹进了校园。学校创作，成绩辉煌，激动人心。1981年全国首届交响乐比赛，川音选送四部作品：《交响音画——云岭写生》《打双麻窝子送给你》《草地往事》《血花》全部获奖。1983年，全国第三届民族器乐作品大赛，学院选送的《蜀宫夜宴》《达勃河随想曲》又荣获金奖，《阿诗玛叙事诗》获二等奖。地方院校，异军突起，斩金夺银，领风骚之先。全国音协主席吕骥称赞常老办学有方，还亲临学校考查。常老鼓励大家要"冲出盆地，越过三峡"。那一段时间，全国音乐界都对四川音乐学院交口称赞。

〈三〉出理论 常老在太原国民师范求学时，主修理论作曲。他一生除钟情于作曲创作外，对音乐理论研究也投入了相当的精力。他思想中一直认为：大学除了培养高素质的人才外，还应该是严肃的学术研究的殿堂，应当在学术理论上有所建树。只有在理论上有所发现，有所前进，学校对社会、对历史才会有所贡献。作为学校领导人，新中国成立后，他十分关注党的文艺理论及方针政策。每个历史时期，他都有专论文章见诸刊物和报端，也常常在工作会议和学术论坛上，阐述自己对音乐创作、音乐教育及音乐活动的见解和主张。在"左"毒横行的年代，他虽然谨小慎微，如履薄冰，但出于对党的忠诚和理论勇气，他的文章，他的讲话，也常常遭讨伐之苦。比如在1958年，各行各界浮夸盛行，大放"卫星"。音乐界有一种理论，认为只有反映尖端题材，才能跟上时代。常老在一篇文章中指出："尖端题材很重要，努力反映也很重要。但不应成为唯一的。"当时的尖端题材就是"总路线，人民公社，大跃进，大炼钢铁"。这是高举的三面旗帜，常老竟敢说"不应成为唯一的（题材）"。其理论勇气，虽然无可非议，值得称赞，但大家还是为他捏一把汗。同样，当时有些人片面理解时代感，强调要反映时代节奏，就要"快、重、强、高"，"缓歌曼舞"就是剥削阶级的没落情调。常老强调："艺术力量在于感动人，而不在震动人"。一味追求"快、重、强、高"是不全面的。这些精辟的见解，抵制了流行在乐坛的庸俗偏见。他始终坚持"古为今用，洋为中用"，积极贯彻"百家争鸣，百花齐放"的方针。在常老的带动下，川音几十年的学术活动，学术研究，出现了不少好的理论专著和学术文论。比如《民间歌曲概论》《转调法》《管弦总谱读法》《中国琵琶史稿》《四川清音研究》《四川扬琴研究》《京剧音乐研究》《艺术家论德育》等。评论家认为这些专著有的"有探索性的论见"，有的"填补了学科的空白"。学术文论《论音乐形象》20世纪80年代初曾以其论述深刻，有新的见解，荣获四川省社会科学研究优秀成果二等奖。

其他方面，在常老任职三十余年中都有大小不同的变化。举其要者如专业设置方面增加民乐系、钢琴系、师范系、附属中学，扩大了专业招生范围。教学设备方面，修建了琴房，扩大了图书馆，开辟了唱片欣赏室。钢琴由38架增加到164架。这些都是在常老领导下，教职员工共同努力的结果。常老是四川音乐学院的奠基人是当之无愧的。

五、斯人已去，风范常存

1993年2月5日，常老离开了他心爱的音乐世界，离开了他辛勤耕耘了三十多年的四川音乐学院。诗人臧克家曾在一首诗中有这样的句子："有的人活着，但已经死了；有的人死了，他还活着。"常老虽然去世20年了，但他一直活着，活在亲人的心里，活在许多喜爱他、尊敬他、追思他的人们的不尽思念中。

著名诗人、学者流沙河先生敬献给常老的条幅，上书"蔼然仁者"，跋文为"想起常苏民"。这是对常老品格、风貌、精神极为准确、传神的概括。孔子曰："仁者爱人"。常老在人们心中最突出的就是具有一颗天赋"仁爱"之心。

流沙河1957年名作《草木篇》，在"口诛笔伐"中，被划为极右分子。常老是共产党员，时任四川文联党组书记，他必须执行党的决定。但他内心又觉得流沙河才华横溢，文思出众，是不可多得的人才。不就是首诗吗，怎么能牵强附会为反党反社会主义？所以，他在机关将流沙河除名遣返农村劳改的同时，保留了流沙河在文联的户籍。在那个时代，保留城市户口，可是天大的事，是保留了流沙河的命呀！20世纪80年代，流沙河平反后，鞠躬下拜，深感常老仁慈的恩德。同样，他的好友，成都市委宣传部长叶石，由于出言不慎，也被党内划为右派。为了个人得失，好多人都和他划清界限。常老对战友，冰心玉壶，依然如故。每逢节日，必备茶点招待。虽然含泪无言，但两心相知。他觉得经过多年战火考验，即使说错两句话，也不该这样对待嘛！怎么可能成为敌我矛盾呢！

在阶级斗争为纲的年月，为"划不清界线，站不稳立场"，常老多次检查，多次反省，1959年还因同情彭德怀，被领导高层"请到锦江宾馆，闭门思过"。有位领导斥责他说："看你的名字就知道，苏民苏民，苏修公民。"他受了不少委屈，也影响了他的待遇和升迁。他总是胸襟开阔，坦然泰然，了然于心，苦笑了之。

常老是老革命，虽然在根据地摸爬滚打多少年，但他身上却很难找到那种粗俗之气，傲然之气，功臣之气。相反，他举止得体，文质彬彬，有儒雅之风。谦和虚心，诚以待人，有君子之风。抗战八年，解放战争三年，他的确是功臣，可他从不居功。江隆浩、姚以让两位先生回忆，成都解放后，在一个雨雪纷飞的日子里，成都市的作家、艺术家，在军管会文艺处，第一次看到了这位共产党的领导。他穿一身灰布军装，打绑腿，着布鞋，谈吐斯文，亲切和蔼。大家第一眼看上去，觉得和自己想象中的领导不一样。他没有排场，没有架子。大家都赞赏这位领导，从心里信赖他。后来我们一直在他领导下工作，觉得他是一个实干家，是一个热心肠的人，是一个在我们心目中有水平、有修养，值得尊敬的人。

常老最为人称颂的就是，他当了多年官，身上没有官气，说话没有官味。不以势压人，不以官示人。他和平常人一样，大家从不觉得他是个官。熟悉他的人，都喊他老常。他有时也可以对熟悉的老师说，我可不可以到你家吃一顿饭。20世纪60年代中期，学校师生由他带队参加"四清"运动。他是队长，又年近花甲，大家劝他住公社大队部。他坚决要求和大家一起，住农民家。逾年，又有百余师生参加第二次"四清"，常老带陈光发副院长前去看望。山路崎岖，学生设法找了头毛驴前来迎接。常老硬是不骑，步行几十里到达公社。陈光发回忆说，常老到达时，师生热泪盈眶，学生边跳边喊："常爸爸，辛苦了！"情景十分感人。正因为如此，他离休后，1989年教师节，当主持人宣布在主席台就座的还有我们离休的老院长常苏民时，师生们激情难抑，掌声长达数分钟。

常老去矣！不，没有去。常老的办学理念，依然启迪后人，人格风范依然活在我们心中。"先生之风，山高水长！"

时代在发展，学校在前进。目前，川音正在提升内涵，扩大视野，走时代前列，建艺术高地。莘莘学子，唱响大疆，为圆梦四川艺术大学而奋攀。常老地下有知亦当含笑于九泉。

本文参考资料：

1. 常苏民　文论、著述、档案

2. 山西文史资料（总122辑）

3. 《山西革命根据地文艺运动回忆录》

4. 马惠文《太行之子》有关文章

5. 江平《四川音乐学院校史》

6. 冯光钰、杜天文、冯如秀、林捷、郭生、陈光发等回忆文章

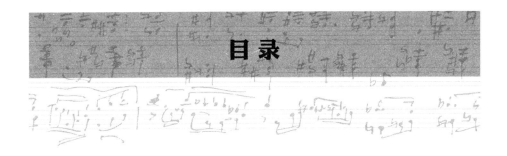

目录

音乐文论选

音乐作品选

~ 常苏民生平简介 ~

常苏民，中国共产党的优秀党员、忠诚的革命文艺战士、我国著名音乐教育家、音乐理论家、作曲家。

1910年3月16日（17日？），常苏民出生在山西省长治市南街的一个平民家庭，原名常效春。他自幼喜爱音乐，儿时曾在家乡的音乐班学习多种民族乐器，吹、拉、弹、唱皆有涉猎。1924年冬，年仅14岁的常苏民考入山西太原国民师范学校（今山西大学前身）艺术科。就学期间，他积极参与由中国共产党领导的进步学生运动。1925年，加入由彭真领导的中国共产主义青年团。1926年至1929年期间，任山西国民师范学校雅乐团团长，其出众的音乐才华崭露头角。1927年，他积极参加了由薄一波领导的革命活动，并圆满完成党组织交予的转送地下党员名册的特别任务。1929年从山西太原国民师范学校毕业后，常苏民在当地组建了"太原市小学音乐教育研究会"，并担任该会会长。1931年，常苏民到太原成成中学任教。九一八事变后，他怀着抗日救国的满腔热情，奔赴当地学校、工厂、农村，四处教唱救亡歌曲，编辑印发《抗日救亡歌曲集》，他是当时太原市乃至整个山西省教唱抗日救亡歌曲的第一人（先行者）。1935年，常苏民以太原成成中学为中心，发起全市学生抗日救亡歌曲歌咏竞赛，在当时掀起了爱国救亡群众运动的新高潮。

在此期间，他身兼山西省立第一女子师范学校、省教育学院附中以及山西成成、进山、云山、阳兴、平民、太原女中等八所中学的音乐教师，为当地的国民音乐教育事业做出了显著的贡献。1937年春，常苏民参加山西国民兵军官教导团。1938年，参加由中国共产党领导的山西新军抗日决死队，并任第二纵队怒吼剧团团长。1940年，任晋东南鲁迅艺术学院（前方"鲁艺"）音乐系主任。1941年3月，常苏民同志正式加入中国共产党。1942年秋，常苏民率学生拟奔赴革命圣地延安，途中经时任晋绥军区司令员贺龙同志的挽留，在当地建立了鲁艺晋绥分院，后转入晋绥文联七月剧社。与此同时，常苏民还在杨尚昆夫人李伯钊任校长的晋绥西北"鲁艺"担任教务长，1943年在晋西北七月剧社二队组建中西混合式大型乐队，成为当时名扬四方的一大创举。1944年7月，常苏民编著的《山西梆子音乐》在当时的《抗战日报》上陆续刊登，引起极大反响和广泛好评。作为"中国民间文艺丛书"之一，该书被公认为"中国研究民间戏剧音乐的先导（创始者）"，是毛泽东发表《在延安文艺座谈会上的讲话》精神的典范。抗战时期，常苏民还先后创作了《放羊歌》（又称《牧羊曲》）等歌曲，并为《交城山》《闹对了》《李满仓办喜事》等大型歌剧担任音乐设计，同时还整理了《小开门》《雁过滩》《南北塔落》《青天歌》《跌落金钱》《大救驾》《南瓜蔓》《紧杀鸡》等一系列传统晋剧曲牌，编写了《音乐常识教材》，极大地推动了山西根据地文化艺术事业的发展和繁荣。

1944年8月，同当时为兴县妇联主任的李彬同志结婚。

解放战争期间，常苏民参加了解放区的土改运动，于1947年5月参加了山西崞县后沙城村的土改试点工作，并担任西北艺校教育长兼音乐部主任。在投身于土改运动的同时，常苏民始终坚持深入当地群众中广泛收集民间音乐素材，并为军队和地方培养了一大批革命文艺战士。由他编创的军旅歌曲《向前进》，高亢激昂、脍炙人口，成为当时鼓舞解放军战士英勇杀敌的战斗进行曲。

新中国成立初期，常苏民以崭新的精神风貌，十分出色地完成了党和政府交予的各项任务，在各个岗位上发挥出自己的突出才能，体现出对音乐教育事业卓越的领导才华和大家风范。这一时期，他先后在成都军事管制委员会担任文艺处处长，全面负责四川地区的文艺工作，同时奉命接管成都艺术专科学校（后改为西南音专），并出任校长。1959年，经国务院批准，常苏民荣任四川音乐学院第一任院长。新中国成立后至"文革"前这段时期，常苏民先后担任了川西文联副主任兼秘书长、四川省文联党组书记兼常务副主席、中国音乐家协会四川分会主席、中国音协常务理事、峨眉电影制片厂副厂长等职务。"文革"后，常苏民重回四川音乐学院继续担任院长，不久后又兼任学院党委书记。在此期间，他还兼任四川省文联副主席、中国音乐家协会四川分会主席、全国文联历届委员会委员及中国音协常务理事等职务，直至1989年正式卸任离休。

常苏民不仅是我国优秀的音乐教育领导者，还是著名的作曲家。自新中国成立以来，常苏民创作了大量歌曲和电影音乐，他先后参与了《刘胡兰》（1950）、《猛河的黎明》（1955）、《嘉陵江边》（1960）、《黄河少年》（1975）、《神圣的使命》（1979）、《山城雪》（1980）、《风流千古》（1981）、《姑娘的心愿》（1981）、《漩涡里的歌》（1981）等多部电影以及晋剧舞台艺术片《打金枝》和大型纪录片《巴蜀洞天》等的音乐创作。

在文化艺术交流方面，常苏民积极活跃、功不可没。20世纪50年代，常苏民曾率中国文化艺术代表团赴东欧、苏联、蒙古、朝鲜等国家进行交流访问，学习借鉴国外艺术教育的先进经验。改革开放后，他于1983年以中国音乐家代表团团长的身份，再赴朝鲜参加"亚洲音乐节"的交流活动，为促进中外文化艺术的交流四处奔忙。

除此之外，常苏民在新中国成立后还撰写了多篇音乐学术论文和有关评论文章，为新时期中国音乐艺术事业的建设和发展出谋划策、添砖加瓦，表现出新中国文艺事业领导者的远见卓识和深谋大略。1991年10月1日。为表彰常苏民同志为发展我国文化艺术事业所做出的突出贡献，国务院特决定为其颁发"政府特殊津贴"专家荣誉证书。

离休后，常苏民老骥伏枥、壮心不已，仍时时刻刻关心着四川音乐学院和中国音乐教育事业的发展，继续发挥着余热，其忘我精神令人敬佩。

1993年2月5日，常苏民因病在成都逝世，享年83岁。

怀念追思

光荣的历程　丰硕的成果

——纪念常苏民同志100周年诞辰

四川省音乐家协会主席　敖昌群

常苏民同志是我们音乐界的老前辈、老领导，原中国音协四川分会主席、名誉主席，著名音乐教育家、理论作曲家。

常苏民同志数十年如一日，对党的事业忠心耿耿、勤勤恳恳，为我国的革命和建设事业、为社会主义音乐的繁荣与发展做出了突出贡献。

作为一位音乐教育家，在20世纪30年代初，常老就开始从事音乐教学工作，曾先后任教于山西长治第一女子师范学校、太原成成中学、平民中学等学校。九一八事变后，在党的领导下，常老利用教学机会，宣传党的抗日主张，教学生、群众唱革命歌曲，还经常举行歌咏大会，鼓舞人们的抗日热情。他还组织一些教师成立太原市音乐教育研究会，并担任会长。从1937年卢沟桥事变到全国解放，常老还历任晋东南鲁迅艺术学校音乐系主任，晋西北鲁艺音乐系主任兼理论作曲课教师，晋西北人民艺校教育长兼音乐系主任等职。在战争年代，常老发扬艰苦奋斗的作风，克服了生活不安定、物质条件差、设备简陋等困难，在党的领导和同志们的共同努力下，为党培养和输送了一批又一批的音乐人才，充实了革命队伍，为夺取抗日战争和解放战争的胜利做出了贡献。新中国成立来四川工作后，常老又先后兼任西南音专校长，担任四川音乐学院院长、院党委副书记兼民族音乐研究室主任。常老治学严谨，在教育园地辛勤耕耘，坚定不移地贯彻执行党的教育方针，团结广大师生员工，不断提高教学质量，培养了大量音乐专门人才，学生遍及全川，遍及西南，遍及全国，真可谓桃李满天下。他们中多数成为音乐团体、文艺单位的领导和骨干，一部分人成绩卓著，在全国甚至全世界都产生了较大的影响。常老将大半生的精力和心血都贡献给了党的教育事业，取得了可喜的丰硕成果。

常老作为一名党的文艺干部，来四川后，一直担任文艺领导工作，先后任成都军管会文艺处长、四川省文联副主席、音协四川分会主席、峨眉电影制片厂副厂长等领导职务。常老在工作中认真贯彻党的文艺方针政策，坚持"二为"方向和"双百"方针，积极号召组织文艺工作者深入生活、密切联系群众，鼓励作者们加强艺术实践，创作出具有时代精神气息的文艺作品。他特别强调继承和发扬民族文化的优良传统，正确处理好继承和借鉴的关系，表现了一个党的文艺工作者维护党的文艺方针路线的自觉性和责任感。

常老和蔼可亲、平易近人、爱护干部、关心群众，坚持并发扬了党的群众路线的优良作风。他特别注意和党外同志团结共事，贯彻落实党的知识分子政策。很多人不仅把他看作领导，而且视为良师益友，愿意与他交往，主动找他谈心。常老的这些优良作风，不仅密切了党群关系，而且促进了我省音乐界的团结，调动了广大音乐工作者的积极性。

常老在繁忙的行政、教学工作外，还不断加强艺术实践，搜集整理研究民族民间音乐，创作电影音乐、声乐作品和撰写音乐理论文章。早在1943年，为了深入了解山西梆子音乐，他跟随剧团两年，摸清了这门艺术的特点和规律，整理了《山西梆子音乐》一书。此书传至延安鲁艺，得到了音乐界同行们的重视和好评。1953年由上海新文艺出版社出版，1954年又再版，贺绿汀同志对此书做了很高的评价，多次建议出五线谱版本。从1950年起，常老即开始电影音乐创作，先后参与创作了《刘胡兰》《猛河的黎明》《打金枝》《嘉陵江边》等影片的音乐。常老还亲自组织并参与了我省第一部交响音乐《浣溪沙》的创作。十年动乱中，常老像许多忠于党的事业的同志一样受到了"四人帮"的残酷迫害。这不仅没有摧毁他的革命意志，相反，更增强了他的革命信念和事业心。因此，在粉碎"四人帮"拨乱反正以后，常老更意气风发、激情满怀，全身心投入到工作和创作之中，先后参与创作了《黄河少年》《神圣的使命》《山城雪》《风流千古》《巴蜀洞天》《漩涡里的歌》《姑娘的心愿》等11部电影，在全国音乐界产生了很大影响。这些影片中的一些主题歌，如《心上人啊，快给我力量！》《想延安》《船工号子》《人家的船儿桨成双》等广泛流传，深受群众喜爱，又灌制成唱片，成为省内外一些电台和歌唱家经常播放演唱的保留曲目。这些歌曲具有强烈的时代精神和浓郁的生活气息，富有鲜明的民族风格和地方特色，它们是民族音乐土壤中生长起来的馥郁芬芳的奇葩，是我省声乐作品的精品，也是常老坚持正确的创作道路，深入生活、努力向民族音乐学习、勇于探索、善于借鉴、大胆创新的结果。

由于常老在工作和创作上取得的突出成绩，他也曾受到多次表彰和奖励。

常老还撰写了不少音乐理论文章，结合各个时期音乐工作的现状，指出了存在的问题，指明了发展的方向。尤其是在对民族民间音乐的论述上，如《继承民族民间音乐传统更好地反映现实斗争》《为建设社会主义的民族的音乐文化而斗争》《略论民歌的继承与创新问题》等，从理论上全面而深刻地阐述了继承民族音乐遗产、发扬民族音乐优秀传统的重要性和必要性，在如何处理好继承、借鉴、创新的关系上，如何使作品的思想内容和艺术形式更好地统一上，以及如何更好地反映现实生活方面都做了精辟的论述，具有较高的学术价值和指导意义。

常老非常关心群众音乐活动，积极参加各类社会活动，兼任了很多音乐团体和艺术学会的领导职务。

在外事工作方面，他曾参加中国文化艺术代表团，访问了蒙古、罗马尼亚、朝鲜等国。1983年，他作为团长，率领中国音乐家代表团参加了在朝鲜平壤举行的第六届亚洲音乐节，并在会上做了"关于民族音乐的保护、继承和发展"的专题发言，在与会者中产生了较大影响。

四川音乐界将永远铭记常苏民同志为发展我省音乐事业所做出的巨大贡献，为我省音乐事业的繁荣而奋斗！

追忆恩师常苏民

四川省文化厅原厅长　杜天文

一

我初识常苏民同志是在抗日战争时期的1943年冬季，晋绥分局决定将七月剧社、大众剧社、鲁艺晋绥分院和文艺工作团集中在神府县河西贾家沟，实行统一领导，进行整风。那时，他是鲁艺晋绥分院的领导，我是七月剧社的青年板胡演奏员。整风结束以后，分局决定四个单位合并，仍称"七月剧社"。

合并后，我在七月剧社一队继续担任演奏员，常苏民同志原本分编在七月剧社三队工作，但由于他认领了记录整理山西梆子音乐的任务，从而转到我们一队来了。同时，他还在七月剧社担任剧务科长职务，但记录整理山西梆子音乐是他的中心任务。当时，山西梆子是剧社活动地区部队指战员和群众喜闻乐见的艺术形式，而晋剧音乐又是山西梆子的重要组成部分，由于不少青年演员音乐知识欠缺，学习山西梆子吃力，在晋绥分局宣传部部长张稼夫同志的倡导下，晋绥边区的晋西民间戏剧研究会理事会提出，记录整理根据地内群众中流行的民间戏剧音乐，加强对戏剧音乐的学习，提高工作中为工农兵服务的效能。在分配任务时，常苏民同志主动认领了记录、整理山西梆子音乐的任务。在艰苦的战争年代，记录整理工作是非常困难的，既无书籍等文献资料查阅，也没有录音唱片等科技手段，但常苏民同志不畏困难，积极动员我们一队的郭沐林、阎志明、王定宏、任得胜等一批老艺人参与，使他们把许多原来倾其毕生心血得来的而又不肯轻易传授的唱腔曲调都拿出来了。我当时刚从延安鲁艺和部艺学习回来，因会演奏许多山西梆子曲调并能够用简谱记录，因此也被抽调参与。在整个记录和整理工作中，我的板胡师傅阎志明做了不少工作，他除了把自己的所有资料、工尺谱、剧本拿出来以外，还对一些流传的没有文字资料的曲调，由他拉出来叫我记录，或叫我拉出来他进行修改，一遍又一遍反反复复地提炼和试拉，满意了再交给常苏民同志。新中国成立以后，常苏民同志曾对我说："七月剧社一队的那些老艺人们对山西梆子音乐，尤其在戏曲音乐的首创成书上是有功的，特别是阎志明老师傅贡献尤多。"前后用了近两年的时间，常苏民同志将民间流传的晋剧音乐整理成《山西梆子音乐》，请晋绥分局的油印科科长曹速同志用钢板刻出，油印出版后还在晋绥《抗战日报》上全文发表，受到好评。该书传到延安后，得到了吕骥同志和延安音乐界的关注和赞誉。新中国成立以后，上海、北京等多家出版社也出版发行了此书。

常苏民同志在组织搜集整理山西梆子音乐的同时，还引导七月剧社一队乐队探索将西洋音乐中的和声、作曲配器技法、小提琴加入传统乐队，提高民族器乐的音质，增宽音域，加强力度，有时他还亲自拉小提琴参加乐队演出，收到了意想不到的效果。到后来，我师傅阎志明在演出前定弦时，常常请他用小提琴配音。1944年，当剧社收到从敌占区购回来的一批西洋乐器后，常苏民同志代表剧社组织亲自授给我一把小提琴，并一次次地教我小提琴的演奏法，使我有机会把西洋乐器与民族乐器进行比较，尝试在淳朴的山西梆子中融入悠扬的西洋琴声，感受中西结合的艺术成果，提高了我的演奏技能。

二

1949年底，部队南下到四川以后，常苏民在成都军管会担任文艺处处长，我在成都军管会文工一队乐队当队长，那时的他朝气蓬勃，风华正茂，听他夫人李彬同志说，他常常是白天干革命工作，晚上搞音乐创作。1950年7月，长春电影制片厂准备拍摄故事片《刘胡兰》，请常苏民同志去为该片作曲，他带着川音作曲系主任刘文晋教授、搞山西梆子器乐演奏的我和范文同志一行4人，一路颠簸，用了十多天，从成都坐汽车到宝鸡，从宝鸡乘火车到了北京。在北京，我们向原七月剧社副社长、故事片《刘胡兰》的编剧、时任中央电影局剧本创作所负责人的林杉同志询问了不少情况，了解了长影厂拍摄的有关准备工作。由于是第一次接触电影拍摄工作，从林杉同志那里我们才知道我和范文同志是"多余"的，因为长影厂电影乐团完全可以承担演奏任务，但我们还是继续前进。到了天津，常苏民同志带我们去拜会了时任中央音乐学院副院长兼党委书记的吕骥同志，吕骥同志正忙于院里的事务工作和面向全国招收新中国第一批学员的安排工作，常苏民同志当即就把我推荐给吕骥同志，吕骥同志随即就叫我去教务处报到，这样我就有幸成为中央音乐学院这批学生中唯一的来自西南地区的学员。开学后，吕骥同志语重心长地对我说："西南地区就来了你一个人，要珍惜机会，安心学习啊。"也就是在天津，常苏民同志带着刘文晋教授去了长春，我和范文同志就没有继续前行了。在中央音乐学院我被分配到专修科主攻理论作曲，正是在这座我国最高的音乐学府里，我用两年的时间，系统地学习了西洋音乐理论，掌握了音乐作曲技法，完成了我个人人生道路上由板胡演奏员向作曲家的转换，这是常苏民同志对我事业发展最大的帮助，我难以用任何语言来表达感激之情。

1952年，我从中央音乐学院毕业回川后，剧团调整机构，领导安排我筹建四川省歌舞团。建团那天，担任省文联党组书记、副主席的常苏民同志亲自到会祝贺，提出了殷切的希望，我至今清楚地记得他在讲话中不断强调："一定要突出民族特色！"在省委的领导下，从那以后，省歌舞团坚持党的文艺路线，狠抓基础，深入生活，推出了一批在全国有影响的巴蜀歌舞，进入了全国先进行列。1960年，国家文化部调省歌舞团代表我国去欧、亚、非的五个国家访问演出，国外观众反响强烈。回到成都后，时任四川音乐学院院长的常苏民同志非常高兴，专门把我叫到他的住所，详细听我介绍了演出情况和国外观众对四川歌舞与音乐的反应。最后，他希望我在音乐学院给全体学生介绍一次出国演出情况，使音乐学院学生不光要学习理论，更要学会表演。见我犹豫不决时，他嘱咐我，一定不要拒绝。后来我没有辜负他的期望，给音乐学院的学生们详细地介绍了一次省歌舞团出国演出情况。由此可以看出，常苏民同志非常重视艺术教育中的学用结合，不愧是既重视理论又重视实践的音乐艺术教育家。

三

"文革"后期，常苏民同志被"解放"以后，组织上安排他去了峨眉电影制片厂担任副厂长，在这期间，他为电影《黄河少年》谱写了主题音乐，由此我知道他没有被"文革"击垮，仍然热衷于艺术创作。很巧的是，1976年，组织上安排我去峨眉电影制片厂担任厂长兼党委书记，我又有机会和常苏民同志在一起了。在安排厂领导分工时，根据他自己的意见，结合当时厂里的实际情况，厂里安排他主要负责组织和领导拍摄影片的音乐创作工作。电影音乐创作是电影创作中很重要的组成部分，当时这方面的人才非常匮乏，常苏民同志想了许多办法，运用他在音乐界特有的关系，为峨影厂电影音乐创作解决了许多实际困难。同时，他还经常深入基层体验生活，自己亲自创作，有时还带中青年作曲家一起集体创作。见他如此辛苦地工作，我常常对他的夫人、当时担任峨影厂办公室副主任的李彬同志说："你要照顾好常老的生活，特别是出外景的时候，千万别让常老伤了身子。"常苏民同志在峨影厂负责音乐创作期间，除全面完成了厂里拍摄的电影的音乐创作、把关、录音制作外，还和他人合作创作出了不少好的电影音乐作品，如《神圣的使命》《山城雪》《漩涡里的歌》《风流千古》《姑娘的心愿》等，有些歌曲还在全国流行传唱。1982年，组织落实政策，再次安排常苏民同志重回四川音乐学院担任院长，为全省培养音乐人才，他离开峨影厂时，我依依不舍，对他在厂里工作时给我的全力支持，从心里表示感激。

改革开放以后的1985年，四川籍的香港著名作曲家周书绅先生，愿意将自己所珍藏的音乐资料捐献给四川音乐学院，他邀请常苏民同志去香港接受捐赠并参加一年一度的"香港新音乐节"，同时向香港民众介绍四川的当代音乐情况。但是，常苏民同志考虑到我省音乐事业对外开放发展的需要和他已退居二线的实际，提出希望对方邀请当时的四川音乐学院院长宋大能同志和当时在省文化厅担任厅长职务的我一同前往，对方接受了他的请求。我们请示省委批准了以后，一行三人共同赴香港接受捐赠并进行音乐艺术交流。行程前，常苏民同志对我说，在交流会上他不准备发表讲话，请宋大能同志和我分别介绍四川的音乐教育情况和新中国成立以来四川的音乐现状及发展方向的情况。到香港以后，在与音乐界人士的接触和交流中，常苏民同志也不时地把宋大能同志和我推到前台去。这次香港之行，我处处感受到常苏民同志的良苦用心，他真切地希望我们在职的同志多接触和了解一下香港音乐界的发展情况，多结交和认识一些艺术家，为四川音乐艺术下一步请进来、走出去和加快发展打好基础。

我与常苏民同志在一起工作了近50年时间，我深深地感到，他既是一位优秀的共产党员、领导干部，又是一个杰出的革命文艺战士，还是我国著名的音乐教育家、理论家和作曲家，同时，也是我从事音乐艺术事业的引路人。如今他虽然已经离开我们十多年了，但他对我的帮助和教诲，我永远难以忘怀。斯人已去，风范永存。

2010年2月于成都

春蚕到死　一世风范

成都市人大常委会原副主任　冯如秀

掐指算来，常苏民同志离开我们已经整整10年了。但是，他的音容笑貌却总是浮现在我的眼前。

常苏民同志是中国共产党的优秀党员，杰出的音乐家、作曲家和教育家。1910年3月16日，生于山西省长治市一个平民家庭，1924年冬考入当时被称为中国共产党在太原领导进步学生运动中心的山西太原国民师范学校（今山西大学的前身）。1925年，加入由彭真领导的共青团，在校内积极参与了薄一波领导的革命活动。1926年，担任该校在全市闻名的雅乐团团长，直到1929年毕业。1931年，九一八事变后怀着抗日救国的热情，利用在多所中学任音乐教师的身份宣传抗日救国，并发起组建"太原市中小学音乐教育研究会"，自任会长，把教唱救亡歌曲的运动推向学校、工厂和农村。1937年春，参加山西国民军官教导团。抗日战争开始，即参加中国共产党领导的山西新军抗日决死队并任第二纵队怒吼剧团团长。1941年3月，30岁的常苏民同志在艰苦卓绝的抗日前线加入了共产党。

抗战8年，他先后担任过晋绥鲁艺分院音乐部主任、晋绥边区文联音乐部长、中共中央晋绥分局领导的七月剧社艺术指导和剧务股长等职，创作了《放羊歌》等大量歌曲，为大型歌剧《交城山》《闹对了》《李满仓办喜事》《美人计》等担任音乐设计，整理了传统晋剧《小开门》《雁过滩》《南北塔落》《青天歌》《跌落金钱》《大救驾》《南瓜蔓》《紧杀鸡》等曲牌。编写了《音乐常识教材》和《山西梆子音乐》。就是这部《山西梆子音乐》，1944年7月在《抗战日报》上全文发表，在抗战文艺界立刻引起了不小的震动，把它当成贯彻毛泽东《在延安文艺座谈会上的讲话》的典范，被公认为"中国研究民间戏剧音乐的先导"。

1944年夏，组建了七月剧社二队的乐队，经常苏民同志的精心策划，逐步建成了一个中西乐器混合的大型乐队。除担任歌剧的伴奏任务外，还独立举办音乐会，乐队代表作《山西民歌联奏》就是他的杰作。作品规模宏大，演奏水准高，在群众中留下了深刻印象。为了使演出效果更动人，在常苏民同志的指导下，乐队队员们自己动手，制作低音大提琴，用羊小肠制作提琴弦。这些乐器让如今的人们看了可能会觉得好笑，但在当时确实是个创举。

解放战争期间，常苏民同志深入参加了解放区的土改运动。他不忘在深入群众中收集生动的民间音乐素材，编创的《向前进》一时成为解放军战士南征北战的进行曲。新中国成立后，他担任四川省文联常务副主席、党组书记、省音协主席和四川音乐学院院长等职，参与创作了《刘胡兰》《猛河的黎明》《打金枝》等几部新中国成立初期电影的音乐。在担任四川音乐学院院长期间，在繁忙的教学工作之余，还与其他同志共同创作了四川首部交响乐《浣溪沙》，以及歌剧、歌舞剧《椰林怒火》《李双双》《激浪丹心》《为了六十一个阶级弟兄》等作品，教育、创作成就，硕果累累。粉碎"四人帮"以后，他已到花甲之年，还老当益壮，参与创作了一批电影音乐，如《黄河少年》《风流千古》《巴蜀洞天》《漩涡里的歌》《姑娘的心愿》等。常苏民同志还是中国音协常务理事、四川省人大代表、四川省政协常委。为表彰常苏民同志在发展我国文化艺术事业方面做出的突出贡献，经国务院批准，享受政府特殊津贴。常苏民同志1989年离休，1993年2月5日，在成都逝世，享年83岁。

常苏民同志的一生，真是"铁马金戈，丹心热血，春蚕到死，一世风范"。

1942年秋，常苏民同志率领李季、苏云、马惠文等21个学生，经过5个月的跋涉，奔赴延安。走到晋绥军区时，被时任晋绥军区司令的贺龙挽留，办起鲁艺晋绥分院，后转到晋绥文联七月剧社。那时，常苏民同志33岁，一位在我们革命文艺队伍中间很有名气、很受人尊敬的师长。他对人那种诲人不倦的精神使我们感动，我们剧社不论上下干部、战士，都亲切地叫他"常老师"。在他辅导我们学习，指导我们排练时，无论我们学得快、学得慢，做得对、做得错，从来没有见他发过脾气。他总是笑眯眯、和颜悦色地面对我们，越是这样，我们把任务完成得反而更快、更好，大家更加尊重他。

当时，文联、七月剧社处于抗日前线，大家经常冒着生命危险在敌伪的据点和军队之间钻来钻去，可是，常老师总是热情高涨。他每天忙着编导、演出，有时，还在群众的热烈要求下，亲自到台上演奏他拿手的山西民歌，他精湛的演技常常博得满堂喝彩。常苏民同志有着很高的艺术造诣，他的一手二胡手艺是从父亲那里偷偷学来的，父亲是教师，酷爱民间器乐，凭拉得一手好二胡与晋剧艺人为友，当时是长治晋剧的著名票友。常苏民同志在山西太原国民师范学校进的是艺术科，学的西乐知识比较多，他学会了演奏小提琴；又师从蔡元培的北大音乐传习所来的王美岩老师，学会了中国古琴演奏，他考入当时闻名的雅乐团就是凭借高超的月琴和二胡演奏技能。不是听战友们介绍，从常苏民同志身上，谁也看不出他有那么高学历和那么大的本事。因为，他从来不显山露水，总是那么平易近人，一点架子也没有。可是，就是这位平易近人的常苏民同志，却做出了轰动抗日根据地文艺界的历史功绩。

毛主席《在延安文艺座谈会上的讲话》发表以后，中共中央晋绥分局宣传部长张稼夫同志提议恢复"晋西民间戏剧研究会"的活动，组成以亚马、王修、常苏民、裴进昌、施林杉等人为常务理事的强有力的领导班子，加强民间晋剧的整理工作，常老师就是山西民间戏剧整理小组的组长。于是，常苏民同志在百忙中，又以极高的热情投入了搜集、整理民间戏剧的理论和实践工作。经过两年的艰苦努力，一本《山西梆子音乐》终于于1944年7月在《抗战日报》上问世了。这是一场大工程，是解放区最早、最有学术价值的一本民间戏曲音乐理论著作。1992年9月11日，成都市人大、政协、四川省音乐家协会、四川音乐学院等单位在成都举办了一次纪念卓越的音乐学家王光祈的活动，中国音乐家协会名誉主席吕骥同志出席了这次盛会。这位当年抗日根据地的老音乐家与我交谈时，又深情地谈到常苏民同志当年不负党和人民的期望，以忘我精神完成《山西梆子音乐》的旧事。他说："常苏民同志整理出的那部《山西梆子音乐》在当时是非常难能可贵的。为坚持民族化、大众化带了个好头，是十分有价值的。"

1947年5月，我与常苏民同志奉命参加崞县后沙城村的土改试点工作，全村分为五个闾（古制25户为一闾）。我们7个人分在三闾，就称第三组，常苏民同志是我们的组长。说来也怪，在我们中间，常苏民同志是个大知识分子了，可是，他特别能够与穷苦的农民打成一片，他深入到每家每户中，和穷朋友非常亲近。在繁忙的群众工作中，他还以身作则，不忘叮嘱同志们收集流行在老百姓中间的民歌民谣，让自己的感情深入到老百姓的丰富的感情世界当中去。在那一段与乡亲朝夕共处的岁月里，我们与乡亲们建立了深厚的情感。1994年7月，我怀着回家探亲的感情，去探望乡亲们，不少当年的乡亲还念念不忘地怀念着常苏民同志。

1949年10月1日，中华人民共和国宣告成立，西北艺校编入中国人民解放军西北南下工作团三梯队二大队，常苏民同志任大队教导员。我们10月初随军南下，常苏民同志把毛主席1948年12月31日发表的《将革命进行到底》中的几句话谱上有力的进行曲旋律，我们就是踏着他这首《向前进》进行曲，翻越秦岭蜀道，来到四川的。1950年5月，我奉命调出文工一队，赴中共川西区党委组织部工作，特地去与常苏民同志道别，他拉着我的手，依依惜别地说，他还是希望我能留在文艺战线，一起工作。

1965年，我在成都市东城区区委书记任上，常苏民同志是四川音乐学院院长。有一天，他忽然来找我，说由于音乐人才的特殊性，需要从小培养苗子，与我商量是否能在地方上建立个以孩子为对象的业余音乐学校。我顿时感到常老师的话很在理，属于我应当想到而没有想到的事情。于是，这年9月，成都市东城区少年之家蓓蕾音乐学校诞生了。

由于极"左"路线的横行，常苏民同志在20世纪50年代和反右倾运动中，以及在"文革"当中，曾经受到过极不公正的指责和错误的批判。就是他找我建立少年之家蓓蕾音乐学校那件事，后来在"文革"中被造反派们口诛笔伐，整出黑材料，贴出大字报，说成都市的"反革命修正主义分子冯如秀"，"勾结三反分子常苏民，利用职权叫少年之家腾出房子，办了一所蓓蕾音乐学校。显然，冯如秀是妄图把社会主义教育阵地让给资产阶级知识分子和暗藏的坏人，给他们腐蚀毒害青少年、培养资产阶级接班人提供场所"。（摘自一同志送的1968年东城区造反指挥部公布清算我的《第一批揭发材料》）常苏民同志对于诸如此类的批判，从不计较个人恩怨，依旧襟怀坦荡、谦虚谨慎地工作。

我与常苏民同志交往的50年，是风风雨雨的50年，我们的处境有时很窘困危险，有时又处于似乎优越的领导岗位，不论处于何种地位，他总是那么严于律己，平易近人。这50年，我深深知道，他受了不少委屈，有的甚至影响了他的待遇、升迁。然而，他总是那么坦然处之，无怨无悔。当他两袖清风地撒手人寰，给后代留下的却是他那丰硕的作品和撒满天下的芬芳桃李；此外，就是他那些大量的藏书。常苏民同志的一生，实在是无私奉献的一生，他那崇高的人格，值得我永远敬仰。随着时间的流逝，常老师那可亲可敬的笑容，越发经常越发清晰地浮现在眼前。

尊敬的师长和战友

——缅怀常苏民同志

成都市画院原书记　郭　生

苏民同志是我的长者，也是我的老师。苏民同志比我大11岁，今年3月是苏民同志的百岁诞辰。从1943年春季算起，我们在一起相处了60年，苏民同志1993年离开了我们，但我总觉得他还是在我们中间，音容笑貌，永志不忘。他是一位笑口常开的大哥，纯正善良的长者。我怀念苏民同志，他的最好最大的长处，是他善于在这支队伍中立风和为人，继承了抗日战争之前他在太原时期那种"勤奋育人、不怕疲劳、诚实善良"的优良作风。1943年在晋西北鲁艺分院办学、劳动、整风、战斗、背粮，我们都朝夕相处。记得1943年春季，我们到兴县河西的神府去背粮，苏民同志非常有趣地把他的外裤脱下，用绳子捆起裤脚和裤腰，背起两裤腿的黑豆，飞快地走在我们的前面，他边走边唱，一路不知疲劳。他听说我自延安鲁艺带回了毛主席《在延安文艺座谈会上的讲话》笔记（是我自王朝闻、钟敬之同志处抄的），急切地借去和叶石同志传看，如饥似渴。1943年秋季，蒋介石反动派发动了向陕甘宁边区爷台山的军事进攻，我们鲁艺分院组织文艺工作团到各地宣传，我和牛文、李济远、陈岳峰等同志画了连环画，用民间"拉洋片"的形式宣传蒋介石的反共罪行。那次我们记录了"望吧：请你往里边看，往里边瞧，那反动派的嘴脸就照在上边！"的唱段，老常就打着拍子教我们演唱。我们一遍一遍地拉着画片轮转，老常也站在旁边和我们一起高声演唱。他那激情、欢快、认真的唱腔，至今还闪现在我的记忆之中。

早在抗日战争之前的太原时期，作为一位音乐工作者，常苏民同志担任了好几个学校的音乐教师，经常提着一把小提琴轮流上课。不怕疲劳，为了生活，也为了当时的抗日救亡运动，在太原文艺界传为佳话。卢沟桥事变后，他毅然到了当时由薄一波同志领导的国民兵军官教导团第八团，投笔从戎，投入了抗日救亡斗争。紧接着太原失陷，教八团改编为青年抗敌决死队第六总队，他组建了六总队的怒吼剧团，与总队一起奔赴他的家乡长治地区，开展抗日救亡的战斗活动，一直战斗在太行山上。以后编入了李伯钊同志领导的晋东南鲁迅艺术学校。

在太行山上，他经历了山西的反顽固斗争和对日寇的多次反扫荡战斗，日寇在晋东南采取了残酷的细菌战，抛撒疟疾菌苗，使整个地区流行疟疾，几乎所有军民都被感染。苏民同志到了晋西北后，还拖了将近半年时间才痊愈。

晋东南鲁艺的同志们在经历了残酷的黄涯洞保卫战之后，决定到延安。在经过晋西北时，当时的晋西北要办鲁艺分院，苏民等同志留在了晋西北。我们当时也是刚从延安到晋西北的，分配到鲁艺分院，我被分派到美术队负责。汪占非同志是我们的美术教师，当时美术队有侯恺、牛文、苏云、古东、刘楷、陈岳峰、李济远等几十位同志。常苏民同志是我们鲁艺分院的教务长，从此，我们一直战斗在一起。我和苏民同志自鲁艺分院到晋绥边区文联，朝夕相处，直到日寇投降，苏民同志又带领晋绥边区文联的随军工作团，跟随贺龙司令员赴晋中地区的汾阳前线。到汾阳后，随军工作团进驻汾阳著名的杏花村酒厂，在杏花村开展反霸斗争将近3个月。

常苏民同志一到杏花村，就抓紧反霸斗争的宣传教育工作。刚到晋中地区，就听到一首流行在那里的非常著名顺口的《太谷秧歌》《苦伶仃》——"家住在，太谷城，鼓楼东里有家门，我的那名字叫田秀英，苦命命的人！"这是一种群众诉苦的声音，苏民同志立即请我们文工团的音乐家亚欣、白石真同志记谱创作了一首《新苦伶仃》，开头就是："众乡亲，听我来鸣，我有一件伤心事儿对你们鸣，我家住汾阳杏花村，东堡有家门……"内容非常丰富有力，揭露了日寇与阎锡山反动派欺压人民的罪恶嘴脸，在反霸斗争，发动群众中起了唤醒人民、鼓舞人民的教育作用。而且这个《新苦伶仃》民间歌曲，后来在解放区被编为《妇女自由歌》一直传唱到新中国成立。常苏民同志和亚欣同志、白石真同志饱满的革命热情，至今我都记忆犹新。

还有一件表现了苏民同志非常随和，以及他热爱工人农民的小故事，他总是以他热爱群众、尊重群众的饱满热情对待周围发生的任何小事。当时在杏花村酒厂，我俩每天清早都一同散步，总要先走到酒厂的酿造车间，因为那里既不冷，又有工人师傅。当时车间里有多年来形成的一种习惯，你只要进入车间，工人师傅就要毕恭毕敬地举起一个白铁酒杯请你品尝，并且说一句："请尝这一杯，是看得起我们！"我们两人几乎天天如此，3个月形成了一种习惯，那杯醇香的汾酒一到上午，热气就盈胸而出，暖流全身。想起老常，他总是笑眯眯的。至此，老常成了我的师友、大哥。

记得那年初冬（大概11月初），我们文工团人人都无冬衣，老常提议："郭生，咱们俩一同去九分区找解学恭同志给大家找件棉衣吧。"我们两人到了驻在孝义边山的九分区司令部，正遇上政治部主任甘一飞，甘主任满口答应给我们文工团每人一件棉衣，而且让通讯员带我们立即办理。30套全新的灰色斜纹新棉衣，几天后就都穿上了，这是自到部队以来，八年了都未见到过的斜纹布新棉衣。老常和我们30几位亲兄弟高高兴兴地回到了兴县。

之后老常和李彬同志举行婚礼时，在他们举行婚礼的那个院子里，我们还听到了苏民同志快乐的钢琴声，当时不知从哪里来的一架钢琴，至今苏民同志琴弦之音还悠然在耳。之后，我们又共同南下，跋山涉水，从临汾、西安直到成都。我们又接受了新的任务，到了成都军事管制委员会的文艺处，我作为老常的副手，又开始了新的战斗和生活。老常作为文艺处副处长，我作为他领导下的艺术科副科长。直到后来，自川西文联到省文联，再到1955年的夏季，我调到四川美院附中担任校长。那年夏季，苏民同志从长影厂完成电影作曲任务回到四川，他住在重庆曾家岩的周公馆（是抗日战争时周恩来同志的住地），打电话与我相约，一见面，他就非常惋惜地长叹一口气，说没有想到我那么快离开文联，因为我是他的助手，那时苏民同志是省文联负实际责任的副主席，我是他的秘书长。留恋我们几十年的相处。之后，我又调回省上工作，直到经历了1958、1959年的那段"左"的歪风，有人老说他是"苏联公民"，我和苏民同志都是苦果难咽，我怀念我们那四五十年的战友情谊。

无论思想、文艺、处世和为人，苏民同志都是我永远思念的兄长。让我用一段故事结束我对苏民同志的怀念吧。

就是苏民同志的心血之作——《山西梆子音乐》，那一本由"晋西民间戏剧研究会"多人收集，由苏民整理后，请晋绥分局的油印科长曹速同志用钢板刻出，油印出版的精美的音乐专著，那部曾被中国音乐界和吕骥同志十分尊称的"中国研究民间戏剧音乐的先导"。还有"老常同志，请给个音吧"，我们当年七月剧社的著名老艺人阎志明同志那亲切而尊敬的呼唤！对这位音乐艺术家一生足够的尊称。够尊贵的了！

我说：苏民同志，您尊贵的声誉，是您一生奋斗、做人，最尊贵的声誉，也是您留给我们历历在耳的亲切的声誉，我为有您这样一位亲切师长、战友，永远骄傲！

2010年元月21日写于成都

忆常苏民先生二三事

今年是我国老一辈著名音乐家、作曲家、音乐教育家、教授常苏民先生100周年诞辰，四川音乐学院等有关单位将举办纪念活动缅怀常老，这是一件让人欣慰的事。

我和常老没有在一个单位工作过，只因同在文化艺术系统，且常老是上级领导，和他有过多次工作上的接触，多次聆听和接受过他关于文化艺术建设方面的讲话和指导；这对成都地区解放后的文化艺术恢复和建设起到非常重要的作用，也给我不少深刻的印象使我数十年不忘。在我的印象中，常老是一个德高望重的长者，是一个学富满车的音乐学者。他和蔼可亲，平易近人，一身正气，两袖清风，一生勤奋，忠诚党的文化艺术事业；他数十年从事文化艺术界的领导工作，尊重人才，爱护人才，保护人才。终身诲人不倦，为国家培养了许多著名的音乐家、音乐学家、作曲家、歌唱家、演奏家；他倾心数十年，提倡和打造四川的音乐演出队伍的建设，功劳卓著，不可磨灭。今天他既是一位桃李满天下的师长，更是一位受人尊敬和学习的楷模。说起我对他的印象，这要从常老的《山西梆子音乐》一书说起。我记得1944年7月，在《抗战日报》上发表了常老记录整理的《山西梆子音乐》，这在当时山西文化界引起了不小的轰动，把它当成是贯彻毛泽东《在延安文艺座谈会上的讲话》的典范，被公认为是"中国研究民间戏剧音乐的先导"，正如我国著名音乐家吕骥先生谈这本书时所说："《山西梆子音乐》在当时是非常难能可贵的，为坚持民族化、大众化，他带了个好头，是十分有价值的。"

在抗日烽火连天的年代里，晋绥边区抗日根据地各学校组织演唱活动，宣传抗日救国，当时我在临县完小和晋绥一中学习。在完小和中学时，学校都有宣传队，用"眉户"和小歌剧演出节目。我们当时演出过《刘宝成》《血泪仇》《重见天日》《王德锁减租》《大家喜欢》等剧目。而晋西北地区的老百姓最喜欢看山西梆子，称看山西梆子为看大戏，把我们的演出称之为宣传戏。为了满足老百姓对文化生活的需求，我们学唱起山西梆子来，虽然有的同志平时也能哼上几句，但真得要唱山西梆子，那困难大了。就在这时，常老的《山西梆子音乐》一书给我们解决了大问题。我很幸运地得到一本《山西梆子音乐》的油印本。书中系统地介绍了山西梆子的唱腔，用唱段介绍了平板、夹板、二流、滚白等板式及大开门、小开门、紧煞急等曲牌和打击乐的锣鼓经。我们当时就是根据该书学习唱演山西梆子的，后来就演出了《反徐州》《陆文龙》《拣柴》等剧目，以满足老百姓看山西梆子的需求。也就是这本《山西梆子音乐》，我才知道了常苏民，它使我对山西梆子有了一些了解，产生了感情。

1948年《晋绥日报》登了一则西北艺校成立的消息和西北艺校招生简章。上面有贺龙、李卓然、张稼夫、武新宇、周文、亚马等15位同志组成的学校理事会的名单，常苏民先生为西北艺校教育长。我即起了到西北艺校求学的念头，经过晋绥三地委宣传部介绍，我和另三位同志从山西离石到兴县晋绥分局，希望被介绍到西北艺校学习，哪知道晋绥分局却把我们分配到《晋绥日报》新闻干部训练班，学习新闻业务工作，一心想向常老学习的愿望也就未能实现。随着解放战争的胜利推进，根据党中央毛主席的战略部署，《晋绥日报》、西北艺校与晋绥分局所属单位相继到了临汾，着手南下四川的准备。1949年10月，贺龙、李井泉、周士弟率领中国人民解放军十八兵团、一野七军十九师及中国人民解放军西北南下工作团十多万大军挺进四川，成都于1949年12月27日和平解放。我也随队来到成都，随我一起来到成都的就是在艰难环境中珍藏下来的常老的《山西梆子音乐》这本书。

常苏民先生到成都后在军管会文艺处担任领导，负责成都文化艺术单位的接管，不久就负责筹划川西文联的筹组建设，并担任文联的领导工作。在此期间他十分关注民族民间戏曲的保护。成都解放不久他和其他同志就商定成立了"成都戏剧改进会"和"成都曲艺杂技改进会"，将原成都"悦来"的"三庆会"和"启群"、"蜀声"、"蜀育"川剧团体整合组成为"成都市大众川剧院"；将"三益公"的"蜀风川剧团"组成为"成都市实验川剧院"。前者由川西行署交川西文联管理，后者交成都市管理。这两个剧院集中了成都大部分川剧界的优秀人才，为以后的川剧的发展奠定了坚实的基础。除此外，军管会还接管了原胡宗南撤退时留在成都的一个京剧团，取名为"新声京剧团"，并派了军代表进驻。把成都原有的京剧团保留，取名为"群众京剧团"，这个团后来于1958年支援贵州省遵义市时改为"遵义市京剧团"。

成都人素来就有喝茶消闲的习俗，在茶馆以茶会友，文人以茶讨论文章，商人以茶谈生意，艺术人以茶交流技艺，安全人员以茶侦查案件，甚至更有人在茶馆喝完茶就在茶馆洗个脚回家，或在茶馆过夜也是常事。当时的曲艺艺人把茶馆作为演出阵地，观众也一边喝茶，一边欣赏曲艺。成都曲艺曲种很多，有清音、扬琴、竹琴、金钱板、荷叶、四川相书、被单戏等；还有在成都流传的北方曲种如京韵大鼓、北京单弦等。常老对成都人的这一习俗非常赞赏和尊重，并对这些曲艺品种的多样和深厚的群众基础更是倍加提倡和支持。为了保护这些群众喜爱的民族民间艺术，文艺处接管了总府街"正娱花园茶馆"，新成立的"曲艺杂技改进会"也就设在这里；后因川西行署在此处修建省府礼堂，茶馆迁到后来的市群众艺术馆地址，改名为"成都市五月文化茶园"，并新修建了成都书场，使曲艺艺人有了固定的演出场地。曲改会对流散的曲艺艺人进行了登记，并由政府主管部门发给演出证书，曲艺艺人可持证到其他茶馆和有演出条件的场所公开演出，这样既满足了人们消闲饮茶欣赏曲艺的需求，也使艺术的演出比较稳定，演出者生活得到保障；使成都的曲艺、木偶、皮影得到了有效的保护，为后来省市曲艺、木偶、皮影团队的建立打下了基础。这都是常老重视关心这一艺术领域的重要事实。

常苏民先生在后来担任四川省文联副主席、西南音专校长、四川音乐学院院长期间，认真贯彻"百花齐放，百家争鸣"、"古为今用，洋为中用"的文艺方针，为繁荣四川省文艺事业和音乐教育事业，忠心诚心、孜孜不倦。有一件事我印象极深：大约在1955年，常老亲自到市文化局提议让曲艺艺人李月秋、盖兰芳、李德才等到当时的西南音专任教，为师生传授曲艺音乐艺术。他说："我们音乐院校有些同志不重视民族民间的音乐艺术，曲艺艺术，一味地追求和重视西洋的东西，认为人家的东西什么都好，瞧不起我们自己的东西。西方的东西我们要学，学他们好的东西，为我们所用；我们民族民间也有很多好的东西，值得我们认真去学，也应该去学，这是祖宗，不能瞧不起自己的祖宗嘛。"他说，"李月秋演唱的四川清音节奏灵活，生活气息浓郁，以她那清亮甜美的天赋嗓音和滋润柔美、晶莹剔透的'哈哈腔'技巧自成一格；演唱也特别注重'唱声、唱曲、唱情'。她具有深厚的以情唱曲的功力，每一首演唱曲目'字字清晰，句句动人'，观众都十分爱听。"他还说，"盖兰芳的京韵大鼓和北京单弦的演唱功力非常深厚，她声音洪亮，清脆，在揉腔、润字、唱曲、归韵等方面都有独到的造诣；唱腔曲调婉转、韵味纯郁、刚柔相济，身段优美，以珠圆玉般的演唱和诙谐风趣的表演深得听众的喜爱和赞美。我请李月秋、盖兰芳去音专讲课就是要让我们的学生知道我们民族民间音乐宝库中有很多好的东西，需要很好的学习和发扬光大。"

他又说："李月秋和盖兰芳在音专讲课也可以向音院老师们学习，学习西洋音乐中好的东西来提高自己。"常老关切地说："李月秋、盖兰芳没有固定工资，在书场演唱收入少，生活困难多，她俩在学校应聘授课，学校给讲课费，这样可以解决家庭中的生活困难。"常老这一提倡果然引起了大家的关注，起到了良好的效果，一些音乐家开始了对清音音乐的调查整理研究，川音教师解君恺先生的《四川清音腔词分析》，冯光钰先生的《怎样谱写四川清音》，蒋守文先生的《四川清音溯源》等一批论著书籍和文章相继发表出版。这时川音副院长羊路由，教授胡静翔、丁孚祥及省市一批音乐家如敖学祺、方惠生等也都极力参加到川剧音乐唱腔的研究中，并开始了对川剧做实验改革。

李月秋通过在川音教学，自己也有很大提高，于1957年赴苏联莫斯科参加"世界青年联欢节"。参赛演唱《小放风筝》《忆我郎》《青杠叶》，获得金奖，为四川争得荣誉，为四川清音的发扬和传承做出了突出贡献。

盖兰芳的京韵大鼓被列入了四川音乐学院教学大纲，成为师生的必修课程。盖先生在教授学生中很有成就，教出了多名后来群众喜爱的著名歌唱家和曲艺演唱家。

常老广集稀有艺术品种进音乐学府，不遗余力地巡访招募稀有艺术品种的贤才进学院任教。除上面讲述的李月秋、盖兰芳等外，早在20世纪50年代起他还从成都、重庆、上海等地选调了几乎绝声的古琴、古筝等专业名家进学院，开设专科课程施教。川派著名古琴大师喻绍泽，古筝大师曹东扶、田耕时，著名民族乐器制造家卓希钟等数人就在他的倡导和力争下得以进入四川的高等音乐学府，使这些即将绝声的艺术得以传承，得以有今日四川川派古琴和古筝之大发展的局面。

在此，我们还要铭记常老在推动四川器乐和民族器乐演奏方面的功劳。四川的民族音乐演奏虽然不曾间断，但四川说得上的成建制的乐队音乐演奏，在20世纪60年代前基本是空白的，首先是没有一个队伍。四川这样一个大省，有高等音乐学府，有众多的演奏人才，却缺一个或两个像样的乐队，确实与四川大省，成都大市的地位不相配，所以在众多音乐人的呼吁盼望下，常老多方苦访请求，在20世纪70年代四川第一个乐团——"四川交响乐团"（即后来的"峨影乐团"和再后来的"四川广播爱乐乐团"）终于诞生了。并由他担任首任团长。这是一个创举，四川终于有了名副其实的交响乐团了，当时很引人注目。四川和成都早有"锦城丝管日纷纷"的盛况，不知从何时起这盛况也不精彩了。新文艺大发展了，锦城也大发展了，这为锦城丝竹演奏的大发展创造了条件，1987年，成都乃至四川的民族音乐界的一批民乐人经成都市人民政府的正式批准，一个有政府行政编制而较全建制的民族乐团——"成都民族乐团"在成都隆重成立了。常老在该乐团成立时虽年事已高，但他对乐团给予了极大的关心，也很受乐团团员们的尊敬，经成都市文化局批准，聘常老为成都民族乐团名誉团长，这样他也就常来乐团看排练，出席音乐会演奏，90年代初还随民族乐团和成都歌舞剧院到海南岛巡回演出长达一月之久。

常苏民先生数十年来，为四川文化艺术做了不少实事，特别是在四川的音乐艺术领域里，在继承、创新、发展上做了不少开拓性的工作。他给我们留下了老一辈艺术家那可尊、可敬的人格、人品，是值得我们永久缅怀和学习的楷模。

一位有声望的音乐教育家和作曲家

山西省音乐家协会原主席　洪　飞

　　常苏民，山西省长治市人，1910年3月出生，祖父经商，父亲教书，且都爱地方戏曲——上党梆子，并都能自拉自唱。其父曾在群众自娱的自乐班中任班主。邻居为乐户（吹鼓手）世家，对门关帝庙逢庙会等常有上党梆子戏曲演出，所以，常苏民从小就受到地方戏曲、民间音乐的熏陶，七八岁就会操月琴、拉二胡随大伙演奏了。

　　1924年冬，14岁的常苏民，由父亲带领步行到太原，考入太原国民师范（六年学制）。国民师范是20世纪20年代中国共产党领导太原学生运动的中心，老一辈革命家徐向前、薄一波、程子华等同志都是该校的早期学生。常苏民一入校就结识了中共地下党员薄一波、张文昂等。受到进步思想教育，1925年加入了共青团。之后，又经常在薄一波领导下听讲马列主义，进行散发传单、教唱革命歌曲等活动。1927年四一二政变发生，国民党蒋介石对共产党实行反革命大屠杀后，薄一波曾交给他一只装满革命传单和资料的箱子，以及一本地下党员名册，让其交地下党支部负责人王瀛同志，他机智地完成了任务。

　　在国民师范，他师从毕业于北大音乐传习所的音乐家王美岩，学习古琴，并参加该校的雅乐团，后担任团长。1929年毕业于太原国民师范艺术科。从此，开始了从事音乐教育和音乐创作的生涯。

从国民师范毕业后，常苏民回长治教了一年多书。1931年到太原任教，身兼山西省立第一女子师范和省教育学院附中，以及成成、进山、云山、阳兴、平民、太原女中等八所中学的音乐教师。此时，正是日寇发动九一八事变，侵占东北，全国人民抗日救亡运动蓬勃兴起之时，常苏民在学校教学中宣传抗日救亡，发起成立了"太原市中小学音乐教育研究会"，后担任会长。把教唱抗日救亡歌曲推广传播到各学校、各工厂及郊区，以激发人民抗日爱国的情绪。他把抗日救亡歌曲、中外名曲如《前进歌》《毕业歌》《救亡进行曲》《五月的鲜花》《牺牲已到最后关头》《伏尔加船夫曲》等以教材名义编为"歌曲集"，广为散发。1935年又以成成中学为中心（成成中学校长武新宇、校务主任刘墉如、教务主任刘丹顿都是中共地下党员，学校也就成为党的活动中心，学生运动中心）发起全市学生救亡歌咏竞赛。赛歌那天，海子边成为人的海洋，歌的海洋，抗日救亡歌曲的声浪，响彻云霄。

1937年卢沟桥事变爆发，常苏民回到了长治，组织了抗日救亡业余文艺宣传队。1938年春，参加了驻长治市的"青年抗敌决死队二纵队"，以原宣传队为基础成立了怒吼剧团，并担任团长。1940年任晋东南鲁艺（前方鲁艺）音乐系主任，1943年后任晋西北鲁艺音乐部主任、晋绥边区实验学校文教队主任等职，解放战争时期任西北艺校教育长兼音乐部主任。新中国成立后历任成都军事管制委员会文艺处处长、川西文联副主席兼秘书长、四川省文联副主席、西南音乐专科学校校长、四川音乐学院院长、中国音协常务理事、峨眉电影制片厂副厂长、四川省人大代表、省政协常委等职。1993年2月因病医治无效，于成都逝世，享年83岁。

常苏民同志是一位有声望的音乐教育家和作曲家。20世纪20年代末，他从山西国民师范艺术科毕业后，近七十年来为发展我国的新音乐事业做出了很大成绩。

在音乐教育上，从30年代在太原八个中学任音乐教员到太行鲁艺、晋西北鲁艺，直到四川音乐学院，为我国培养了大批的音乐人才，可以说是桃李满天下。在音乐创作上，他创作有《放羊歌》等不少歌曲，参与了《刘胡兰》《猛河的黎明》《打金枝》《黄河少年》《神圣的使命》《山城雪》《风流千古》《巴蜀洞天》《漩涡里的歌》《姑娘的心愿》等影片的音乐创作。他又是一位民间音乐研究家，特别是为了贯彻毛泽东的《在延安文艺座谈会上的讲话》，他向民间音乐、地方音乐学习，经过两年的不懈努力，一本《山西梆子音乐》于1944年7月问世，并全文在《抗战日报》上发表，新中国成立后又多次出版。这是一本我国最早的、有重要学术价值的戏曲音乐理论著作。吕骥给予了很高的评价，称之为"中国研究民间戏剧音乐的先导"。该书对研究和发展山西梆子音乐起了很大作用，也成为后来音乐界整理研究地方戏曲音乐的范本。

1990年3月16日是常苏民的八秩寿辰，四川省音协、四川音乐学院、成都市歌舞剧院共同召开大会，庆祝常苏民同志从事音乐工作60周年暨80寿辰。会场四壁挂着祝贺的楹联书画。摘抄两副如下：

一、忧祖国，发长歌，唤救亡，求解放，铁马金戈，千百里驰骋，迎来日月更新，河山壮丽；播文明，立教帐，宣乐艺，育英才，丹心热血，六十载耕耘，喜得管弦交响，桃李芬芳。

二、四时甘露，物润无声，风范薰文圃；八秩寿翁，笔耕不辍，文章启后人。

这两副楹联概括了常苏民同志革命的一生、战斗的一生、光辉的一生。

深切的怀念

——写在著名音乐家常苏民老院长100周年诞辰之际

中国音乐家协会书记处原书记　冯光钰

　　岁月荏苒，时光易逝，不知不觉间，就到了常苏民老师逝世17周年祭日了。此时我不禁想起了诗人臧克家1949年11月1日为纪念鲁迅先生写的一首诗——《有的人》。诗中写道："有的人活着，但已经死了；有的人死了，他还活着。"常老去世多年了，但他一直活着，活在我们的心里，活在许多喜爱他音乐的人们的不尽言说中。适逢常老100周年诞辰之际，往昔许多与常老亲切相处的情境又浮现在眼前，在对这些难忘往事的回忆中，寄托了我对常老的无限敬仰和缅怀之情。

中国研究民间戏剧音乐的先导

　　常老1910年3月16日出生于晋东南古上党郡的长治市。他自幼酷爱音乐，受家庭和民间音乐的熏陶，与流行于家乡的梆子戏、民歌小调及民间乐曲有广泛的接触。他的祖父及外祖父均是当地有名的商人，且都喜爱家乡的梆子戏，并能自拉自唱梆子腔唱段；他的父亲是他家所住地下南街自组的自乐班的三弦手。这个自娱的自乐班经常聚集在常家大院排练演唱，在他幼小的心灵里播下了音乐种子。

常家的近邻是户从事婚丧礼仪的民间吹鼓手班社，经常吹奏一些红白喜事的民间乐曲，还时有地方戏曲及小调演唱，十分热闹。在常家隔街的对面还有一座红墙琉璃瓦的关帝庙，和尚念经拜佛活动时笙管笛箫悠扬动听的乐声，常常吸引童年的常苏民驻

1992年9月，常老（左）与笔者亲切相晤。

足倾听，流连忘返。尤其是经常在他家大院里排练唱奏的自乐班，更成了他耳濡目染家乡民间音乐的"学习班"。在父辈的培育下，他很快学会了拉二胡、弹月琴，为他日后的音乐工作打下了良好的"童子功"。

常苏民在投身革命队伍以音乐为专职之前的经历并不复杂。1923年，他13岁，在长治高小毕业后，赴太原考入山西省立国民师范学校。次年，他以出众的二胡和月琴演奏技艺，考入太原闻名遐迩的国师雅乐团。由于他勤奋排练，富于组织才能，16岁时便出任该团团长。当他从初师毕业升入高师时，很顺利地进入了艺术科，主修音乐并兼习美术。通过在山西国师的六年攻读，他的音乐技能得到很大提高，毕业后被多所中学聘为音乐教员。1937年，抗日战争爆发。他在长治积极筹组抗日救亡团体——怒吼剧团，作为团长的他，带领大家投身抗敌救亡宣传工作。1938年，该团被正式编入山西青年抗敌决死队，成为我党领导下的抗日斗争的一支文艺宣传生力军。

他从事革命音乐教育、创作及民间戏曲音乐研究，则是从1940年1月在太行山区成立的鲁艺晋东南分院开始的。这所在战争时期建立的新兴艺术院校，院长是戏剧家李伯钊，常苏民担任音乐系主任并教授作曲理论课。在此期间，他有感于继承和发扬我国传统音乐的重要性，在极其艰苦的战争环境中仍牵挂着从儿时就深深地潜入他灵魂而挥之不去的

常老1944年撰著的《山西梆子音乐》一书，由上海新文艺出版社1952年10月正式出版。

梆子腔。于是，在繁忙的工作之余，他开始了对山西梆子音乐的收集整理及研究。常老追忆说："1943年春，晋西民间戏剧研究会理事会上提出：'整理根据地群众中流行的民间戏剧、音乐，并进一步加强戏剧音乐工作者的学习，以提高工作中为工农兵群众服务的效能。'当即组织了一些同志进行对山西梆子、郿鄠、道情、秧歌的整理工作，时经一年余。"①当时，正值抗日战争的相持阶段，日本帝国主义用其侵华主要兵力对付中国共产党所领导的敌后抗日根据地，以重兵对边区实行"三光"政策，反复扫荡、清剿、蚕食，在长城内外，疯狂地制造"无人区"。就是在如此艰难的环境中，常老展开了对山西梆子音乐的收集整理工作。

经过一年多的艰苦努力，《山西梆子音乐》一书于1944年7月完成并印行。全书分五个部分：第一部分为"前言"，对山西梆子在山西称为中路梆子之名做了阐释，认为音乐在这一剧种中"起着最重要的作用"；第二部分为"说明"，对山西梆子的调式、定调、音域、板眼与节拍、词、分类等进行了论述；第三部分为"文场"，对文场的乐器、文场说明简表、丝弦曲牌、苦相思、唢呐曲牌进行了分述；第四部分为"武场"，对武场的乐器、武场念音谱、武场说明简表、唱腔中的武场、动作和过场中用的武场进行了分述；第五部分为"唱腔"，对[平板]、[四股眼]、[夹板]、[二性]、[变格二性]、[垛板]、[转板]、[绕板]、[流板]、[切板]、[还魂]、[流水]、[流水绕板]、[介板]、[滚白]、[倒板]、[转板]、[腔儿]，及其他（[一串铃]、[上山寨]、[换花]、[越调]等）板式进行了分述。书末还有三个附录：附录一为《拣柴》（山西梆子戏一出）、附录二为"吹腔三首"（笛子）、附录三为"二通"（锣鼓）。此书虽署名为"常苏民记录整理"，实际上是一本理论专著，文字虽不多，张力却很大，内涵丰富，意韵深长，将山西梆子音乐梳理得针脚细密，透露出作者深厚的戏曲音乐的理论功底和治学的严谨态度，显示出可贵的学术探索价值。

此著于1944年7月在《抗战日报》上全文连载发表，受到了抗战文艺界广泛的赞扬，被公认为"中国研究民间戏剧音乐的先导"。新中国成立后，由上海新文艺出版社于1952年10月第一版，1954年5月又再版重印，累计印数6000册。理论著作能发行如此数量，说明常老的这本专著深得读者与社会的欢迎。当年作为常老的学生并长期共事、后来担任过四川音乐学院副院长的马惠文教授回忆说："这本专著，第一次以科学的方法，系统而全面地阐述了山西梆子音乐的特点。该书出版后，在晋绥音乐界引起很大震动，对我国民族民间音乐的收集整理工作，起到了巨大推动作用。吕骥同志和贺绿汀同志均做出了高度评价。"②

说到吕骥对《山西梆子音乐》的评价，笔者曾亲聆过吕老谈论此书出版的意义。1983年10月下旬，我随吕老赴郑州出席《中国戏曲音乐集成》第一次全国编纂工作会议，吕老在会上以"认真抢救我国戏曲音乐优秀遗产"为题发言的讲话中，在谈及我国收集整理戏曲音乐的经验时，特别提到常苏民和安波的贡献。吕老说，我1941年秋在延安鲁艺发表了《中国民间音乐研究提纲》，提出要全面收集和研究中国民间音乐优秀遗产，在对民间戏曲的抢救研究方面，常苏民同志和安波同志对山西梆子音乐及秦腔音乐的收集整理工作最有成效。吕老说，那时常苏民同志在山西根据地收集整理山西梆子音乐，安波同志在陕西收集整理秦腔音乐时，都处于战争环境，但他们都脚踏实地深入民间调查访问。特别是山西梆子流行地区广泛，常苏民同志收集整理工作之艰辛是可想而知的。吕老还对《山西梆子音乐》的编纂方法表示赞扬，他说，常苏民同志在战争环境下收集整理山西梆子音乐不仅条件艰难，而且那时又无任何学术信息可参考。所以，常苏民同志能按山西梆子的文武场及唱腔分类编纂，是难能可贵的，对我们今天编纂戏曲音乐集成也是有参考价值的。后来，当我把吕老对《山西梆子音乐》的一番评价向常老转述后，常老甚为感慨。常老说："我收集整理和研究山西梆子音乐，是直接受到吕骥同志《中国民间音乐研究提纲》的启发进行的，1944年我托人送给时在延安的吕骥同志，他还回信鼓励我呢！"

常老的《山西梆子音乐》在新中国成立后正式出版，甚受学术界的重视，在一些学术专著史料中曾给予很高的评价。如《中国戏曲音乐集成·山西卷》的综述中写道："从抗日战争开始……有组织的对戏曲音乐资料的收集和整理已经开始，1943年春，晋西北民间戏曲研究会常苏民等同志深入民间，收集、整理郿鄠、秧歌、梆子腔等唱腔、器乐、曲牌和打击乐锣鼓经，又于1944年油印了《山西梆子音乐》一书，这是用简谱记录山西的戏曲，对山西戏曲做理论上描述的第一本资料。"[③]由此可以看出，常老对山西梆子音乐的研究成果，在他的故乡山西享有很高的声誉。1955年长春电影制片厂将山西梆子《打金枝》搬上银幕时，特聘请常老担任这部舞台戏曲艺术片的音乐创作。在这部反映唐代汾阳王郭子仪寿辰时，唯三媳升平公主倚仗皇家权势未至，席间，三子郭暖受众弟兄戏谑，于是回宫中怒打公主（金枝）的颇富戏剧性的剧目中，常老充分发挥传统戏曲音乐的[四股眼]、[二性]、[夹板]等唱腔的性能，又在四大件伴奏基础上加入中西混合的管弦乐队，丰富了山西梆子的艺术表现力。笔者当时看了这部戏曲电影艺术片后，也深受山西梆子的感染。当我拜读了常老的《山西梆子音乐》一书，始悟出《打金枝》的电影音乐之所以能如此动人，充分体现了常老在山西梆子音乐的实践与理论方面的深厚功力。

特别值得一提的是，常老到四川工作的几十年间，一直念念不忘家乡的戏曲音乐。虽客居异乡，仍牵挂着把山西梆子音乐的理论研究深入一步。他多次对笔者提起贺绿汀同志建议他修订《山西梆子音乐》并采用五线谱再版。

一个难得的机会到来了。1981年，笔者调到北京中国音乐家协会工作，其时常老正在中央党校高干班学习。当我到颐和园西侧的中央党校看望他时，他又提起欲到太原访问山西梆子老艺人采录资料。他说，1943年采集山西梆子音乐时正值抗日战争相持阶段，在炮火连天的环境里无法全面采访艺人，本来那时很想收集名演员毛毛旦（大名王云山，1887—1946）的唱腔，可是无法如愿。常老说，我们山西人很喜欢毛毛旦的戏，都说"看了'毛毛旦'，三天不吃饭"，"宁叫跑得出了血，不能误了'毛毛旦'的《六月雪》"。他感叹道，《山西梆子音乐》里没有收入毛毛旦的唱腔，很是遗憾。在中央党校高干班学习结束后，1982年初春，我即随常老赴太原，常老夫人李彬也由成都赶来会合协助常老。山西省文化厅及文联对常老表示热烈欢迎，文化厅领导石丁、郭士星，山西音协主席洪飞、副主席张沛，以及山西戏曲研究所所长鲁克义等，为常老提供了许多珍贵的资料并组织艺人座谈会。可惜，毛毛旦早已去世，只能从他的传人中获得一些口传遗响。当时，山西正组织力量编纂《中国戏曲音乐集成》及《中国戏曲志·山西卷》，文化厅领导表示待集成志书记录的山西梆子音乐完成后即送常老。由于山西梆子唱腔的记谱工作量甚大，非常老和我之力所能完成，而集成志书的山西卷迟至20世纪90年代才完稿，而当时常老已驾鹤西去。我想，常老在天国仍会对此念念不忘。

令人感佩的是，常老在人生旅途已步入黄昏时，仍对实现自己念念不忘的夙愿充满激情和意愿，这是多么难能可贵！

"峨眉鼻祖下山来"的厄运

1949年冬，常老随第一野战军南下成都，^①任成都军管会文艺处长。1953年出任西南音乐专科学校（四川音乐学院的前身）校长。笔者1957年考入西南音专民乐系时，他兼任着由他发起成立的民乐系系主任。由于常老还兼任四川文联党组书记和中国音乐家协会四川分会主席之职，长住校外，多在开学和散学典礼时来民乐系巡视，并讲授"新音乐运动"的专题讲座，但他对同学们都和蔼可亲，能叫出每个人的名字。笔者1961年毕业留校工作后，致力于传统音乐理论教学和研究。这时，常老的工作重点已放在川音，住在学院宿舍，与师生朝夕相处。他温文尔雅，言语得体，无论谁与他相处都会觉得如沐春风。当常老得知笔者对四川清音及川剧音乐的研究及教学取得一定进展时，一方面给予鼓励，另一方面又提出要大量地采录民间音乐第一手资料，力求在事实的比较分析中，树立自己的论断。当我说起他写的《山西梆子音乐》是我们学习的榜样时，他说，你们现在的条件多好啊，不像我那时在战争烽火中采录之难！一定要深入民间去挖宝。听了他的一席话，如醍醐灌顶，我至今记忆犹新。

常老主持川音工作的30年间，特别重视人才和知识，执行党的知识分子政策，与党内外教师广交朋友，经常切磋谈心。他鼓励教师培养尖端人才，号召川音师生要以出众的教学成果"冲出盆地，越过三峡"，不要把自己局限在成都平原和四川盆地的狭窄范围内。在多次全院师生大会上，常老常常是往台上一站，便娓娓道来，不疾不徐，如行云流水一般，朴素与平实的语调，一如常老的本色；但当他讲到提高教学质量，力争唱响全国时，常常会提高嗓门，声音铿锵而有力，顿时让听众精神为之一振。那些年，川音的音乐创作、表演、教学呈现出一派繁荣景象。如创作歌剧《激浪丹心》《收租院》，大型歌舞《椰林怒火》，举办各种独唱、独奏音乐会及上山下乡演出，都在音乐界产生了广泛的影响。

正当常老意气风发地率领川音师生信心百倍地"冲出盆地，越过三峡"之时，一场"横扫牛鬼蛇神"的"文革"风暴不期而至。顷刻间，川音的教学及一切活动都被迫停止，几天内，大字报贴满了校园，院领导、教职工都成了被揭发批判的对象。当时的口号是"火烧百分之百"，几乎百分之百的教职工都受到了"火烧"。尤其引人注目的是，"打倒反革命修正主义分子常苏民"、"打倒山西梆子"、"揪出峨眉鼻祖常苏民"的口号，更是响彻校园内外。昔日受人尊敬的常苏民院长，此时与一些所谓"牛鬼蛇神"的教师一起都被戴上高帽子，胸挂黑牌子，涂成黑脸，在校园游斗，在礼堂上站着接受批斗。在常老的许多"莫须有"的罪名中，"峨眉鼻祖"的罪名尤令众人茫然不解。看了一些揭发他"罪行"的大字报后才得以释然。原来，为了实现常老"冲出盆地，越过三峡"的号召，由1964年声乐系毕业生李存璀、周亨芳等人组成的独唱独奏小组曾到西安、重庆、武汉等地巡回公演，以展现川音的教学成绩。当由常老带队的独唱独奏小组到达武汉时，时任武汉音乐学院院长、湖北省音协主席的林路同志，看了演出后当即书写了一首打油诗，诗中有句"两名高徒把门开，峨眉鼻祖下山来"，以表彰青年女高音歌唱家李存璀、周亨芳的声乐才华，赞扬常老的领导有方。不料林路同志的一句戏语，竟成了常老脱不了干系的罪名。但常老面对揭发批判时，不仅不低头认罪，反而据理力争："在学生中培养尖端人才是符合毛泽东思想的，至于说我是什么'峨眉鼻祖'我可是担当不起啊！"常老话音刚落，又是一片"打倒峨眉鼻祖常苏民"的口号声。笔者此时也在会场中，只见常老沉着安稳，毫无惧色，也许他还想问一句："培养新中国的音乐人才何罪之有？"

事隔多年后，我由北京出差到武汉，遇到仍担任武汉音乐学院院长的林路同志时，将"打倒峨眉鼻祖常苏民"的闹剧向林路院长讲述了一番，林老诙谐地说："这都是我给常老惹的祸啊！真对不起他，让他吃苦了！其实，我的本意是说，常老到四川办音乐学院很有成绩，'峨眉鼻祖'他是受之无愧的。"后来，我又将林路的"峨眉鼻祖"之说向常老转述，常老听后说："林路同志是抗战时期新音乐运动的领导人，也是一位诗人，他说我是'峨眉鼻祖'是对我的期望，可惜我已是'夕阳无限好，只是近黄昏'的人了，也许到了去'峨眉'山养老的时候了！"

这种大度磊落，倒真有点"峨眉鼻祖"的气概。

学识渊博，思虑缜密

对于一个音乐家而言，情感、技艺、学识三者缺一不可。常老从抗日战争到改革开放的漫长岁月中，长期担任音乐教育部门和文联音协的领导工作，又兼许多音乐创作活动。在音乐创作活动中，他以自己渊博的学识和缜密的思虑传达着自己的思想和情感。

常老在每个历史时期都有专论和文章见诸刊物报端。他常常在各种工作会议和学术论坛上不失时机地阐明自己对音乐创作、音乐教育及音乐活动的主张。如他在《关于向国庆十周年献礼的音乐创作问题》一文中提出："有人认为只有尖端和重大题材才可能放'卫星'，当然，尖端和重大题材很重要，我们应该用最大努力去反映这是很必要的，这也是我们的责任，但也不应成为唯一的题材。"[④]常老反对将"尖端和重大题材"作为"唯一的题材"的意见，是很有胆识的。因为，当时处于"阶级斗争为纲"的历史环境，写"大跃进"、"人民公社"、"大炼钢铁"才是"尖端和重大题材"，而常老却斗胆说这些"不应成为唯一的题材"，其勇气何其可嘉也。他还在此文中指出："作者必须还要不断提高自己的思想水平。只有不断地提高自己的思想水平，不断积累生活感受，勇于创作实践，和群众相结合，多采取有效的创作方法，这样才可能比较好地体现革命现实主义和革命浪漫主义相结合的创作方法，从而产生较好的作品。"⑤可见，常老关于不断提高思想水平和加强生活积累，进而创作好作品的主张，是与他长期缜密的思考分不开的。

如何保护、继承和发展我国民族音乐，也是常老长期关注的问题。1983年，以常老为团长的中国音乐家代表团赴朝鲜出席第六届亚洲音乐节，他在学术论坛上全面阐述了他的民族音乐观："我们主张民族音乐要在继承中发展，在发展中继承。"⑥这是他从20世纪以来中国音乐发展历程中获得的启示，他说："20世纪初，在我国音乐界出现过两种思想倾向：一是盲目崇拜西洋，轻视民族音乐，甚至认为民族音乐是落后的东西；一是国粹主义的思想，认为民族音乐只能继承不能发展，越古越好，拒绝向其他国家民族学习借鉴。"他认为："我国长期的实践证明，继承传统和借鉴西方都不是目的，而真正的目的应该是反映我们时代的人民的思想感情和他们的内心世界，我们应当作为人民的代言人进行新的音乐创造。"⑦从常老对民族音乐具有理论涵盖力和穿透力的分析中，可以看出，他从收集整理民间戏曲音乐到从长期主政音乐教育事业的几十年间，以其渊博的学识和缜密的思虑提出的主张，对我国音乐事业的发展是很有意义的。

无情的岁月可以改变山川河流、古城漫道，却无法湮没我对常老追忆的沟壑。有人说，世界上最难写的文章有两篇：一篇是写父母，另一篇是写恩师。常老作为我在川音民乐系攻读的首任主任，到我毕业留校任教以至调到北京工作后，多年来一直受到他的耳提面命，但要想把积攒在心中几十年的亲历感受转成文字，可不是件容易的事。谨以以上点滴回忆，再次表达我对常老的敬意和怀念。

参考文献：

①《山西梆子音乐》（常苏民记录整理）1页，新文艺出版社，1952年10月，第一版。

②《贡献卓著，受人敬仰——祝贺常苏民教授从事音乐教育60周年》（马惠文），《音乐探索》，1990年第2期。

③《中国戏曲音乐集成·山西卷》20页，中国ISBN中心，1997年5月，第一版。

④⑤《关于向国庆十周年献礼的音乐创作问题》（常苏民），《音乐研究》，1959年第1期32页。

⑥⑦《民族音乐的保护、继承和发展问题》（常苏民），《中国音乐》，1984年第1期9页。

贡献卓著　受人敬仰

——祝贺常苏民教授从事音乐教育工作60周年

四川音乐学院原副院长　马惠文

川音原院长常苏民教授从事音乐教育工作已经60周年了。回顾60年来，他在事业上贡献卓著，影响深远，受到广大群众和音乐工作者的爱戴与敬仰。

1938年春，我在山西省长治市第一次见到常老。那时他只有二十六七岁。当时我在党领导下的"山西新军决死六总队"，常老在一个乡的宣传队工作。上级要将这两个单位合并，让我们去看一看，相互了解。在这以前，常老的一些情况我们就已有所了解，他在太原兼了八所学校的音乐课，还兼两所学校的美术课。在我们眼中，他各方面的修养、造诣都很深。记得见到他时，他正在辅导一个四十多人的儿童团唱歌，唱的是《五卅纪念歌》和《牺牲已到最后关头》。常老的辅导井井有条，讲解详尽生动，要求十分严格。我当时想，能和这样一位导师在一起工作，那多好啊！不久，这个愿望果然实现了。合并后的名称是"决死五总队联合剧社"，常老担任团长。两三个月后就在长治市公演，得到很好的评价。当时合唱团体很少，而我们已能唱二部、四部的作品了。常老除担任指挥外，还担任男高音领唱（他的声音很优美）和二胡独奏。

他是我学习音乐的启蒙老师。我向他学习二胡、小提琴、乐理、和声、民族音乐等，同时也学到了许多革命道理。

在他的领导下，这个团在政治上和音乐表演上都有很大的进步，成为当时活跃在太行山区的一支重要宣传力量。

常老出身于一个音乐世家。他从艺术师范专科学校毕业后参加工作，薪金是较高的，生活是较舒适的，而能投身到革命事业中，这在当时是难能可贵的。在艰苦、残酷的战争年代，他战胜了极大困难，对革命始终充满坚定的信念。几十年来，在弘扬民族音乐文化、坚持"二为"方向和贯彻"洋为中用，古为今用"的方针上，他做了大量工作，成绩突出。在音乐教育工作中，他认真贯彻党的知识分子政策。他曾充满感情地对教师们说：你们能为国家培养出人才来，我致以深深的敬意！十年浩劫中，川音的教师基本上没有外流，说明常老在知识分子当中，有一股向心力、凝聚力。这与他一贯尊重知识、尊重人才是分不开的。

常老一个突出的优点是有很强的组织观念，凡是党的决定，他都愉快地服从。他工作多次变动，做过文工团团长、学校教员、剧社音乐股长、演出股长、晋西北鲁艺音乐系主任等工作。1948年在崞县搞土改时，上级党组织任命他为一个区的副区长，当时我们都很惊讶，但常老却愉快地服从了这个决定，并且对我们说："这是党的需要，工作的需要，我就要去干！"他曾与川音一位党委书记共事。这位书记对音乐虽是外行，但常老仍很尊重他，课程安排、专业设置、招生工作等都主动与他商量，取得党委的认可、支持。

常老的群众观念、民主作风也广为川音师生员工所称道。他对同志的缺点、错误，总是苦口婆心地做说服教育工作。工作中有困难，找群众商量；有问题，主动承担责任。他丝毫没有架子，学院上自领导、下至炊事员，都愿意和他谈心。有两件事我印象颇深：一次是在会上宣布省委决定将常老从峨影调回川音，一次是建院50周年庆祝大会上，介绍在主席台上就座的、已经离休的他——我们的老院长。两次，全场都响起长时间的发自内心的热烈掌声。这说明常老在群众心目中的地位。

出版《山西梆子音乐》这本书，是晋绥党委的决定，由常老执笔。他前后用了两年多时间，同老艺人同吃同住，拜老艺人为师，采录了许多老艺人多年来的心得、曲谱。这本专著，第一次以科学的方法，系统而全面地阐述了山西梆子音乐的特点。该书出版后，在晋绥音乐界引起很大震动，对我国民族民间音乐的收集整理工作，起到了巨大推动作用。吕骥同志和贺绿汀同志对该书均做出了高度评价。

我与常老共事五十多年，从他身上，我学到了不少优秀品质。这无疑对我的成长起到了很重要的作用。我作为他的学生，预祝他继续发挥余热，做出更大的贡献！

常院长　百年祭

四川音乐学院原副院长　陈光发

常苏民同志，山西长治人，生于1910年3月16日，逝于1993年2月5日，享年83岁。

1925年，在山西太原国民师范学校艺术科学习期间即参加了中国共产主义青年团。

1928年，以优异的成绩毕业，时年尚不满19岁，即受聘于长治第四女子师范学校担任音乐教师，1931年又到太原第一女子师范等八所学校任音乐教师。你充分利用音乐教学之机，极积坚持抗日，教唱抗日救亡歌曲，被推举为"太原音乐教育研究会"会长。

七七卢沟桥事变后，于1938年参加抗日新军决死队，任六总队怒吼剧团团长。

1940年，任晋东南根据地鲁艺学校音乐系主任，作曲教师。1941年，加入中国共产党。

1943年，任晋绥根据地鲁艺分院音乐系主任，作曲教师。

1949年，任西北人民艺术学校教育长，作曲教师。

1949年12月30日，成都解放，任成都军管会文艺处处长。曾先后参加全国第一、第二次文代会，被选为全国音协委员、常务理事、西南音协主席、四川音协主席。

1953年10月，任西南音乐专科学校校长。

1959年6月，任四川音乐学院院长，直至1983年9月离职休养，退居二线。你的著作，不胜枚举，1943年收集整理了《山西梆子音乐》，曾传遍延安鲁艺，引起文艺界极大重视，1952年由上海新文艺出版社出版，1954年再版。抗战时期，曾谱写《放羊歌》《妇女要生产》等群众喜闻乐听的歌曲。

1950—1983年，挤出时间，奋力创作，为多部电影配乐。如《打金枝》（晋剧舞台艺术片）、《刘胡兰》《黄河少年》……其中有些插曲获奖，群众喜欢，广为流传。

1980年，在四川省第二次音代会上，痛斥"四人帮"所造成十年"浩劫"，使音乐事业备受摧残。总结值得吸取的经验。对音乐艺术的继承与借鉴。做了题为《为建设社会主义民族的音乐文化而奋斗》的长篇发言。

1983年，以中国音乐家代表团团长的身份，出席在朝鲜举办的"亚洲音乐节"，你发表的题为《民族音乐的保护、继承和发展问题》，享誉国际音乐论坛。

你敬业于音乐艺术教育事业，有多位专家、学者对你的著作、论文和业绩进行评述，字里行间都饱含对你的仰慕和赞誉。因为你对音乐艺术事业贡献太多，热爱最深，对真善美与假恶丑的辨别力极强，对"双百"方针的贯彻执行十分坚决。毋庸我来赘述。

1957年秋天，是你极力把川音的器乐系一分为二，建立起民族器乐系，自兼主任，以表重视。1958年后又交与惠文同志，不断提高教学质量，充实师资，请进来，送出去，我曾用"张王肖何谢周潘，曾闵冯易郑奉韩，付帅彭沙车瞿凤，杨李朱黄桂林苑"四句话，来形容川音的民族器乐系的快速发展。

1962年，川音经过困难时期的磨炼，不断组织多个师生演出队，深入工厂、农村、部队进行艺术实践，听取工农兵的意见，提高了学生的演奏、演唱水平。你亲自带了李存琏、周亨芳去北京，参加文化部组织的全国独唱、独奏音乐会，获得很大的成功，随即被邀请去武汉公演，感动了听众。湖北艺术学院领导曾写诗赠你，曰："峨眉鼻祖下山来，两位高徒把路开。"当时，你开心地说："我们办艺术教育，就是要'三多'，即多出人才，多出作品，做出理论。"

1964年，你带领120名师生，到西昌会理参加"四清"运动，你是工作队副队长，不住队部，硬是住进社员王大爷的家中，实行"三同"。你召集队干部到场坝开会，说："听说你们不想当干部了？这可不行！'双抢'在即，你们知道轻重，好的要表扬，坏的要批评，有了错误不怕，改了就行。"你这番话语，体现了党的政策，多么鲜明！你走村串户，访贫问苦。你已年过花甲，使我分外担心。

1965年，川音第二批"四清"工作队去会东，有百余名师生，路由同志率领。你时刻心系师生，要我和你前去慰问，为他（她）们鼓气加力。师生听说你要来这里，牵头毛驴接你，你坚决不骑，在山间小路上步行十几里，来到海潮公社住地，让学生们欢喜雀跃，齐声呼喊："常爸爸！辛苦啦！"此情此景使我感动不已。

1966年，十年"浩劫"开始，你首当其冲，被冲击的有数十人，全被拉来示众，有的怀抱垃圾箱、有的颈项上挂个粪桶……第二天，在大礼堂门前集中，你戴着高帽子，胸前挂着"牛鬼蛇神"的黑牌子。叫你讲"经验"，你说是看了社论《横扫一切牛鬼蛇神》。命你带着这些人唱《牛鬼蛇神歌》、跪在泥地里拔草、挖坑植树……直到关入"牛棚"。批斗大会上，你低头，弯腰，必须做出"喷气式"的姿势。一次有人问："陈光发，你为啥给右派涂脂抹粉摘掉帽子？"我大声地回答："这叫大开绿灯。"岂知，这是你在我身旁轻轻地递的"台词"。

回到牛棚，有40瓦的日光灯照明，通宵不准熄灯。一次，我在梦幻中见你身着紫袍像耶稣似的背负十字架，走向各地，警醒后，我听到你微弱的鼾声……

1970年，你和学院师生员工到简阳军垦农场，白天劳动，晚上"斗、批、改"。一年半的煎熬，直到九一三事件发生，又回到学院，继续批判修正主义教育路线又加上批林批孔。

1972年10月31日，邹鲁同志病逝，原因是盲肠炎被医生误诊，引起腹膜炎……你听到我的汇报后，气得发抖，紧握住我手说："咱去医院找'工、军、革'说理去！"我劝说："别急坏身子，没有说理的地方。"这是我第一次见你落泪，为邹鲁之死哭泣。

1973年，邓小平复出，全面整顿。川音校园内，杂乱不堪。此时，你断然决定，要办师范系（现在的音乐教育系），把学制定为两年、四年，学生人数要翻番。你在会上提出徐杰教授当系主任是最合适的人选，你深知徐有困难，年龄也过花甲，老妻瘫痪，命我前去打探。我也很是贸然，见徐后，开门见山地说："请你出任师范系主任，是院长的意思。'老骥伏枥'，你应向院长学习，已决定抽调声乐系最好的教授、讲师去师范系，90间琴房大楼也给师范系……"这时，徐看看崔家兰在点头，立即答应："我只搞四年，谁来接班？"我又说："万事开头难，革命自有后来人……"迟至1981年，正式宣告：师范系成立。

1981年的秋天，全国音协主席吕骥同志来川，你自掏腰包，在红照壁芙蓉餐厅订餐。两位古稀老人相见，紧握双手，直说庆幸！庆幸！劫后余生……你叫我向吕老简要汇报如何落实知识分子政策。我说，"文革"中强加给干部教师头上的"走资派"、"反动学术权威"、"里通外国"……全部彻底平反，错划的右派分子，彻底地"一风吹掉"。我特别提到川音在"文革"期间，众多被冲击者，没有一个轻生的。吕骥同志欣慰地说：这真是个奇迹！上音有十多位精英死得冤枉，实在可惜！我说这奇迹，应该是你创造的。你和吕老陷入沉思，谈到接班人的问题，曾提到大能，还谈及光钰……

今年，是你100周年诞辰，也是你离去的17周年。忆旧瞻前，我感慨万千。去年9月，在庆国庆及老文艺战士南下60周年大会上，我看到小勇，十分激动，泣不成声，说："我太思念常院长！"今年的清明节，我把你缅怀，你亲手在琴房前植下的梧桐、冬青树苗，已大树参天，林荫蔽日，你为后人留下的宝贵财富太多：一身正气，两袖清风，一生节俭，廉洁奉公，淡泊名利，能屈能伸，胸怀广阔，海纳百川……迄愿你在驾归途中，再回头看看，你热爱的成都将建成世界现代田园城市，你热爱的川音，正在"双百"方针和"科学发展观"指引下奔向艺术高地。你的美名已显现在"生命册"里，使后人永远铭记。

2010年清明节

写于四川音乐学院

乐坛骄子入川来

——纪念常苏民同志百年诞辰

四川音乐学院作曲系原书记　李兴文

"军队向前进，生产长一寸；加强纪律性，革命无不胜。"

毛泽东同志这一题词刚发表，就有饱含革命激情的音乐家为它谱了曲，给它插上了音乐的翅膀，很快成为解放区军、政、民、学生、儿童普遍爱唱的一首歌，它和当时的《没有共产党就没有新中国》一样广泛流行。这位音乐家就是由晋绥老区紧随贺龙大军南下入川的常苏民同志。

从历史的角度说，这是一首最早的毛泽东"语录体歌"。不管当代人如何评价，它是在解放战争年代出现的历史现象，题词简明扼要，是动员令，是进军号；曲谱紧扣词意，起承转合，朗朗上口，好学易记，饱含激情，满怀信心，抒发了革命乐观主义。

常苏民同志是中国共产党优秀党员、杰出的文艺战士、著名音乐教育家、作曲家、教授，曾任音协四川分会主席、四川省文联副主席、中国音协常务理事、四川省人大代表、四川省政协第五届常委。

他1910年3月出生于山西省长治市一个平民家庭。早年思想进步，1925年底即参加由彭真领导的共产主义青年团，1937年参加山西国民军官教导团，随后积极参加了薄一波领导的革命活动。他曾组织"太原市中小学音乐教育研究会"，任会长，九一八事变后率先向广大城乡群众教唱抗日救亡歌曲，因此险遭反动当局的抓捕。

抗日战争开始，常苏民即参加中国共产党领导的山西新军抗日决死队并担任第二纵队怒吼剧团团长，之后任晋东南鲁艺音乐部主任、晋西北鲁艺音乐部主任、晋绥边区实验学校文教队主任等职。解放战争时期任西北艺校教育长兼音乐部主任。他在抗日前线创作了《放羊歌》等大量歌曲，为歌剧《交城山》《闹对了》《杨满仓办喜事》《美人计》等担任音乐设计，整理了传统音乐剧《小开门》《雁过滩》等曲牌。编写《音乐常识教材》和《山西梆子音乐》。南下入川后历任成都军管会文艺处副处长、川西文联副主任兼秘书长、四川音乐学院院长、中国音协常务理事、峨眉电影制片厂副厂长等职。曾参加中国文化艺术代表团赴蒙古、罗马尼亚、朝鲜等国访问，还率中国音乐家代表团赴朝鲜参加亚洲及太平洋地区艺术节，结识了不少外国友人、专家和港台学者，促进了中外文化艺术交流。数十年来，活跃在巴蜀文艺界的许多领导人和国内不少文艺单位的业务骨干，大都是他的学生。

常苏民早年就读于山西国民师范艺术专科，是一位热爱艺术教育的进步青年，受"师者，所以传道、授业、解惑也"以及"学高为师，身正为范"等精辟名言的教诲，勤奋学习，策励志向。毕业后即从事音乐教育、创作、研究和文艺领导工作。近70年间，为党为人民的新音乐事业做出了很大成绩，从而得到党和人民的信任和尊敬，是我国有声望有影响的音乐教育家和作曲家。为表彰常苏民同志在发展我国文化艺术事业中做出的突出贡献，经国务院批准，享受国家政府特殊津贴。

20世纪30年代后期至40年代，他在敌后十分艰难困苦的环境中从事音乐教育、研究，取得了显著成绩。

1939年，在晋绥分局宣传部长张稼夫等同志的提倡下，成立了"晋西民间戏剧研究会"，后因战争和人员变动等原因，一度停顿工作。1943年4月根据中央文委关于剧运的总方针，研究会重整旗鼓，恢复工作。推选亚马、王修、常苏民、裴世昌、施林杉为常务理事，并选出了以常苏民为首的山西民间戏曲整理小组，参加者有张朋明、杜天文、郭沫林、阎子明、牛级山、任德胜等，率先整理山西梆子乐谱。通常说的山西梆子，是指中路梆子，也就是晋剧。常苏民同志长期对民间音乐整理研究不遗余力。经过他和老艺人的共同努力，终于在1944年春夏之间，完成了《山西梆子音乐》的编纂工作。并于同年7月由酷爱晋剧艺术的中共晋绥分局油印科长曹速同志，以高超的刻印技术油印出版。新华书店发行数百份，一抢而空。之后，作为"中国民间文艺丛书"之一再次出版发行。

这本书系统地整理谱写了山西梆子的唱腔和曲牌，材料翔实，学术价值明显，是毛泽东同志《在延安文艺座谈会上的讲话》发表以后首批问世的戏曲音乐专著，在民族音乐研究工作上具有一定的开创意义和代表性。著名音乐家吕骥曾给予高度评价，他在给常苏民同志的信中说："在戏剧音乐的整理上，你们所做的工作是十分有价值的。可以说是中国研究民间戏曲的先导，大家都应向你们学习。"常苏民同志在繁忙的工作之余，还撰写了《试论革命的现实主义与革命的浪漫主义相结合》《继承民族民间音乐传统　更好地反映现实斗争》《为建设社会主义的民族音乐文化而奋斗》等学术论文。密切联系音乐创作、演出动向，深刻地阐述了一些值得重视的理论问题。

他创作的大量群众歌曲和电影音乐（有的是与人合作），在全国广泛流传，受到群众欢迎。电影音乐有故事片《刘胡兰》《猛河的黎明》《嘉陵江边》《姑娘的心愿》《山城雪》《风流千古》《漩涡里的歌》等，舞台艺术片晋剧《打金枝》，大型纪录片《巴蜀洞天》等，这些作品具有浓郁的民族风格和地方特色，反映了时代的风貌和精神。

他在担任四川省文联副主席期间，为繁荣四川省的文艺事业辛勤耕耘，受到大家的尊敬和赞扬。在川音担任校长、院长，具有深厚严谨的学风，尊师爱生，积极贯彻"百花齐放，百家争鸣"，"古为今用，洋为中用"的方针。他是四川音乐学院的创始人，为四川音乐学院的建设和发展贡献了毕生的精力。他是具有强烈天赋爱心的好领导，这样的领导，是完全可以让你像信任父母那样去信赖的人。学校不少学生曾亲切地称呼他为"常妈妈"，这使我们很容易地想到许多有识之士认同的一句名言："没有爱就没有教育。"

在20世纪50年代中期和反右运动中，他受到过不公正的指责和错误的批判。有人指责他领导的西南音专是"西洋音专"；有人批评他"苏民是苏修公民"。在委屈面前，他没有一蹶不振，也没有怀恨在心，他"想得开，放得下"，该做什么还继续高高兴兴做什么。忍辱负重，令人敬佩。

在"文革"中，他首当其冲，因"走资派"、"山西帮"等罪名遭受迫害，被批斗，被关"牛棚"。长期专案调查，逼他指挥校内的"牛鬼蛇神"唱《牛鬼蛇神歌》，但他相信乌云遮不住太阳，只要对未来充满希望，心窗就会洒满金色的阳光。

他积极拥护并坚决贯彻执行党的十一届三中全会以来的路线、方针和政策，坚持四项基本原则，在大是大非面前旗帜鲜明、立场坚定、坚持真理、刚正不阿，从不谋求任何私利和特权。他尊重知识、尊重人才、严于律己、谦虚谨慎、襟怀坦白、平易近人、廉洁奉公、作风正派，是德艺双馨、桃李满天下的音乐界老前辈。

1989年离休后，苏民同志仍继续关心川音的改革和发展，关心四川和成都地区民族音乐的新发展，他担任四川民族类管弦乐学会、四川琵琶学会、成都民族乐团、成都古琴学会等学会的名誉会长，他还写了《对通俗音乐的思考》《对通俗音乐的期望》《社会主义理想不能泯灭》《与吕骥同志难以忘怀的几次接触》《回顾与展望》等文章，真可谓"烈士暮年，壮心不已"。

常老的一生，是革命的一生，是为党和人民的音乐事业做出了卓越贡献的一生。他是乐坛骄子，是中国人民的好儿子、好党员，是值得我们永远怀念的一位可钦可佩的良师益友。

常老永远是我们学习的楷模

四川音乐学院管弦系原主任、教授　邢学智

蓉城5月，百花红艳，春意更盛。正当中国人民解放军西北南下工作团文艺老战士热烈庆祝毛泽东同志《在延安文艺座谈会上的讲话》发表60周年之际，我深深地怀念着实践毛泽东文艺思想的老前辈，西北南下文艺老战士的领头人，音乐家、音乐教育家、前西南和四川音协主席、原四川音乐学院老院长常苏民教授。常院长1993年逝世至今，离开我们已经9年多了。作为曾受教益于常老多年的学生，我一直怀念着他，怀念他那政治上坚定的革命风范，怀念他密切联系群众的领导作风，怀念他献身革命文艺事业的辛勤一生。

五十多年前，我是在解放战争大决战的枪炮声中，唱着和奏着常老作曲的《军队向前进，生产长一寸》等乐曲踏上革命文艺工作道路的。考入常老任教育长的解放军西北艺术学校时，我还是十八九岁的学生，常老那时也只有三十八九岁，正是风华正茂的时候，集革命领导干部、作曲家和教育家于一身，在全校教员和学员中有很高的威望，也是我崇拜的知识分子革命化的楷模和共产党干部的榜样。以后几十年，从山西到西北，又从西北到西南，我都一直在常老和其他几位师长的教育和熏陶下学习和工作，常老的谆谆教导和精辟见解，至今仍然历历在目。

这些天，我一直在回想，五十多年来常老给予我最难忘的印象是什么？想来想去，我觉得最突出的有这样两点：

第一点，是常院长以他特有的政治上坚定，处事上沉稳，为人和善的革命风范和尊重知识、理解知识分子、关心同志和密切联系群众的领导作风，有力地吸引着全院师生员工，凝聚着广大知识分子，使人们觉得在他领导下工作，心情非常舒畅，总有一股使不完的劲。应该说，常老是我们四川音乐学院深受拥护的老领导，是最受爱戴的老院长。记得1979年根据中央拨乱反正的指示精神，平反冤假错案，落实干部政策以后，在欢迎常老重新回音乐学院任院长职务的大会上，当主持人马惠文副院长宣布上级决定以后，全场师生员工激情难抑，掌声如雷，长达数分钟之久，不少师生兴奋得热泪盈眶，真是盛况空前。又如1989年9月，在川音庆祝教师节大会上，当主持人宣布在主席台就座的还有我们已经离休的老院长时，满怀激情的鼓掌声，时间最长，最为热烈。所以，称常老是我国音乐界少有的、德高望重的音乐家和音乐教育家，绝不是学生对师长的夸大赞颂，而是实事求是的由衷之言。按照我国的传统说法，我现在也可以说是年逾古稀的人了，直接领导过我的干部不算少，但像常老那样视野广阔、博学多艺、高瞻远瞩、德艺双馨、爱才育人的领导实在不多见。我们管弦系所有的老教师和学生，每每谈起常老是我们的老领导，我们是常院长的学生时，心里总是充满着一种自豪感。其次，给我印象更深刻的，是常老做起学问来，从来没有一丝一毫的马虎。几十年来，常老个人的创作成果，在音乐理论上的贡献和创建四川音乐学院的功绩，用不着我来多说了。这里，我只讲一件小事，1983年底我院主办召开全国单簧管、圆号教学经验交流会前，我为大会起草的文稿，讨论时大家认为写得有深度，具有一定学术价值。但送审时，常老却非常认真地亲自动手查根找据，逐句逐段进行了推敲。这样做当然要花费很多精力，可是常老没有吝惜自己的时间和精力。事实证明，这样做是完全需要的，经常老审改后的文稿，第一次把邓小平同志提出的教育要"三个面向"的指示与音乐教育的关系，做了精辟的阐述；把对毛主席"洋为中用"指示的理解提高到了一个新的高度，充满着真知灼见，展示了严谨学风，受到与会者的一致称赞。这件事给我内心引起的震动，至今难忘。此后我在写东西或做学问的时候，即使是极小的地方也不敢掉以轻心，更不敢凭想当然就信口胡说。尽管自己在这方面做得还很不够，但常老那次的无言教诲，确实使我终身受益。

回想常老给予我的教益，要说的话很多。我深深感到，教师的言传身教对学生所起的那种潜移默化的作用，自己最初也许没有立刻明确地意识到，但几十年以后，时间相隔越久，这种感受反而越来越强烈。我常想，如果自己年轻时和以后的成长中，没有机遇受到常老以及其他几位师长的教育和熏陶，那么，恐怕连现在这点微薄的成就也难以取得。

常老永远是我们学习的楷模！

缅怀老院长常苏民

原四川音乐学院作曲系教授　姚以让

社会音乐实干家

　　成都是1949年底解放的，我和常老相识也是从那时起的。当年常老任成都军管会文艺处处长，有关成都市的音乐社会活动，也由他直接领导，由于那时筹办成都市音协等工作，我也积极参加，因此，我们在文联经常见面。不久后，成都市音协正式成立，常老被选为首届主席，我与丁孚祥为副主席，那时尽管文艺处工作繁忙，但他很重视音乐社会活动，有关音协事务除了由他和羊路由（音协秘书长）策划外，许多事他还亲自参加，如当年音协创作小组发动成员，配合当年市内淘河活动，省市减租退押运动，以及抗美援朝群众运动等。开展歌咏创作时，他和路由也带头参加，那时街头流行的《淘河歌》《减租退押歌》《把美帝赶出亚洲去》等歌曲，都是在他们组织和鼓励下写的。那些年代，写歌缺乏歌词，不少词作者如白堤等作家，也是常老通过文联约请他们与曲作者合作的。在我的记忆中，当年市音协还出有《音协简报》，刊登新歌和歌曲修改，由常老担任名誉主编，后来执行编辑敖学祺来找我，他说，常老很重视这个简报，它可以联系广大音乐工作者，通过歌曲修

.063

改，也能提高青年作者水平，音协后来编辑的《西南音乐》《园林好》就是由该简报开拓的。我为该刊写的一些歌曲创作文章，1956年编辑成《歌曲创作讲话》也是由常老推荐问世的。

当年，由于常老负责成都市文艺单位的接管工作，在此期间，他除领导音协工作外，十分关注成都市广大市民喜闻乐见的众多民间演出团体的管理和建设，随后成都市创建的大众川剧院、实验川剧院、新声京剧院、成都五月文化茶园等演出团体，也是在他关爱民间地方习俗音乐发展改建起来的。这些团体的演出，大大丰富了成都市广大人民群众的音乐文化生活，也使这些民族民间音乐得以有效的保护和发展。

新中国成立前，四川虽属大省，成都市也有不少音乐人才，但那时除合唱团、歌咏团外，只有一些音乐爱好者自发组织的器乐演奏团体，如川大民乐团、东方弦乐团等，但没有一个像样的管弦乐团，后来在众多人的呼吁期盼和常老的大力支持下，四川交响乐团、四川民乐团终于诞生了，并由常老担任首届交响乐团团长，民族乐团名誉团长。这对四川专业文艺发展起到很好的促进作用。

在这些年代里，常老又曾担任省音协主席，他仍不辞辛苦，承担重任，为四川省成都市音乐文化建设做了不少实事和许多开拓性的社会音乐文化工作。

川音发展奠基人

川音是从省艺专音乐科发展起来的。新中国成立前，这所艺术专科学校办有绘画科、应用艺术科、建筑科等，主要培养美术专业人才。音乐专业人才的培养只设有音乐科。当年音乐科教师仅十余人，学生百余人。科里只有几架钢琴，全校办学用房，只有一座工字形平房。新中国成立后，1953年院系调整，有关美术等专业迁重庆，创办四川美院。

音乐科留成都与重庆西南人民艺术学院音乐系合并，成立西南音乐专科学校。从那时候，常老就担任校长。后来西南音专改为四川音乐学院，仍由常老担任院长。他来校不久，即以他和蔼可亲，平易近人的亲民形象和全院师生打成一片。在他领导下，一直坚持"音乐为人民"、"出人才、出作品、出理论"的办学理念和"古为今用，洋为中用"的文艺方针。在贯彻执行过程中，重视发扬地区文化特色，重视师资队伍的建设。在建校初期，常老特别辛苦，他四处联系，聘请专家教授和优秀民间艺人来校任教，如当年常老曾亲自到市文化局提议请曲艺界李月秋、盖兰芳等民间艺人来校任教。他说她们的表演深受群众喜爱，请她们来校讲课，让学生知道，我们民族民间音乐宝库有很多好的东西需要很好地学习和发扬光大。她们来校讲课，也可以向音专老师学习，学习西方音乐好的东西，提高自己。常老这一开创性的倡议，引起了大家极大的关注，起了很好的倡导作用。成都市一些音乐家，也开始对清音音乐进行研究，一批民间音乐的专著也相继问世，同时对那时的川剧改革，也起了推波作用。后来，李月秋通过川音的教学，也提高了技艺，1957年赴苏参加世界青年联欢节，以东方民歌参赛，获得了金奖，为四川争得了荣誉，也激发了川音学子学习民间音乐的热潮。学院也将原器乐系扩大，增设民乐系，常老亲自担任该系系主任。为了充实民乐专业课程，还在成都、重庆等地聘请了川派古琴大师喻绍泽，琵琶专家陈济略，古筝专家曹东扶、田耕时和著名乐器制作改革家卓希钟等人前来川音任教，促进专业设置不断扩大，随后又在院里成立了民族乐器研究室，以民乐为主体的实验乐团，使教学质量不断提高。

常老办学高瞻远瞩，他爱才育才心切，除了充实民族音乐师资力量外，在钢琴、提琴、管乐、声乐、理论作曲等专业方面，他以请进来、派出去和极力申请更多优秀毕业生留校等渠道，扩充教师队伍，如在外地聘请我们的师辈刘振汉（声乐）、胡静翔（小提琴）、劳冰心（钢琴）等老一辈专家来川音执教，当年作曲系老师邹鲁留学苏联，多位在职教师被派往京沪等兄弟院校聆听苏联专家讲学，这些措施都是在热心肠的常老大力支持下，才得以顺利实现的。

20世纪70年代末，常老以极大热情迎接国家改革开放的新局面，积极筹办川音师范系，当年系主任由责任心强、办事公正的徐杰老师担任，并在各系中抽调众多优秀教师，同时分配琴房大楼近百间给师范系专用，这些创办新系最重要的基本条件，均由常老亲自策划。时至1981年，川音师范系宣告成立，后来改名为音乐教育系。今日根据社会需求，已扩建为音乐教育学院，近二三十年为西南地区中等及师范学校输送了大量优秀音乐师资。

川音建校如果从西南音专培养音乐专业人才算起，迄今已满60年，在此期间，院长一职，已换届五代领导人，其间常老任职时间最长。在他担任院长30年间，排除了各种干扰，以其革命家实干精神，完善了学院办学体制，培养了无数优异英才，他的业绩为今日川音奔向艺术高地奠定了牢固的基础。他的艰苦创业，忠于人民音乐教育事业的精神是我们学习的榜样。

一架钢琴的故事

原四川音乐学院作曲系教授　黄虎威

　　我书房里有一架"KINNEAR"牌立式钢琴，这架钢琴伴随我的音乐生活已有半个多世纪。从1960年到现在，我的绝大多数音乐作品和著作的写作都依靠它才得以完成，我的绝大多数教学活动也依靠它进行。如果说我在教学、科研和创作上有所收获，那么这架钢琴就是很好的"助手"，它是有功劳的。

　　提起这架钢琴的来历，我就会想起我一直尊敬的常苏民院长。

　　20世纪五六十年代，且不说没有商店卖钢琴，即使有，凭我那68.5元的月薪也只能望洋兴叹。那时，谁家有钢琴，谁家就实实在在拥有一种高档设备。

　　记得那是在1960年，为了川音的发展，为了教学的需要，常院长派人去上海购回一批旧钢琴。这批钢琴运回学校后，在具体的分配、使用问题上，常院长主动考虑到下面的事实：作曲系有一批热心于教学、科研和创作的、有才华的青年教师，他们的教学、科研和创作都离不开钢琴这一必备的工具，但他们只能到琴房用琴，很不方便。比如他们白天在琴房上课，科研和创作只能在教学之余回到家里进行，并且多在晚上和节假日，经常熬夜，这时需要用琴却无琴可用。为了彻底解决这批青年教师用琴的困难，为其在专业上的发展创造条件，进一步调动其搞科研和创作的积极性，常院长毅然做出一个非同寻常的决定：给作曲系的邹鲁（作曲家，刚从苏联莫斯科柴可夫斯基音乐学院作曲系留学毕业归来）、熊冀华（指挥家、作曲家）和我共三人，每人配备一架钢琴，并且特别批准我们放在家里使用。这一措施给我们的工作带来极大的方便，对我们专业上的发展起到了强而有力的促进作用。当时章纯已有他从自己老家搬来的钢琴，自然就不需要配备。

常院长是一位十分重视人才培养的教育家，"出人才、出作品"是他办学的一贯指导思想和目标，而办好学校、"出人才、出作品"的关键之一就在于有一支师德良好、专业水平突出的师资队伍。后来的事实已经证明，当年他将钢琴分配给我们个人使用的明智决定已收到好的效果。

常院长那求贤若渴的发自肺腑的经典言行给我留下了深刻的印象。他曾语重心长地对教师说："你们要是能培养出聂耳、星海那样的音乐家，我向你们下跪。"可是，在那个特定的年代，他这种重视人才培养的思想和言行常常受到有"左"的思想倾向的上级的非难。比如某上级批评他："你办的是西洋音专"，"钢琴这种'黑柜柜'、'洋柜柜'是资产阶级的东西，你为什么喜欢它"；嘲讽他："你这常苏民，常常是苏修（即苏联修正主义）的公民"，等等。但是，常院长顶着这些荒谬绝伦的"批评"，不计个人得失，一心为了办好学校，坚持按照自己正确的办学理念行事，令人肃然起敬。

1953年西南音乐专科学校成立时他就任校长。1959年西南音专改名四川音乐学院时他又任院长，直到他在"文革"中和"文革"后离职又复职，在这期间，在他和全校干部和师生员工的共同努力下，已为川音此后的发展打下了坚实的基础。

常院长是一位值得我永远崇敬的音乐教育家、实干家。

2012年12月17日

慧眼识珠　胆识非凡

——常苏民院长爱才、育才实例记述

曾几何时，但昭义这个名字化作钢琴界的一段传奇。他培养出来的第一个全国冠军、第一个世界冠军，全部诞生于四川音乐学院这个充满生机的美丽校园。他说自己这一生能够从事钢琴教育教学工作并取得可喜成果，应该特别感谢当年把自己从四川送到北京学习的幕后推手，一位他永远敬仰尊重、永远心存感念的前辈：四川音乐学院首任院长——常苏民。

"送他们出川"——幸运福光照耀青年才俊

四川音乐学院所在的大西南地区，20世纪受交通、信息不畅的限制，钢琴教学和全国先进地区尚存在着较大的差距和问题。

常苏民作为时任院长，经常苦苦思索，如何从根本上扭转这种落后、困窘的局面？这位开明而智慧的艺术管理者，做过大量开拓性的工作。他对音乐人才的尊重、爱护、重视、关怀，至今为四川音乐学院老中青几代教职员工所称颂。毕兴教授一句话概括："常苏民非常爱音乐、懂音乐；尊重知识、尊重人才，非常关注青年培养，非常重视成才之道。"他十分看重年轻人优异的潜质才能，想尽办法重点培养。

早在1956年，文艺界和教育界暗流纵横，非常不安定、不太平。四川省文代会将矛头掉转对准四川音乐学院，常苏民院长首当其冲。那时，"拔白旗"口号喧嚣尘上："无产阶级革命的舞台，坚决不准'黑柜柜儿'霸占！"黑柜柜儿？钢琴！无知无畏的极"左"派给高贵典雅的西洋乐器之王取了个如此恶俗的名称。但昭义的学生时代始终伴随着历史政治运动的影响和裹挟。1957年，他的父亲因"善意地说错了话"，被戴上了一顶右派帽子。

20世纪60年代初期，常院长决定派出杨汉果等几名正式进修生进京深造。那时，中央音乐学院分派到地方院校的进修生名额十分有限，大西南边远地区的四川音乐学院能够争取到的就更加稀缺。杨汉果的父亲杨森是大军阀，他的出身并不"清白"，可他在钢琴专业学生中成绩突出。常院长坚持顶着重重压力，送杨汉果出川深造学习。好运并未同时降临但昭义头顶。老院长既不甘心，也不忍心。他非常欣赏但昭义，这个钢琴学生爱思考、很勤奋，优点很可爱、很可贵，应该能够学好本领，再回到学校，做一名好教师。四川的钢琴教学，光靠杨汉果一个人撑不起来这片天。按照老院长的"远景规划"，杨汉果和但昭义，两个钢琴专业学生，从北京学成归来，四川音乐学院的钢琴教学力量可就大大增强了。今后川音的钢琴专业学生，但昭义可以教前半时段，杨汉果可以教后半时段。通过梯队递进的途径，钢琴学生不进步、不成材都不可能啊！常院长非常希望能够达到这个理想，一定要争取机会，哪怕采取"迂回战术"，他也要送但昭义进京学习。在那个"政治挂帅"的年代，一个军阀的儿子，一个右派的儿子，竟然要双双送往首都北京学习？这也是在很长一段时间，常苏民院长多次遭到党内批评，甚至点名批评的一个"问题"。如果换一个地方，两位钢琴学子，前途如何？

中央音乐学院进修生名额已满，常苏民一直没有放弃争取的机会，在非常困难的情况下，他终于带给但昭义一个崭新的希望。1960年临近岁末，老音乐家李凌率中央乐团入川巡演，常院长遂向老朋友谈起但昭义的事。中央乐团开设了培训班，可是没有钢琴班，更不可能为一个学生单独开课。怎么办？常老、李老，这二老想了很多方法，怎么才能让但昭义去北京？最后决定但昭义以学打击乐的名义到中央乐团进修，兼学钢琴，双专业。常院长的真正用意，还是要但昭义在钢琴上得到进一步深造。

那天，常院长把但昭义叫到办公室，语重心长地对这位年轻人说："眼下实在也没有别的办法，送你去'中央'进修，只好以'学校需要打击乐'为理由，送你到中央乐团一边学习打击乐，同时进修钢琴。川音钢琴教学底子薄，我们寄希望于你学成归来。"但昭义至今难忘那一幕：1961年2月，北方冰天雪地，南方春寒料峭。那天是20岁的但昭义起程出发的日子，常苏民老院长不顾工作繁忙，亲自送他一直走到校门口。他走出校门好远一段路，忍不住想再看一眼自己学习生活了六年的母校，"老院长还站在校门口，目送着我！"暮然回望长者如雕塑般的身影，那一刻，但昭义第一次对"使命感"有了一种真切的理解和感悟！"学成归来从事教学"，这句话在当时就成为但昭义非常明确的一个目标志向。身负沉甸甸的责任和使命，他，终于踏上了北上求学之路。

20世纪60年代初，中央乐团的办公室，排练厅全挤在和平里64栋的大楼里。排练场的钢琴，白天、晚上全有排练，怎么提供给一个外来进修的学员练习？但昭义却不能一天不练琴。常院长了解到这个情况，又特殊照顾，网开一面，亲自特批，请学校乐器室李守桢老师尽快准备一台钢琴，调试好了，从成都货站走铁路线运往首都北京。从此，但昭义拥有了一台专属专用的钢琴。那个年代，别说音乐学院青年师生，老教授也享受不到一人一台钢琴的特殊待遇。

1962年早春，但昭义历尽艰辛周折，终于成为中央音乐学院周广仁教授的业余学生。周广仁希望为四川钢琴教育培养出一棵好苗子、一名好教师。从1962年春天到1964年秋天，在跟随周广仁学习的近三年里，但昭义在音乐上有了质的飞跃。周先生的教学艺术让他受益终身。在母校任教20年，但昭义开创了地方院校选手在国际比赛优势领先、一举夺冠的新纪录；他和杨汉果等同侪同辈改写了四川钢琴专业教学在中国艺术教育史上异军突起、后来居上的新篇章。

常院长的殷切期望，实现了！

"搞迂回战术"——两个专业兼顾双向发展

常苏民院长送但昭义去中央乐团之前，四川音乐学院尚无打击乐专业。学院合奏课，乐队艺术实践排练演出，只能临时找人兼任。所以，非常急需培养一名打击乐专业人才，这一直是院领导关心、力求解决的事情。正值李凌率中央乐团来川，常院长所谓的计谋韬略，可能来自灵光闪现：1. 学习打击乐器，需要很好的钢琴基础；2. 打击乐无须花费太多时间，可以与学钢琴两者兼顾。本打算培养但昭义去进修钢琴，再选送一名学生去学打击乐，现在正好合二为一、一举两得。

常院长用心良苦，但昭义心领神会。既然进不了中央音乐学院，中央乐团亦"中央"，那就看自己的本事了。开初的阶段，他喜欢在排练场不惹眼的边沿角落，一个人静静地用心聆听、用眼观察。大指挥家在弦乐、铜管、木管、打击乐所有声部中，如何调制丰富的色彩与和谐的交响，这是多么奇妙而新鲜的体验啊。他这样自我安慰，看！中央乐团排练厅，还能闻到弥散着大卫·奥伊斯特拉赫、阿诺索夫等大师的气息；还能看到1957年已在列宁格勒音乐大厅（著名的白柱大厅）指挥列宁格勒爱乐乐团演出弗兰克交响作品的李德伦，1955年就在第五届世界青年联欢节指挥专场交响音乐会的韩忠杰，他们天天在这间排练厅里挥舞着指挥棒。

全世界最活跃的独奏家，也不是可能天天和交响乐队打交道的，而常院长为但昭义开辟的特殊途径，可谓一段可贵的机会和难得的经历。三年多的时间里，同指挥家、演奏家与乐队泡在一起，听大师精辟解析如何演绎世界交响乐文献经典，讲述古典、浪漫乐派的形成与沿革、发展的轨迹与脉络，介绍作曲家生长经历与创作背景，理解作曲家创作意图与艺术理想……但昭义从中获得了常人难以得到的裨益。

世界上没有一件事会白费工夫，只要去做，终有成效，有的是立竿见影，有的是潜移默化。青年时代在中央乐团跟随刘镜如老师学习打击乐，但昭义积累了许多音乐学的知识财富。看似打击乐和钢琴无直接关系，但这些财富是为此后从事钢琴教学全面补充的营养元素。学习打击乐，他深得要领。其间，听从学校召唤，但昭义曾回四川参加交响乐队排练演出。20世纪70年代初期到中期，因"文革"停课无钢琴学生可教，这位要当好钢琴教师的年轻人，经常在交响乐队担任首席定音鼓演奏，参加交响乐《沙家浜》、芭蕾舞剧《红色娘子军》《白毛女》和《长征组歌》等演出。

但昭义学成回川，政治运动接二连三，教学岗位虚席以待。他的打击乐专长运用于舞台演出的同时，更早于钢琴付诸教学实践。1966年"文革"开始，高等院校全面停止招生。因"革命样板戏"大普及，"红色"文艺人才急待后续跟进，全国各地"五七"艺校应运而生。四川省五七艺术学校器乐班最早招收的两名打击乐专业学员，即但昭义担任主课教学的第一届学生，也是四川本省独立培养的首批打击乐专业人才，一名叫栗小虎分到峨眉电影制片厂乐团，一名叫王强派往攀枝花市歌舞团。但昭义，四川音乐学院器乐系引进打击乐专业的第一人，更是做出了填补空白学科建设奠基者的特殊贡献。1970年，"文革"进入胶着状态，教育系统初现解冻回暖迹象，全国部分高校开始定向招收"工农兵学员"。在"文革"结束后1977年全国恢复高考前，一种前无先例的教学模式，在中外教育史上形成一个奇特现象。大批年轻人，毫无思考与选择地走进大学校园，接受原本可能并不喜欢且无基础的专业教育。白杨洪，但昭义在母校任教的第一名打击乐专业大学生，1975年从川南叙永小县城入学就读四川音乐学院器乐系。只有一点初学扬琴基础的白杨洪，从未见过、听过定音鼓、小军鼓、木琴、钟琴、马林巴等打击乐器，鼓槌怎么拿更是全无概念。从"零"开蒙，三年之内，但昭义费尽心血手把手教学。一个"白丁"，有了坚实的专业基础，再经过舞台演练、磨砺深造，终于脱胎换骨成长成熟。白杨洪，可谓那一代贴着"特殊标签"大学生的佼佼者，现任四川音乐学院现代器乐系系主任、教授，中国音乐家协会打击乐学会副会长、四川省打击乐学会会长，高教系统艺术院校打击乐专业学科带头人。

可以说，身处特殊时期的特殊经历，更成就了但昭义众多钢琴学生在国际国内赛场得天独厚的特殊优势。无论是第一届中国国际钢琴比赛中15岁的陈萨弹门德尔松《第一钢琴协奏曲》、14岁的吴驰弹李斯特《第一钢琴协奏曲》；还是第二届中国国际钢琴比赛李云迪弹勃拉姆斯《第二钢琴协奏曲》、第十四届肖邦钢琴国际比赛李云迪弹肖邦《第一钢琴协奏曲》；无论是中国（深圳）国际钢琴协奏曲比赛左章弹《普罗科菲耶夫钢琴协奏曲》，还是"庆祝深圳特区成立30周年交响音乐会"张昊辰弹拉赫玛尼诺夫《第二钢琴协奏曲》，人们无不惊诧、欣喜，谁也无法否认，但昭义众多学生与交响乐队亲密合作时，似乎有一种超越同龄人的适应能力与突出表现。

现在业界公认但昭义堪为钢琴教育的天才，他自己坚决予以否认。他说，如果没有老院长常苏民引路搭桥，他又怎么可能梦想成真，一步一步走向音乐的彼岸，一步一步跨越艺术的高峰。

30年辛勤耕耘

四川音乐学院原教务主任　江　平

北方吹来十月的风，马克思、恩格斯、列宁、斯大林、毛泽东，他们的生平，他们的事业，他们的学说，在人民中秘密传播，很早就埋藏在革命青年的心底。所以常苏民同志在15岁时便和一批有觉悟的年轻人，在一个偏僻村落，秘密地参加了C.Y.组织——这个在中国土地上刚刚萌芽的列宁共产主义青年团。其时正是1925年，难忘的峥嵘岁月，中国早期共产主义战士叱咤风云的年代，常苏民同志在薄一波同志的领导下，开始了他的革命生涯。此后，直到40年代，在晋冀鲁豫革命根据地和晋绥解放区，他孜孜不倦地奋斗在革命音乐战线上。

1949年12月，人民解放军解放了成都。在这新旧历史篇章迭替的时刻，常苏民同志被任命为成都军事管制委员会第一任文艺处处长。当穿着灰棉军服，打绑腿，着布鞋的常苏民同志在春雪霏霏中和成都的作家、艺术家们见面时，他质朴、沉稳、和善、耐心的革命者的风范，便绝有力地吸引了大家。大家从心眼里赞赏着身穿军装的风尘仆仆的音乐艺术家革命领导干部的形象。从此，成都文艺界开始了全新的工作和生活。

1953年，常苏民同志担任西南音乐专科学校校长以来，一直受到全校师生的拥护和爱戴，不仅因为他身上具有革命者爱人民的优良素质，还因为另一个显著的特征，即他能坚定地执行党的知识分子政策。例如，在历次政治运动中，在各类矛盾错综复杂的时候，他能正确区分两类不同性质的矛盾，从领导者的角度承担责任，保护过一些教师和文艺界的同志。当政治冲击一切的潮流汹涌而来的时候，他能正确地处理政治和业务的关系，提出了政治工作要保证学校的三大任务：一是出人才，二是出作品，三是出理论。并从招生、教学、创作、演出和劳动各个环节上，制定了保证任务落实的有效措施，团结并调动了全校师生齐心合力、意志坚定地直奔培养社会主义音乐家的宏伟目标。

常苏民院长求才心切，号召教师培养"尖子学生"。他很动感情地向教师们说："你们要能培养出聂耳、星海似的音乐家，我向你们下跪！"他提出了学校建制上的"宝塔型"的构想。广聘专家教授来校教学，如上海的刘振汉教授，北方的曹东扶老师以及王君瑾、侯作吾、喻绍泽先生等。又吸收了一大批中央音乐学院、上海音乐学院的毕业生充实师资队伍，同时还从历届毕业生中择优留校，将其中一大批业务尖子送到京沪等地深造。

与培养尖子学生同样受到重视的是，强调在创作上打翻身仗。他批准教师到新疆、云南及省内各地去体验生活，亲自参加各种创作会议，出主意、听作品，还几次把行政事务缠身的同志硬抽出来领导创作班子，并鼓励和提拔在创作上有成就的年轻人，发展的一批党员都是有出色的创作才能的青年教师。

由于创作上的丰收，促进了教学内容的变革和舞台实践的拓新，使频繁的下乡下厂演出，能别开生面，新人辈出。师生们受到多方面的锻炼，获得了丰富的实践经验，有了坚实的生活基础，反过来又促进了创作繁荣。

有了教师队伍，有了尖子学生，有了好的作品，又在不断的艺术实践中提高了师生的业务水平。于是在广大人民群众中有了广泛的影响，人民群众日益瞩目这所默默无闻的学校，不断地对学校提出新的高的要求。因此，随之而来的是扩大专业面，开拓音乐艺术新的领域。正是在常苏民院长的努力下，建立了民族器乐系还自兼主任，建立了民族声乐教研室也自兼主任，建立了以民族乐队为主的实验乐团，建立了民族声乐教研室，建立了崭新的师范专业。他不仅重视发展民族民间音乐，也很懂得对西洋音乐借鉴的意义，他始终坚持土洋结合，中西并举。所以一再地向上级打报告要求建立一个教学实验管弦乐队。又在他的指点下，开始用管弦乐队为川剧折子戏伴奏的尝试，打开了新的思路，促进了师生在表演艺术上对中国作风中国气派的新的探求。

在60年代初的一个时期，一些人片面地理解时代感，强调所谓的时代节奏，反映在音乐作品里，经常是快的、强的、重的、高亢的，不加分析地认定轻歌曼舞就是剥削者的没落情调，容不得半点迂回委婉。舞台上烦嚣纷错，道具也粗、重、大，真的板车上场了；化装也奇怪，头上包的白帕子几十圈缠头，大得像伞似的……面对这种不正常的艺术现象，他了解了群众的反映，及时提出，"艺术的力量在于感动人，而不在于震动人"的精辟见解，抵制了一时流行艺坛的庸俗偏见。

他亲自带领尖子生李存琏、周亨芳赴京参加调演，受到兄弟院校的好评；他推出附中尖子生康文兰、林琪美与东德来访的专家联欢演出，也使得外国专家刮目相看。

他的这些正确主张、有利于发展音乐教育事业的各种作为，都成了"文革"中的罪行。他被打成川音的头号走资派，被造反派夺取了他的院长职权，并于1973年调离了他工作了20年的音乐学院。

他没有因为失去了院长的地位而气馁，又以作曲家的姿态出现在峨眉电影制片厂，以他擅长的作曲技艺，与同志们合作为十余部电影谱写了电影音乐，其中《神圣的使命》还获得了创作奖。

1979年落实政策以后，他又重新回到了音乐学院的领导岗位。虽然他已是70高龄，但壮心不已。在他担任学术委员会主任以后，贯彻落实知识分子政策，晋升了20多位教师为教授、副教授。由于他在音乐教育上的业绩，也荣获了教授的桂冠。

20世纪50年代，他曾带着考察的任务，到东欧、苏联、蒙古、朝鲜等社会主义国家访问，了解艺术教育情况。1983年，他又以中国音乐家代表团团长的身份，第二次去朝鲜参加亚洲音乐节，发表了长篇论文《民族音乐的保护、继承和发展问题》。

回国以后，他响应党中央对干部革命化、年轻化、知识化、专业化的号召，顺应时代的潮流，退居二线担任顾问，光荣地交班予新的领导人。

一位亲切慈祥的前辈

——怀念常书民先生

山西晋剧院一级演员　冀萍　口述

山西晋剧研究所副所长　王越　整理

1955年4月底，我随山西省晋剧院去长春电影制片厂拍摄电影晋剧《打金枝》，在剧中扮演升平公主——金枝。常苏民先生在本片担任音乐设计，第一次见面他留给我的印象很深刻，特别和善，四十多岁的模样，一副长者风度。我那时20岁，是剧组里最年轻的主要演员，他亲切地称呼我"小鬼"。在长影拍片的4个月中，通过和常先生一起工作，觉得他是一位很慈祥的前辈，很认真的专家。在此之前我只是听说过常先生的大名，知道他很懂山西梆子音乐，果然，经他创作的音乐特别好听，虽说几十年过去了，一唱起他创作的音乐和唱腔，依然觉得韵味悠扬，思念之情不禁涌上心头。

我们拍电影时就住在长影厂子里，宿舍、食堂和摄影棚都在一起，很方便。好像当时正在拍摄电影《董存瑞》，尽管我们当时的年轻人对拍电影很好奇，但由于我在剧中担任主角之一，所以不敢大意，从不去看，一心琢磨自己的角色。由于舞台剧和电影艺术规律不同，舞台上的唱做念打、手眼身法步与电影中的艺术要求不同，电影更要求接近生活，写意的程式化东西和写实的表演有区别，所以，有些地方要调整，有些音乐唱腔要改革。舞台剧的演唱有一个特点，就是表演和演唱是一次性完成的，如果演员今天嗓子舒服，可能在某一唱段的拖腔就多拐几个弯儿，明天嗓子不"在家"，就少唱几个弯儿，每次演唱都是一次新的艺术创造。常先生看我年纪小，就亲切叮嘱，把自己的唱腔记住，否则到了后期录音时，配口形就会很麻烦。我用心记住常先生的话，使工作进行得很顺利，所以，我非常感激常苏民先生对我的关爱。

晋剧《打金枝》是山西优秀传统剧目之一，在山西的影响很大。故事说的是唐朝大将郭子仪寿诞，其六子郭暧，也是驸马，去为父亲拜寿，驸马受到了兄弟们的嘲讽，恼羞成怒，回宫打了公主。公主一气之下，跑到宫中向父母诉说委屈。唐王以君臣团结为重，不但没有处罚郭暧，反而加官晋爵。小夫妻在唐王与沈后的劝说下和好如初。这出戏1952年去北京参加全国首届戏曲会演时，曾进中南海为毛主席等中央领导演出过，受到毛主席等中央领导的亲切接见。毛主席说："《打金枝》是很有意义的戏。唐代宗这个人很懂得干部政策，处理家庭矛盾是很有办法的。"多年来，《打金枝》一直在晋剧舞台上盛演不衰。或许是考虑到晋剧这出戏在全国的影响，山西省的领导高度重视，才有了和长春电影制片厂合作，将其搬上银幕的拍摄。实践证明，这部影片对晋剧的发展具有深远的历史意义。它让全国更多的观众欣赏到了晋剧的独特魅力，为山西和全国的戏剧发展史留下了珍贵的资料。这其中，与音乐家常苏民先生对这出戏的音乐创作和唱腔的精心改编是分不开的。

常苏民先生是晋剧音乐专家，曾出版过专著《山西梆子音乐》。这次拍电影，由于舞台剧和电影的艺术要求不一样，剧中的情节有增有减有调整，那么音乐也必定要有所改变。常先生根据剧情，分别重新设计和改编，艺术效果非常好。如剧中的片头和片尾曲等音乐都是原来舞台剧没有的；再如舞台剧唐王和皇后的上场时间也不同，舞台剧是两人先在后台道白，唐王："梓潼！"皇后："皇上！"唐王："随上！"接着平板起就走上了场，紧接着就唱"孤坐江山非容易……"。电影中则增加了一段太监的戏作铺垫。太监上报："今日汾阳王郭子仪寿辰，我已将寿幛和寿礼送去，这是汾阳王回复的礼单，请皇上过目。"紧接着，是晋剧曲牌"捡点花"，在音乐中，皇上拉开礼单，过目，与皇后眼神交流，点头，做完戏后，才颇有些感慨地唱"孤坐江山非容易……"。这段表演加上音乐，大气，很有宫廷皇帝的气派，用得非常好。再如，皇上在不但不处罚郭暧，反而加官晋爵、"更换朝衣"时，舞台剧原也只是在打击乐中很快就完成了动作，而常先生用改编了的晋剧音乐，加上了大提琴，显得俏皮有趣。郭暧的唱腔也由舞台剧的平板改成了介板，由于观众喜欢而一直延续下去演唱到今天。

我扮演的是一位纯真但又有一点娇气的公主，自然在演唱上也做了改编。舞台剧中公主一上场就唱平板，电影则加了一段情节。公主由宫女陪伴，对镜梳妆、戴花、扑粉等，一番打扮之后，才满意地唱道："头戴上翡翠双凤齐……"，这一段常先生将过去的平板4/4拍，改成夹板2/4拍，因为平板的节奏太平缓，公主年轻又充满活力，此时的心情又格外欢快，唱夹板更符合人物的身份和心境。我至今认为，常先生改得非常恰当，节奏快乐之后，更容易体现人物的个性，也比舞台剧好唱，舞台剧的唱词太多，这样的改革也便于非晋剧流行地区观众的欣赏。

常先生对工作认真严肃，一丝不苟。我在录音棚录音时，看到他假如听到哪个乐器的音调不准，一定当场指出，立刻纠正，绝不将就。有时，看到他在录像现场，如果出现什么情况，立即协调。他特别尊重老同志，如对扮演唐王的丁果仙老师，尊称"老丁"，经常和她切磋。

虽说我们在长影一起拍了4个月的片子，但后来听说常先生被另派其他任务，回山西后也没有再和常先生联系。一直到了70年代，我和剧院的同志去四川出差，才有机会在成都再次见到常先生。常先生高兴地叫我："萍儿！"并向他的老伴介绍说，这是我的干女儿，还关切地问我演什么戏，我实话相告，嗓子出了问题。他听后安慰我说，不要急，好好治疗，并鼓励我多演好戏。他和老伴留我吃了饭，摆上了四川特色的好饭招待我，四川的腊肠让我记忆深刻，以至多年过去了，每当我吃到腊肠时，总会想起平生第一次吃腊肠是在常先生家里。当时的情形历历在目，那么温馨。记得离开常先生家时，他曾赠送我她女儿抱着孩子的照片，可惜后来搬家时丢了。

常先生去世的事我并不知道，是后来听说的。每当回忆起常先生，他的音容笑貌如在眼前，虽说常先生已经离开了我们，但我永远怀念他，感恩于他的教诲和鼓励。今天，我怀着深深的感恩，向常先生表达我的缅怀之情。尊敬的常先生将永远活在我们心里！

2012年9月

春天的风和雨

——悼念常苏民同志

四川省戏剧家协会原主席　李　累

草堂的红梅，开得分外的繁茂，初春的风柔和地吹来，花瓣就飘洒满地了。正是这时，我敬重的常老，苏民同志长眠不醒了。

40年前，1952年深秋，四川全省东南西北的文联同志，都会集到成都，在常苏民同志的领导下开展工作。我清楚地记得，常老是见危便急救的。那时，清音歌手李月秋还在茶馆里演唱，孤苦地生活，由于车辐的发现与推荐，常老亲自解决了她的工作与温饱。之后，李月秋在莫斯科得到国际金奖。常老非常重视与珍惜人才，只要他一发现苗头，便尽力地培育。晓艇与晓舫还是少年，便请来在文联礼堂演唱《小放牛》；李存琏还在音乐学院念书，便安排了她先在文联礼堂亮相，然后参加全国女声独唱的比赛。常老也非常尊重老艺术家，诸如扬琴大师李德才，川剧丑角大师刘成基、周企何，川剧旦角大师周慕莲，都邀请到文联礼堂为青少年学徒做示范演出。我们在他的言传身教下，逐步地懂得了如何团结老中青的文学艺术工作者，如何充分发挥他们的才智与艺术能力，为祖国的人民大众更好地服务。

我在常老亲自领导下工作了十多年，与他生活在一起近三十年，从来没有见过他发脾气，他是那样的慈祥与敦厚——而那些年月，一个运动接着一个运动，这些运动都是伤害知识分子的。只要他力所能及，都保护过关了，郎毓秀、胡静翔、刘文晋这些大音乐家，免遭大难，是与他有关的。1959年庐山会议后，他同意彭德怀老总的《意见书》，因此，受到了莫须有的批判，险些儿脱不了爪爪。经历过这段岁月，所以，我特别敬重常老。这是一个善于发现人才并珍爱人才的长者，这是一个团结同志爱护同志并充分发挥同志才能的长者。他做领导，从不发号施令，也不疾言厉色；总是循循善诱，放手让你独当一面，在风雨中锻炼成长。

常老在我心中，他是春天的风，春天的雨，春天的阳光，促进万物生长，花草繁茂，秋结丰硕的果实。

我呼唤常老醒来。

我呼唤像常老这样的领导再生。

这便是我对这一株经受过严寒的红梅的哀悼。

1993年2月10月夜

忆常老二三事

四川省文联作家 方 赫

1951年，我从成都市文教局调到川西区文联，在《川西说唱报》当编辑。

当时，常老是川西区文联副主任，我们都叫他常主任。常老和蔼可亲，平易近人，对我们这批刚参加革命工作的青年，总是嘘寒问暖，关怀备至，真正是一位忠厚长者，文艺前辈。记得有一天，邱漾（已故）和茜子（已故）觉得在机关里搞创作，干扰大，不易集中精力，遂向组织提出在外面租房子住，潜心写作。这种要求，虽然是不符合党政机关对干部的管理的，但常老从爱护年轻干部出发，从培养人才、写出好作品出发，尽力做好有关领导的工作，给两位搞创作的青年创造条件，最终让他们在机关旁的小街上租了一间房屋。

常老作为党的文艺领导干部，在工作中，对于老一辈文艺工作者也很关心、尊重。时任省文联副主席的段可情老先生，系省民盟负责人之一。20世纪20年代就写小说，参加过创造社的文艺活动。每逢文联召开重要会议时，常老总忘不了询问段老来了没有。如果没有来，他会立刻派人去请。同样，会议结束前，他也绝对忘不了征询段老还有什么话要说，一定等到段老说没有了，才宣布散会。

然而，在重大的是非面前，常老却又能坚持真理，不畏强权，敢于阐明自己的观点。1959年反右倾运动在全国展开。文联党组等领导自然要学习讨论，端正自己的立场态度。常老在发言中，认为彭老总万言书中所说内容，符合当时国内的实际情况。这样说，分明是惹火烧身。果不其然，他的看法很快被汇报到了省领导最高层。常老因此被"请"到了锦江宾馆顶楼住了十余天，闭门思过。常老这种执着的秉性和刚正不阿的精神，确实是当时某些领导所见不惯的，免不了经常受到敲打。省委某位领导甚至斥责他说："看你的名字就知道，你是苏修的公民嘛！"这些近乎人身攻击的话语，令常老非常反感和愤慨，久久难以释怀。

进入改革开放后的80年代，我有幸作为省政协委员，好几次跟常老一道出席省政协会议。已逾古稀之年的常老，依旧精神矍铄，朴实稳健。即便住家距会场较远，他仍然做到按时赴会，踊跃发言，积极建言献策，尽到了政协委员参政议政的职责。

常老离开我们虽已将近二十年，但他的高尚人品，永远值得我们景仰；他在音乐创作和音乐教育方面的突出成就，也永远是我们宝贵的精神财富。

我们永远怀念常苏民老院长

四川省文联作家　英　群

中国共产党优秀党员，杰出的文艺战士，著名音乐教育家、作曲家，音协四川分会主席，四川省文联副主席，中国音协常务理事，四川省人大代表，四川省政协第五届常委，川音原院长，本刊原主编常苏民教授，因病医治无效，于1993年2月5日不幸离开了我们，享年83岁。

常老院长1910年出生于山西省长治市一个平民家庭，早年思想进步，1925年年底参加共产主义青年团。1937年参加山西国民兵军官教导团。1941年3月入党。1989年离职休养，为表彰常苏民同志在发展我国文化艺术事业方面做出的突出贡献，经国务院批准，享受国家政府特殊津贴。

常苏民20世纪30年代开始从事革命音乐教育和创作，在太原组织过音乐教育研究会，被选为会长，积极倡导革命歌曲，为抗日救亡歌咏运动做出了贡献。抗日战争开始即参加中国共产党领导的山西新军抗日决死队并任第二纵队怒吼剧团团长，之后任晋东南鲁艺音乐部主任、晋绥边区实验学校文教队主任等职。解放战争时期任西北艺校教育长兼音乐部主任，他无论在前方，还是在后方，为部队和地方培养了一批文艺战士。新中国成立后任成都军事管制委员会文化处处长、川西文联副主任兼秘书长、四川省文联副主席、音乐家协会四川分会主席、西南音乐专科学校校长、四川音乐学院院长、中国音协常务理事、峨眉电影制片厂副厂长等职；曾参加中国文化艺术代表团赴蒙古、罗马尼亚、朝鲜等国访问，接待了不少外国友人、专家和港台学者；促进了中外文化艺术交流；党的十一届三中全会以后，调回四川音乐学院任院长，兼任四川文联副主席、音乐家协会四川分会主席、全国文联历届委员会委员、中国音协常务理事等职；曾率中国音乐家代表团赴朝鲜参加亚洲及太平洋地区艺术节。

20年代末，他从山西国民师范艺术专科毕业后即从事音乐教育、创作、研究和文艺领导工作。近七十年来为党为人民的新音乐事业做出了很大成绩，从而得到党和人民的信任和尊敬，是我国有声望有影响的音乐教育家和作曲家。

30年代后期至40年代，他在敌后十分艰难困苦的环境中从事音乐教育、研究，取得显著成绩。他的《山西梆子音乐》作为"中国民间文艺丛书"之一，材料充实，学术价值明显，受到音乐界的好评，是毛泽东同志《在延安文艺座谈会上的讲话》发表以后首批问世的戏曲音乐专著，在民族音乐研究工作中具有一定的开创意义和代表性。

常老院长在繁忙的工作之余，还撰写了《试论革命的现实主义与革命的浪漫主义相结合》《继承民族民间音乐传统　更好地反映现实斗争》《为建设社会主义的民族音乐文化而奋斗》等学术论文，密切联系音乐创作实际，深刻地阐述了一些值得重视的音乐理论问题。他近年来创作的大量群众歌曲和电影音乐（有的是与人合作），不少在全国广泛流传，受到群众欢迎，电影音乐有：故事片《刘胡兰》《猛河的黎明》《嘉陵江边》《姑娘的心愿》《山城雪》《风流千古》，大型纪录片《巴蜀洞天》，舞台艺术片晋剧《打金枝》等。这些作品具有浓郁的民族风格和地方特色，反映了时代的风貌和精神。他在担任四川省文联副主席期间，为繁荣我省的文化事业辛勤耕耘，受到大家的尊敬和赞扬。

他参加革命工作近七十年来，一贯忠于党，忠于人民，为祖国的文化艺术事业殚精竭虑，呕心沥血。在"左"倾路线的影响下，50年代中期和反右倾运动中曾受到过不公正的指责和错误的批判，在"文革"中遭受迫害。他积极拥护并坚决贯彻执行党的十一届三中全会以来的路线、方针和政策，坚持四项基本原则，在大是大非面前旗帜鲜明、立场坚定，坚持真理，刚正不阿；他尊重人才、严于律己、谦虚奉公、作风正派，是一位德高望重的音乐界老前辈。

常老院长的一生，是革命的一生，战斗的一生，是为党和人民的音乐事业做出了卓越贡献的一生。他的逝世，使我们失去了一位好同志、一位可钦可佩的良师益友，是我们党、我们音乐教育事业的一大损失。我们深切悼念他，要学习他为人民音乐教育事业而献身的可贵精神，在党的十四大精神的指引下，为改革开放，为社会主义音乐事业的发展而贡献我们的一切力量。

山西太原平民中学校友怀念常苏民

四川音乐学院研究生　张　婧　整理摘记

太原平民中学85周年校庆纪念文集——《平中之歌》中，有很多校友对常苏民老院长表达了深切怀念。现整理摘记如下：

1. 太原平中校友会副会长，西安工业学院教授、系主任赵文蔚（山西汾阳人，1932-1937年在太原平民中学就读，高八班校友）在《母校平中的爱国主义教育》一文中写道：

"特别值得怀念的是音乐老师常苏民。他编了一本歌曲集作为教材。第一首是他谱写的刘耀黎先生作词的母校校歌，这支歌庄严深沉，教导学生要呼唤新导，好好学习，勇往向前为人类文明而战。此后就是苏俄犯禁的《伏尔加船夫曲》，人不由得就会产生对劳苦大众的同情和向黑暗社会宣战的义愤。接着是30年代盛传的进步歌曲，如《渔光曲》《大路歌》《开路先锋》《义勇军进行曲》《毕业歌》《满江红》……这些歌曲激发人们的战斗之情。在常老师的组织下，每周六晚歌咏队要到太原广播电台播出。一次太原市的歌咏比赛，常老师带领学生在会上唱了为澎湖列岛、台湾岛受日本帝国主义压迫蹂躏的人民鸣不平，激发抵抗之情的《蛙与牛》，鼓舞了太原市的御侮抗日的豪情。"

2. 曾任中国人民解放军第14军副军长的王立岗（山西清徐人，1935–1937年在太原平民中学就读）是太原平民中学校友会第一副会长，学校顾问。在《投笔从戎忆母校》一文中写道：

"1937年7月7日卢沟桥炮声骤起，日寇铁蹄逼近山西，我们10位同学决定到八路军办事处报名参军。这时太原已兵临城下，白天忙于防空，入夜处处紧张工作，抗战歌曲，随时可闻。我们在学校时常苏民老师教唱的《松花江上》《流亡三部曲》《救亡进行曲》等这时都派上了用场。"

3. 曾任中国人民解放军第四军医大学航空医学系主任，教授，少将军医牛联棣（山西兴县人，1936–1937年在太原平民中学就读）在追忆母校时回顾了常苏民老师的活动：

"学校十分重视文体活动，和正课一样记分考评。正当日本浪人横行太原之际，常苏民老师教我们高唱'工农兵学商，一齐来救亡，走出工厂田庄课堂，拿起我们武器刀枪'，'大刀向鬼子们的头上砍去！'等抗日歌曲；周末和课余，都有文艺活动。晋北学生爱唱北路梆子《算粮》，晋中学生会唱中路梆子《打金枝》，晋南学生好唱蒲州梆子《烙腕计》。常苏民老师与李汉光、刘同和他老父亲老刘老师合奏京剧曲牌，京胡高亢，锣鼓喧天，别有一番情趣。书法绘画展览与诗歌朗诵、科教影片的放映，也常举行；大礼堂有收音机定时播放。"

4. 曾任包头师专外语系副教授的韩明道（山西太原人，1936–1937年在太原平民中学就读，高八班校友）在《永远情系母校》中深情回忆了自己的恩师：

　　"常苏民老师是老平中的著名音乐老师，他为人和蔼可亲，思想进步。我在阳兴读书时他就是我的老师，教过我们很多进步歌曲，我对他有好感，印象很深。之后，我考入平中，常老师在校内组织歌咏队，唯因我有一副高亢的嗓子、喜欢唱歌，便被收纳为歌咏队员参加活动，练习演唱若干名歌如《佛曲》《蛙与牛》《大路歌》《山在虚无缥缈间》，以及抗日救亡歌曲。常老师与山西广播电台素有交往，他多次带领平中歌咏队于星期六晚去广播电台演出合唱及国乐合奏节目，深受电台领导及工作人员之好评，他们并赠予歌咏队锦旗一面，文曰：'声闻远邑'。

　　"抗战伊始，常老师离开平中，参加了抗日救亡活动。不久，我也告别了母校开始逃难，从此我和常老师未能再见，但他的身影，教导我们的歌唱艺术风格等一直萦绕在我的脑海里。记得在成都出售的民歌集中，巧遇苏民老师创作的歌曲《工厂就是咱们的家》，想必就是常老师的大作，见其歌如见其人之感油然而生。这也由于我是常老师的学生，他对我有教诲的恩情。

　　"1991年，在几位老学长赵军等人的倡议下邀请海内外平中校友出席成立太原平中校友大会，常老师不远千里从成都来到太原，以老师的身份受到全体出席校友的热烈欢迎。晚会上，我高歌《送别》以表达我对常老师的感激。会后，常老师驱车回到阔别多年的故乡长治探亲后再转成都，自那时起，我回内蒙古包头不复相见，直至其1993年因病在蓉与世长辞。

　　"常苏民老师，平易近人和蔼可亲，留给我难以磨灭的印象。他一生酷爱音乐，孜孜不倦，追求真理，是我最崇拜的良师之一。"

　　还有两篇回忆恩师的短词如下：

赞文才多艺常苏民

苏民老师教音乐　进步名歌入课堂
昂首蔑视阁政权　宣传抗日街头唱

忆母校诸师长

平中诞生七五年　母校诸生感情连

刘老徐沟有志传

中文剖析精细专（刘耀黎）

英语常师著《逝水》

英法文学故事宣（常风）

高师几何重示范

学生活用勾股弦（高殿五）

艾克思歪巧变换

多蒙常师促合联（常浩如）

三潭印月二胡常

革命歌曲鼓心弦（常苏民）

张王邹周健身操

篮足排网练田径（体育诸师）

百岁老人精国画

五洲四海桃李鲜（赵延绪）

万紫千红满春园

教育改革谱新篇

音乐文论选

试论革命的现实主义与革命的浪漫主义相结合

常苏民

毛主席在我们进行艺术创作上提倡的革命的现实主义与革命的浪漫主义相结合的方法，对我们发展社会主义的音乐和建设共产主义的音乐，有着决定性的指导意义。

这一英明指示的提出，不是偶然的。这是对我国历来文学艺术传统的丰富经验的总结，并根据当前时代的特点和需要而提出来的。

什么是革命的现实主义与革命的浪漫主义相结合？这种创作方法，虽然它是根据我国历代文学艺术传统的经验而来，但它与过去任何时代的现实主义与浪漫主义有所不同。这便是无论现实主义或浪漫主义，首先两者都必须是革命的，而且两者又必须是相结合的。所以说两者都必须是革命的，是因为今天凡是一个革命者，他不能没有革命的理想。作为一个革命的艺术家，对现实的生活与发展，既要做到尽可能的真正的认识，还要对将来具有美丽的理想，这种不断革命的人生观，就决定了一个革命的艺术家在艺术作品中的必然反映。这是客观存在决定的，不是谁愿承认与不承认的问题。所以说两者又必须是相结合的，是因为两者具有两种不同的创作方法，且各有各自的特点，或者说两者之间存在有矛盾，就是在能结合的当中，两者在作品中所占的比重也将不能等同。但我国历来文学艺术创作经验证明，两者相结合是可能的。特别是要能反映我们今天这个伟大时代的面貌和精神，就更必须了。这在毛主席的诗词写作上，和大跃进以来广大人民群众所创作的民歌中，已给我们做出了典范。这在文学界已经谈论得很多，这里就用不着多说了。总之，两者相结合是可能的而且是必须的。

这种革命的现实主义与革命的浪漫主义相结合的方法，在我们艺术创作上的要求是什么？这便是：既要能真实地反映出不断革命的现实发展，并要求能充分表现出崇高壮丽的共产主义理想。也就是说既能真实描写发展的今天，又要展示出壮丽的明天，既不能脱离现实而又不拘泥于现实，从现实出发而又忠于现实。今天我们的现实生活是需要这样一种创作方法的，这是由于在我们今天的生活中充满了理想，充满了罕世的奇迹，充满了排山倒海的英雄气概，在广大工农群众中表现出来的那种"我为人人，人人为我"的共产主义精神，在群众中出现的越来越多的具有高度共产主义道德品行的英雄人物，所有这些，是用以往任何创作方法所不能描绘的，至于那种照相式的方法就更无能为力的了。只有这种革命的现实主义与革命的浪漫主义相结合的创作方法，才能真实地充分地表现我们这个伟大时代的面貌和精神。日丹诺夫在第一次全苏作家代表大会上讲过："因为我们党的全部生活，工人阶级的全部生活及其斗争，就在于把严肃的、最冷静的实际工作跟最伟大的英雄气概和雄伟的远景结合起来。"

当然，这并不是说每一个作品都有这种格调不可，即使一点没有，或者这种格调不高，只要合乎毛主席所指出的六条政治标准也是我们应当欢迎的。但是，我相信，在我们今天这个伟大时代里，凡是有伟大的时代意义的作品，总是运用了这种创作方法的。这在我国文学艺术作品方面，典型范例很多，虽然音乐艺术不像文学，诗歌、戏剧、美术各方面有那样多且能具体阐明的范例，但从聂耳所写的《义勇军进行曲》

《毕业歌》等作品政治艺术倾向看来，是真实地描写了当时广大群众的意愿，集中了广大群众的情绪，不只鼓舞了群众抗日的激情，而且给人们指出在当时向往的境地。据我了解，不少人特别是青年在这些歌曲的鼓舞下，参加了抗日战争，走向了革命圣地。星海在抗日战争艰苦的岁月里，写出的《太行山上》，以及《黄河大合唱》等作品，那种充沛的革命的乐观主义情绪，胜利在望的气概，不但真实地反映了当时群众的抗日激情，而且展望到了胜利的今天，关于这还是我们需要进一步对之进行研究的问题。

那么，我们究竟怎样在音乐创作中体现或者掌握这种创作方法呢？我想它既不是高不可攀的，也绝不会有什么秘诀。如果说，只有革命的艺术家，才能写出革命的作品来，那么，也可以说，只有那种具有革命的实干精种和革命理想的人，才能写出具有革命的现实主义与革命的浪漫主义相结合的作品来的。

根据以上一些粗浅的见解与认识，我们音乐要想写出革命的现实主义与革命的浪漫主义相结合的作品来，还在于：（一）必须要有革命的人生观，高度的马克思、列宁主义思想。政治热情高，才会真正热爱现实生活，才会大胆地设想未来，而这种设想，又是必须用马克思、列宁主义思想做指导，思想越高，才会想得深，看得远，才会更深刻地认识和感受劳动人民的思想感情。因而建立革命的人生观，用共产主义的思想武装自己的头脑，是天经地义的而不是在作品中任意用上一些夸张的音势、乐句、奇怪的音调，就可以达到的。（二）深入生活向劳动人民学习。广大人民群众大跃进以来所以能创作出那样的民歌，正是他们和劳动生活紧密结合的结果。他们创造了惊天动地的事业。因而他们的创作才能那样的豪放、热情奔腾和那样的激动人心和斗志。因之，我们必须对现实要有深刻而正确的体会与认识，才能把这种一个活生生的"精神振奋，斗志昂扬，意气风发"的雄伟时代反映出来。（三）从自身所带着的资产阶级的思想影响中解放出来。整风以来，工农群众的思想大解放，在生产大跃进中，大放卫星，据说由于农业卫星的冲天，有些农学院的教授将无法开课了，（当然，只要深入劳动生产，虚心向群众学习，经常总结革新的经验，是会有法开课的，）这就意味着，时代变了，老调子洋腔调唱不开了。因之，我们如何摆脱自身所带着的资产阶级艺术思想影响，特别是美学观点，也是我们能否体现这种创作方法的重要环节之一，因为是非好恶都是阶级性的。

我们今天的生活本身，就富有着神话般的革命浪漫主义色彩，只要我们把革命的实践和远大的理想相结合：必胜的信念，活生生的现实，同我们音乐上的形象塑造，乐观的幻想，大胆的创造相结合，在我们努力创作的过程中，我们经历得越多，懂得也会越多，我想这种创作方法也就会更好地掌握和体现出来。

原载《人民音乐》1958年第2期

加强群众歌咏活动，肃清黄色歌曲

常苏民

去年春天以来，当资产阶级右派分子恶毒地歪曲"百花齐放，百家争鸣"的方针、向党和人民猖狂进攻的时候，为人民所唾弃的黄色歌曲又死灰复燃地在我国一些大中城市传播起来。据报纸上的反映和我们在成都、重庆两地的初步调查与了解，黄色歌曲在有些机关、企业、工厂、学校、商店以及一些公共娱乐场所中，曾一度得到了较为广泛的流传。黄色歌曲唱片竟成为一时的"奇货"，某些投机商人四处收买，复以每张四元的高价在成都市人民商场通过黑市出售，牟取暴利。黄色歌曲则被印成歌本和唱片，通过一些小商小贩在热闹的街头巷尾及公共娱乐场所公然出售，种类多达二十余种，封面还标以"五四以来的优秀歌曲"名称，鱼目混珠，欺骗群众。有些唱片上甚至还附印上一张妖娆的女电影明星照片，借此吸引和招揽顾客。据了解，成都市××街还有一所专门促销黄色歌本和歌片的发行站呢。唱黄色歌曲的人，不仅有青年，而且有少年，甚至有纯真的儿童嘴里也"郎呀妹的"哼唱起来。黄色歌曲不仅在背地里为一些人所欣赏，也有人公开地用扩大器播送。如"五月交化服务社"附近，当更深夜静的时候，常有靡靡之音流放出来；某工厂竟公开地用高音喇叭播送《花好月圆》等黄色歌曲；某机关开舞会时也把黄色歌曲《满场飞》当作舞曲来伴舞；《天上人间》等靡靡之音在某学校里也风行一时地流传着……

黄色歌曲的泛滥，严重地影响了一部分群众的身心健康，消磨着人们的斗争意志，阻碍着他们的工作和进步，我们对此绝不能忽视。

黄色歌曲是产生于半封建、半殖民地社会的一种反动文化，是官僚买办资产阶级腐朽生活和没落情绪的反映，是反动统治阶级麻醉和毒害人民的精神鸦片。它歪曲生活，粉饰生活，宣扬资产阶级糜烂、堕落的生活方式，散布消极、颓废的思想意识。其内容有描写伤感、颓废的爱情的，有的甚至庸俗到近乎色情的发泄，还有宣扬享乐主义的，也有散播金钱至上的，甚至还有给日本帝国主义献媚拍马的、灌输汉奸洋奴意识的。黄色歌曲的曲调则油腔滑调、缠绵悱恻，轻浮摇曳，滥用装饰音，忽强忽弱，节拍上强弱倒置，充满一种放荡、颓废、萎靡的情调，给人以感官肉欲上的刺激。

显然，黄色歌曲所宣扬的那种资产阶级的腐朽、糜烂的生活方式，和它所散播的落后、消极、颓废的思想感情，是和社会主义思想相抵触的，和新中国人民的道德品质水火不相容的。我们提倡勤俭节约建设社会主义，而黄色歌曲则宣扬花天酒地、纸醉金迷的资产阶级生活方式；我们提倡全心全意为人民服务，而黄色歌曲则散播"人生谁不为铜钱"的金钱至上思想；我们提倡高尚、纯洁的爱情生活，而黄色歌曲则给人灌输以猥亵、淫秽的意识和感情。毫无疑问，黄色歌曲只能使人走向腐化堕落之途，瓦解人们建设社会主义的意志，对于人民只有百害而无一利。

黄色歌曲为什么在今天还能蔓延？还能找到它的市场？我认为除了一小撮右派分子恶意地歪曲"百花齐放，百家争鸣"的方针，企图抛出黄色歌曲毒害人民之外，还有下面一些原因。

虽然，产生黄色歌曲的阶级基础在今天已被彻底地摧毁，但资产阶级的思想意识在某些人身上却未得到根除，具体反映在对待黄色歌曲问题上，某些人还有依恋之情，难舍之意，这种落后的思想感情，给黄色歌曲的泛滥留下了思想基础。其次，由于近年来国际修正主义思潮的影响，使得一部分人用错误的、修正主义的观点曲解了"百花齐放，百家争鸣"的方针，认为黄色歌曲也是一朵花，应该让它放出来。这种不正确的认识，给黄色歌曲的流传找到了缺口。此外，也还有人对于黄色歌曲缺乏辨识能力，对黄色歌曲的危害性亦认识不足，分不清什么是黄色歌曲，什么是抒情歌曲？黄色歌曲与五四以来的优秀歌曲有何不同？与健康、优美的轻音乐有何区别？因而，往往不自觉地做了黄色歌曲的传播者。有的人则认为唱唱歌，听听音乐，管它黄色不黄色也无关紧要，以至深受其毒尚不自觉。黄色歌曲泛滥的另一原因，还在于我们目前的歌曲创作落后于现实，满足不了群众的需要。近年来我们虽然产生了一些较为优秀的群众歌曲，但无论从数量或质量上来说，都远远地不能满足群众的需要，加以对歌曲的推荐工作做得不够，因而使得某些群众时而发生"闹歌荒"的现象。群众需要歌唱，又找不到适合的歌咏材料，这样，也让黄色歌曲乘虚而入，挤入我们的阵地。

根据上述情况，我们要彻底清除黄色歌曲，除了建议有关主管部门采取有力措施取缔黄色歌曲唱片、黄色歌本、歌片的非法印制和销售以外，我们势必要掀起一次群众性的清除黄色歌曲运动，加强宣传工作，对黄色歌曲大力地进行彻底的批判和分析，澄清部分群众对于黄色歌曲的不正确的看法，使群众明确黄色歌曲的本质和对人民的危害性，从而形成一股强大的社会舆论，造成"耗子过街，人人喊打"的局面，从根本上杜绝黄色歌曲的流传市场。比外，我们音乐工作者还必须加强创作实践，写出更多更好的各种形式的音乐作品，并继续广泛开展歌咏活动，培养人民健康的感情和高尚的文娱生活，以鼓舞人民的斗争热情。

清除黄色歌曲的工作是复杂的、细致的，尤其是对于一首歌曲进行鉴别时，需要以阶级的、历史的观点进行具体的分析。如果把不属于黄色歌曲的歌曲划为黄色歌曲，便会有碍"百花齐放，百家争鸣"方针的贯彻，是错误的；相反，把应划为黄色歌曲的歌曲漏掉了，也是不好的，对人民是不利的。毛主席在《关于正确处理人民内部矛盾的问题》一文中提出的六项辨识香花与毒草的标准，是我们分辨黄色歌曲的最好的依据。

黄色歌曲是毒害人民的毒草，我们要坚决地锄除它！肃清黄色歌曲，其实质上是音乐战线上的两条道路的斗争，也是反对资产阶级右派分子的政治思想斗争中的一个重要方面。为了捍卫社会主义音乐事业，音乐界的同志们应该踊跃地投身于斗争的行列，大家动手，为加强群众歌咏活动，肃清黄色歌曲而斗争！

原载《园林好》1958年第3期

展开社会主义的歌咏运动

常苏民

全国人民正以排山倒海的革命气概从事社会主义建设，各方面的建设事业正在大跃进的时候，在音乐工作方面及时地掀起一个新的波澜壮阔的社会主义歌咏运动，已经是目前广大群众最迫切最普遍的要求了。

伟大的社会主义革命和社会主义建设高潮，势必要求出现一个与自己相适应的社会主义文化高潮，我们音乐工作者必须认真地认清这一伟大时代的现实，快马加鞭，奋起直追，鼓起革命干劲，大力地展开一个深入工农兵的群众性的歌咏运动，从而用歌咏这一武器进一步起到鼓舞人民更加创造性的劳动，加速建设社会主义。这是当前我们音乐工作者应当尽速展开的一项工作。

重庆、成都的群众歌咏运动，新中国成立以来，曾经很活跃，全省各地的歌咏运动也较活跃，在土地改革、抗美援朝、生产建设斗争中起到了鼓舞与教育群众的作用，但是，在目前大跃进的形势下，歌咏运动显然表现得落后于现实的需要了。去年省文代会上有过这样一张大字报："请仙女下凡！"我想它对我们音乐工作者目前推进歌咏运动这一工作来讲，仍有着促进的意义。

歌咏运动的展开，首要要求大量创作为广大工农兵群众所需要和所喜爱的多种多样的音乐作品，这是一个根本问题。其次，在大量产生作品的同时，就有一个大力展开群众性的教歌问题。我们目前教歌的人，不能算少。我们有散布在四川各地的中、小学音乐教师，有西南音专、西师音乐的教师和同学，还有更多的大、中、小学生，工人、青年中的音乐爱好者，应当说这是一支很庞大的教歌队伍。如果大家鼓足革命干劲参与这一社会主义歌咏工作运动，我省的歌咏运动一定会飞跃地广泛地开展起来。第三，是歌咏运动的方法问题。提到歌咏运动，很快会联想到成立合唱团（队）的问题，这固然是一种运动形式，也是需要的，但目前更重要的是展开一个群众性的歌咏运动。应当抓紧各种机会各种场合，街头巷尾、公园茶座、田头、车间以及各种集会的场合，人多可以教，人少也要教，总之，我们要兴起歌唱之风，掀起歌咏的声浪。第四，开展群众歌咏运动必须与政治性任务和中心工作相结合，只要在选材上很好地结合中心任务，歌咏工作就会有效地展开。

音乐工作者，音乐爱好者同志们，在工农业生产大跃进的形势下，为着加速建设社会主义，我们必须立即行动起来。工人、学生、青年音乐爱好者同志们，首先歌唱起来，并把我们社会主义的歌声传播到工矿车间、农业合作社生产队、兵营连队中去，广大的工农兵群众是多么迫切地需要伟大时代的歌声啊！

原载《园林好》1958年第4期

破除迷信，解放思想，
进一步发动群众为民歌谱曲的工作

常苏民

随着社会主义生产大跃进，正跟全国各地一样，我省一个规模巨大的群众性的文艺创作活动，正在蓬蓬勃勃地向前发展。群众文艺创作的百花怒放，应当说是文艺工作大跃进最根本的特点。在千千万万的各种各样的群众创作中，民歌创作是最为突出的了。事实证明，许多地方已经成为诗歌的海洋，出现了"人人在写诗，处处在朗诵"的情景。单就古蔺一县来说，截至目前就搜集了民歌十万首以上。在全省，则将以千百万首计。而未来的创作，又将会百倍千倍于今天。这是可以设想的。

新民歌的不断涌现，不仅对五四以来的新诗发生着深刻的影响，开拓了一代诗风，同时对于我们的音乐艺术——特别是歌曲创作，也有着难以估计的影响，无疑地，将会开拓一代新风。

新民歌的大量涌现，不仅以它那"最新最美的文字"、"最新最美的国画"给音乐工作者在歌曲创作上提供了丰富多彩的歌词，而且由于轰轰烈烈的群众歌咏活动的展开，在民歌曲调方面，广大工农群众也将创造出很丰富的果实。目前，民歌多，曲调少，二者的产生在数量上显得太平衡了。为此，除了我们作曲家首先必须向工农兵群众学习：

学习工农兵群众的革命干劲和革命激情，学习工农兵的雄伟气魄和英雄气概，并在为新民歌又多又快地谱曲外，我们还必须破除迷信，打破谱曲工作中的神秘观念，进一步发动广大群众为民歌谱曲。这是完全可能的。

朗诵之不足，故咏歌之。可以设想，随着民歌、民谣的不断涌现，广大群众对民歌、民谣的谱曲工作，一定会规模更大地迅速地开展起来，他们不仅将写作出更多的众口流传的作品，还将为我们音乐创作带来更大的繁荣。还将使我们文艺队伍逐步成长壮大。目前的问题是：对于我们每一个组织工作者来说，应该如何在这个空前壮大的群众创作运动中充分发挥自己的促进作用？

应该肯定，在党的领导下，所有文艺团体和绝大部分组织工作者，最近半年多来，对于群众的音乐创作，是给予了不少的关心和帮助的。各地文化馆、站，也做了很多辅导工作。我们的音乐刊物《园林好》，也发表过不少来自工农兵群众的音乐作品。但是，事实证明，我们的工作做得还很不够，我们还没有放手地、千方百计地发动和组织工农兵群众的创作力量，以适应今天的形势和满足广大群众的需要。

原因是很多的。但是，我认为最根本的原因，在于我们还没有彻底破除迷信，解放思想，发动广大的工农兵群众为自己的民歌民谣谱曲；各种各样的对于作曲的神秘观念及其影响，亦未得到批判与肃清。那种迷信权威天才，迷信书本知识的情况，不仅在音乐工作者中存在，而这些来自剥削阶级的思想意识和唯心观点，也还普遍地影响到广大的工农兵群众。这都是阻碍我们大规模开展群众谱曲运动的严重思想障碍。我们必须首先扫除这些障碍！

迷信少数所谓权威而瞧不起广大工农兵群众，迷信专家、天才而漠视工农兵群众的政治热情与才能智慧，迷信所谓书本知识而轻视工农兵群众极其丰富的斗争激情，真正对历代音乐艺术产生深远影响的，并不是少数专家的作品，而是丰富多彩的民歌，而它的创造者又是劳动人民中间千千万万的无名氏作家。依我看来，所谓天才，不过是刻苦地劳动实践的成果罢了。至于书本知识的作用，也不过是经验的借鉴而已。对于谱曲来说，蓬勃的革命朝气和丰富的革命斗志激情，才是具有决定性的作用。

以上这些迷信观点，似乎不值一驳，实际上，它却反映了音乐创作战线上，社会主义和资本主义两条道路的斗争。过去，封建的，资产阶级的音乐家们，就总是以权威自命，以天才自居。他们为达到垄断居奇的目的，就不惜制造种种邪说谬论，给音乐艺术涂抹上各种各样的神秘色彩，企图在人们心目中，造成音乐创作高不可攀的各种迷信。当然，今天再没有人敢于公开宣传这种荒诞无稽之谈了，但是，它的影响，却还在不少人的脑子里潜伏着。而对于知识分子出身的音乐工作者或组织辅导工作者说来，情况更加严重。为了进一步发动广大工农兵群众为民歌民谣谱曲，就必须打破迷信，解放思想，从而使群众谱曲的潜力充分发动起来。当然，打破迷信，解放思想的工作，我们音协会员同志们首先有责任在党的领导下大力地来做，但是，我们也希望能针对那种迷信、神秘观念，造成一种强大的社会舆论，这样，就将会很快地做到人人动手，大家都来谱曲。为此，我们应当首先促使广大的工农兵群众为他们自己的民歌、民谣谱曲，用他们豪迈的劳动激情和欢快的劳动节奏，把他们的内心感受与远大理想，通过雄壮豪放的音调表现出来！从而使我们的群众创作大力发展，出现万紫千红，百花盛开的局面。

原载《园林好》1958年第8期

发挥群众歌曲的共产主义尖兵作用

——在音协成都分会群众歌曲创作会议上的发言

常苏民

　　自1956年6月分会召开音乐会以来，到现在已经两年多了。在近段期间，我们的国家经历了翻天覆地、震惊世界的大变革。随着1956年完成了生产资料所有制的社会主义革命，1957年又进行了政治思想战线上的社会主义革命，并取得了决定性的胜利。由于这两年斗争的巨大胜利，在社会广大的人民群众中，形成了共产主义思想大解放，生产力的大解放，从而在社会主义各项建设方面，广大的人民群众以共产主义的精神和生产力创造着举世无双的奇迹。目前，我们面临着的正是"全国粮食大丰收，钢铁大增产，人民公社大发展，科学技术的文化革命"的伟大现实。在广大人民群众生活中，特别是由于人民公社的大发明，共产主义的萌芽，我为人人、人人为我的共产主义思想，已经蓬勃苗壮地成长起来。为此，我们音乐工作者如何进一步通过音乐这一工具，特别是富有战斗传统的号角作用的群众歌曲，用共产主义思想来激励人民，教育人民，鼓励人民更加满怀信心地尽快地建设社会主义，并引导人民迈向共产主义，这是我们音乐工作者在当前不断跃进形势下的伟大的任务。

　　两年多来，在党的文艺为工农兵服务的方向和"百花齐放，百家争鸣"的方针指导下，我省群众歌曲创作有了空前的发展，特别是在去冬今春工农业生产大跃进以来，群众歌曲创作也呈现了跃进的新局面。反观新局面的表现大概说来有以下的几个方面：

1.是多。首先，对创作群众歌曲的意义有了进一步的认识，其次，创作队伍的扩大，从而形成了一种群众性创作活动，因此，歌曲数量之增多，与往年的创作情况是不能相比拟的。如以专业团体来说，重庆市歌舞剧院仅在半年的时间内已创作出各种形式的音乐作品达五百多件，计划在国庆九周年作为国庆节献礼；西南音专也创作出了八百多件。最突出的是群众业余作者的创作就更加惊人了，如单以重庆一地而言，仅以大跃进以来，收到的群众业余作者的各种作品（包括演唱等形式）就有两万八千多件，现重庆正拟出版《工人创作歌曲选》第二集。另如《园林好》编辑部每月收到的业余作者的稿件平均也有一千三百多件，若与过去同一时期相比何止翻了一番。这可说是创作繁荣的重要标志。

2.是快。歌曲创作在反映现实方面，表现了及时和迅速，与往年那种组织的情况就更难于相比了，因为绝大部分作品都是自发而来的。如在农业发展纲要、总路线，技术和文化大革命，反对美英侵略中东，毛主席和赫鲁晓夫的会谈公报，反对美帝侵占台湾政治事件的宣传中，都及时地涌现了大量的作品。这说明了作者是在如何积极地发挥着群众歌曲和政治，生产服务的战斗作用而做的努力。

3.是好。在作品大量涌现的情况下，不只产生了不少为群众所喜爱的优秀歌曲，如《太阳出山》《问大姐》《不靠龙王不靠天》《燕子呵》《请你和我一同唱歌》《创造新技术》《把心交给党》《歌唱总路线》《反保守反浪费》《看谁干劲大》《建设幸福的新西昌》《文化大革命》……从所接触的作品中总的倾向来看，可说都在不同程度上能较真实而艺术地反映现实斗争生活和劳动人民的思想感情；在民族风格、中国气派上也有了显著的进步与成就。这是近年来创作上最突出的表现。因而不少作品对人民发挥了积极的鼓舞教育作用。

4.在创作领域中值得特别注意的现象，是近一年来，由于共产主义思想大解放，破除了迷信，因而继续不断地涌现出了大批的新的工农业余作者，其中有的作者在创作水平上进步也很快。如《东方的巨龙》的作者工人李敏康同志；《一条水龙长又长》的作者农民杨逢春同志以及欧明阳等。他们既是生产战线上的能手，同时也是群众歌曲创作的生力军。他们从劳动生活中创作出了最健康有生命力的歌曲，给我们在创作方法上提供了新的内容。

总的说来，我省的群众歌曲创作是空前的繁荣，创作的现实也在不断地变化与扩大；而创作的倾向是健康的，发展方向也是正确的。虽然，两年来群众歌曲创作的基本倾向是健康的，发展方向是正确的，但这个发展并不是那么一帆风顺，而是经过一番曲折的思想斗争的。

当1956年冬，波匈事件的发生，国际上掀起了一股修正主义的思想逆流时，国内有些人一方面在政治上猖狂地向党向人民进攻，一方面则在文艺领域内大放反动的修正主义的文艺观点，由于他们的阶级本能，大肆曲解"百花齐放"的方针，借反"公式化、概念化"的幌子，公然排斥党的文艺为工农服务的方向，排斥音乐工作者必须加强对马列主义的学习与必须深入生活的正确主旨。叫嚣"技巧第一"、"技术决定一切"，甚至借反教条主义之名，企图把"生活规律的客观性"、"存在决定意识"这些马列主义的普遍真理一起反掉。把一切正确意见诬蔑为"公式主义"或"庸俗社会学"……这些右派的言论在各种报章杂志，揭露与批判很多，这里就不重述了。这是他们反动阶级本性的反映，用不着再议。但是我们部分音乐工作者在这场大的风浪中，头脑也并不是那么清醒的。有些人在立场上也不是没有动摇过。由于有些同志在某些问题上经不住那些修正主义的冲击，因而对文艺为工农兵服务的方向，在我们音乐界也曾发生过一度混乱的状况。音乐艺术是社会意识形态的一种表现，由于一些人经不起资产阶级的反动文艺思想的侵袭，也就不可能不反映在我们的创作倾向上来。这种表现首先是有些人曾一度对群众歌曲采取盲目轻视的态度，认为它不能显示自己的创作技巧，不能发挥所谓技术；若干文工团也有的曾一度认为剧场艺术群众歌曲是不能登大雅之堂的东西；我们音专作曲系讲的是如何如何作曲，而有的人甚至来提笔写一首群众歌曲。其次是借反公式化、概念化而醉心于写所谓抒情、爱情的东西。从《园林好》1957年1月至4月的统计，那种格调不高、情绪低下的作品，曾占到40%以上。那种所谓爱情歌曲曾风行一时，《园林好》也发表过一些像《你如果不爱我》《我拉响了手风琴》《摸到胸口赌得咒》《菩提树》等心情低下，甚至庸俗作品。他们不看现在社会主义建设事业的光辉成就，对不断出现的新人新事无动于衷，而热衷于揭露生活中的所谓"阴暗面"，讽刺和丑化党的领导。编辑部一度曾收到不少这类作品，如像《哆！首长，你可不简单》《有个好领导》《打破老一套》等。以上种种倾向，一直到党的整风运动的深入，及1957年冬省文代会经过两条道路的辩论，形势才大为扭转过来。这种反动的修正主义文艺思想侵袭的危险性，是应该引起我们今后大大警惕的。我认为今后对资产阶级形形色色的思想的各种遗毒继续进行批判的工作仍须坚持下去。这还是我们一个较长时期的任务。

去冬今春以来，由于整风反右派的教育结果，生产和文化跃进形势，特别是群众业余创作的主动，我们绝大多数音乐工作者共产主义思想觉悟提高了，革命朝气焕发了，故而也像其他战线上一样都鼓足了革命干劲，积极地自觉地参与了反映这一伟大现实斗争的群众歌曲创作活动，故而群众歌曲创作出现了前所未有的繁荣景象。但是，反对当前这种不断地飞跃前进的形势，我们的创作仅做到能紧跟得上就不错了么？不应当仅只于此，应当更进一步把群众歌曲发挥成迈向共产主义前进的尖兵，应当以具有共产主义思想的作品来教育和鼓舞人民；从而和广大人民群众一道参加建设社会，并引导人民迈向共产主义，这是我们进一步的也是最根本的任务。

为了能够更好地担负起当前历史所赋予我们的伟大任务，我们探讨明确以下几个问题是会有益的。

1.关于群众歌曲的艺术表现问题。谈起这个问题很容易一下就联想起关于创作的技术问题，我认为其中有技术问题，但不单是个技术问题。它应当是个艺术性与思想性相结合的好坏问题。它应当是个好的，而首先又是个对现实和未来的认识问题，特别是我们处于当前这种飞速前进的形势下，如果作者政治修养不足，深入生活不够，对于现实生活认识不深，或者看不见或是不理解什么是现实生活中的本质和主流，缺乏明澈的观察力，缺乏对现实生活的研究，自然也就不能塑造出深刻的或者说是新鲜的足以教育和鼓舞人民前进的音乐形象来。音乐特征是从生活的认识出发，通过艺术的思维，达到生活形象的创造，凭借这样的创造从而达到其教育与鼓舞人民的目的。因此，认识生活的深刻与准确问题，是首先决定艺术表现的一个前提，也是创作的首要关键。其次是关于语言和结构的问题，但这也是基于思想内容的。诚然，歌曲创作的基本材料是音乐语言。歌曲作品的音乐语言应当是形象化的，富有表现力的，准确的和精练的，加以精密的组织，这样才是以传达作者所欲表现的思想情绪，从而构成鲜明而完整的音乐形象。要表达一定的思想情绪，就必须用语正确，结构恰当。而我们应当是首先向民族民间的音乐传统学习，向五四以来的优秀作品学习，其次是学习古人和外国对我们有益的东西。在学习中也不单是个语言和结构问题，而更重要的是学习其表现某一时代人民精神面貌的方法，来作我们的借鉴，当然不是生搬硬套。关于这一方面的学习，从我来谈，是学得既不深也不透更谈不到广了。因而创作起来，往往感到语言贫乏，表现无力，这是我们今后仍须再加努力的一个方面。

2.关于独创风格的问题，首先是必须具有民族的风格，共产主义风格，并且作者本身也具有个人独创风格。我们在创作上只要方向明确，就应该大胆的创造，像周扬同志所指出的，"要提倡标新立异，当然是标人民之新、立人民之异，标民族之新，立民族之异。"我们的作品应当是既有民族的风格又有时代的特点，而每个人的创造性，也就应有个人的特点与风格。但我们要反对那种资产阶级形式主义的自我技巧卖弄，不从思想内容出发，为风格而风格的单纯追求风格，在音乐进行上离奇古怪、闭门造车是不行的。问题还在于生活实践、思想认识、艺术表现的三者相结合，在这个基础上，只要敢于独立思考，敢于幻想，敢于创造，哪怕碰钉子，失败也在所不惜，如此再加上不断地研究和努力，可以设想独创性的风格一定会形成的。当然，我们也要向前人的经验学习，不过，既然是创造，就不应当把脑壳钻在前人已经做好了的框子里去，若钻在洋腔洋调里那就更糟更坏了。

　　3.关于扩大创作题材范围的问题。在我们写作中，应当是多方面的，从来没有人限制过，应该多样化，范围狭窄了是不好的，因为今天生活的本身，就是丰富多样的，群众要求我们的作品也是多样的。今后可以少写工农兵了，否则就不足以充分地反映今天的时代了？我认为工农兵的生活和斗争题材最有广阔的天地，只有工农兵的生活和斗争才是最为生动而广阔的写作源泉，即便写其他题材，也必须具有工农兵的思想情感才能写得好。至于抒情、爱情、讽刺等类歌曲，特别是抒情歌曲我很同意吕骥同志在《关于群众歌曲，特别是抒情歌曲创作的几个问题》中的观点，这里就不重复了，我们可以从多方面用多种方法来表现，问题在于只要是抒工农兵之情就是了。关于爱情歌曲，也不应有所回避，因为爱情是青年男女生活中的一部分，但是我的广大的人民群众生活，最重要的活动还是生产斗争和阶级斗争，这是个多重问题，同时，写爱情生活也必须建立在以上这两个斗争基础上，故之，爱情歌曲写的目的应当是起到能教育与鼓舞青年的作用，而不是其他。只要有这个目的和出发点，为什么爱情生活不可以反映呢？问题在于怎么来写用什么情感来表现，这里举一首四川新民歌：

妹妹学习不敢喊

十五月亮圆又圆，

很想让妹玩一玩，

走到妹家窗前看，

妹在学习不敢喊。

请看这首爱情民歌，写得多么生动和健康，特别是它写的青年男女在今天那种向上的精神面貌，我认为它对青年是有一定鼓舞作用的。再举一首爱情歌曲请大家比一比看：

摸到胸口赌得咒

菜薹开花嫩悠悠，哥在对口把妹逗，

心想赶忙跑拢去，又无桥来又无舟，

上天不是麻鹬子，下水又是干鱼鳅，

招手又怕人看到，要想喊来娘又在屋头。

又欢喜来又是爱，又是急来又害羞，

汗水活像撒豌豆，心头犹如猫在抓，

哑巴吃黄连难开口，眼泪汪汪肚里流，

那是情哥不爱好呀，我摸到胸口赌得咒。

请看这是什么情调吧，这一种低下的，消沉的，陈旧的而且是带着封建色彩的东西，与我们今天生龙活虎般的青年男女那种敢作敢为的精神面貌，难道有丝毫相同之处么？这种东西，无疑是我们应该反对的。

当然这与词作者有关，就以我们的曲作者来说，由于思想意识不够健康和脱离现实生活，在创造音乐形象上，也是大有问题可探的。塑造新的音乐形象诚然是比较不易的事，会议上曾对《九九艳阳天》的曲作者有过争论，有的认为歌曲在情调、意境上虽然不健康，但那种易于上口的特点，是值得研究的。这和戏剧表演艺术上塑造人物形象一样。我们也常看到有些演员在反面人物的塑造上，有的往往会表现得很生动，概括性很强，相反对正面和新的英雄人物又表现得往往没有抓拿。这类现象，说明了一个问题：这是否是对以往的生活与人物，有了若干积累与认识的结果，而对新的事物就相反了呢？值得深思。我认为有的电影插曲在它反映电影某种情节上也可以说起了些辅助作用，但没能考虑到电影歌曲的流传对广大群众的社会意义，所以对这些作品虽不能称之为毒草，但起码它在表现现实生活上，是站得不高且看得不远，更未能估计到它的流传将会给广大人民带来什么影响。这是值得电影音乐工作者在这一工作上予以深思的。关于讽刺歌曲，我们虽然对于那些歪曲现实、夸大缺点、丑化形象、不分敌我，甚至进行人身攻击的作品进行过批判，但我们并不一概反对写讽刺歌曲。就是对待人民内部的矛盾，我们同样也需要那种尖锐的、辛辣的，但是出于善意的帮助消除落后现象的作品。试举四川民歌一首，我认为它在反保守反落后现象上是一首很好的典范。

扬扬得意唱归腔

田中秧苗绿成行，阳雀才叫快栽秧，

自己落后不检讨，扬扬得意唱归腔。

4.体裁问题。关于对主题思想有关的诸如进行曲、颂歌、抒情歌、叙事歌、爱情歌，讽刺歌等，以及合唱、齐唱、轮唱、对唱、独唱、表演唱等，我认为最主要的还是要从歌词思想内容与形式出发，作者也可以按照其自己的兴趣、特长，选择各种各样的体裁，创造多种多样的表现形式。作者应该更广阔、更自由、更丰富多彩地来描写我们社会各方面的生活，更广阔地选择作品的主题和题材，创造多样的形式和风格。

这也是群众所需要的。只不过是创作中的比例问题，当然也要的是在表现形式上要多向地方民间演唱形式学习，从而创造出更多的民族的演唱形式。

关于大、中、小型的问题，可以并举，也可与创作结合。但为了反映现实斗争的及时和迅速，并考虑到群众的接受水平，应当多写些小型的和中型的，但也不能忽视对于大型作品的写作。这就是说，我们一方面要创作出大量可直接供给群众演唱的歌曲作品，同时也要创作出直接为工农兵演出的较大型的作品。这并不是说文工团队就不需要或者少演唱短小精悍的群众歌曲了，目的是为了通过多种多样的艺术形式，丰富多彩地反映伟大的现实生活。

总之，无论在思想内容、主题、题材、形式和体裁上，必须贯彻"百花齐放"的方针，但一定要有个前提，那就是要坚持贯彻为工农兵服务，为社会主义建设服务的原则。

5.创作方法问题。以上几个问题的探讨，目的都是为了提高我们歌曲创作的思想性和艺术性，而基本问题，则又是个创作思想方法问题。

4月期间四川省要发出一个收集民歌的通知，指出了中国新诗歌的出路，应该第一是在民歌，第二是在古典诗词歌曲的基础上发展起来的新诗，这种新诗应该具有民族的形式和风格。应该是革命的现实主义与革命的浪漫主义相结合。这是中国新诗的方向。因为歌曲同诗歌一样，它是直接抒发人民心情的艺术。如何在群众歌曲创作上体现这个创作方法，对我们来说是新的课题。目前广大人民群众的生产大跃进，钢铁大增产，那种冲天干劲，那种征服大自然的英雄的共产主义气魄，那种创造性和想象力，已经充分表现了革命的浪漫主义和精神，从而也反映在新民歌的创作上。这不仅给新诗的创作方法开拓了新的道路。同样也为音乐艺术的创作方法开拓了新的道路。今天我们要提高歌曲创作的质量，主要是为了提高到足以反映当前广大人民群众的共产主义英雄气概，并从而引导人民迈向共产主义。为此，用革命的现实主义与革命的浪漫主义相结合的创作方法，才足以反映出当前飞跃着的现实斗争，才能表现出人民群众对明天的理想。因此，我认为：第一体现在创作思想上，首先我们作者必须具有共产主义思想，必须具有共产主义的风格。在创作活动上应是像劳动人民征服大自然一样地有那种冲天干劲，要敢想、敢作、敢为、敢干。然后通过自己所创作的音乐形象给人一种强烈的鼓舞力量，使人们对生活、对于未来——共产主义，抱有饱满的远大理想和战斗激情。这种革命的浪漫主义与过去的浪漫主义所不同的是，过去只能寄托于幻想，今天是和现实相结合的。我们的浪漫主义是应以现实为基础，但又比现实更多，它不是在今天的现实上，而是要鼓舞人民创造更好的，未来的现实——共产主义社会。其所以能如此，是因为我们有马列主义理论指导和党的正确领导。

这一创作方法是根据我们时代的特点需要提出来的。因为今天的现实生活需要这样一种创作方法：它不但描写既定的现实，而且描写现实发展的必然趋势，描写理想，描写更壮丽的明天——共产主义。它不能对现实生活是冷冷清清的客观主义地反映，而是要用最大的激情，最高昂的情调去歌唱它。

让我们高举起共产主义的红旗，发挥群众歌曲的共产主义尖兵作用，并和广大人民群众一道，为加速建设社会主义，并为更快地迈向共产主义而奋斗。

原载《人民音乐》1958年第11期

关于向国庆10周年献礼的音乐创作问题

常苏民

在中国音协理事会扩大会议上，很多同志希望能对国庆十周年献礼作品出一个比较具体的标准，以便大家在思想上进一步明确一下努力的方向。我认为对献礼作品的要求，除明确了是要创作出最新最美的作品，要求作品在思想内容上，要具有共产主义、社会主义思想、感情；在艺术形式上要突破以往创作的水平，这些原则外，不少同志还提出是否可以在音乐作品方面再提供一些具体的标兵，比如在群众歌曲方面以《社会主义好》为标兵，在歌剧方面以《白毛女》为标兵，在大合唱方面以《黄河大合唱》为标兵，我认为立下这样一些标兵作为我们努力目标是可以的。甚至有的同志提出可以超过这些标兵，这样的设想也是完全应该的。但是，把《社会主义好》等作品立为标兵，绝不能把它们定为一个固定的框框，更不能用它们作为我们衡量献礼作品的标尺。只能是把它们那种在思想情感的深度上对广大人民能起到教育与鼓舞作用；在艺术创造上的民族风格、中国气魄和为人民能喜爱的广度等成就，作为我们在创作中努力的方向。

关于题材方面：有人认为只有尖端和重大题材重要，我们应试用最大努力去反映，这是作为主要的，这也是我们应有的责任，但是，也不应成为唯一的题材。以历史题材和自己所熟悉的生活题材，同样也可以写出"卫星"作品，而且历史题材很多本身就是重大题材，因此并不矛盾。问题在于作者如何去反映自己能选择的题材，也就是说不论写什么题材都要有个前提：写它将要在群众中起些什么作用，不能说由于是自己能熟悉的题材，就可以不去管群众的爱好和对群众能起的作用。另一个问题是题材的重复好不好？比如大跃进、钢铁、人民公社的题材大家写得较多，我认为也没什么关系，因为写多了就能产生更好的作品，用不着因为大家都在写而自己就回避写了。我认为这些重大题材多写是会有好处的，当然，写法上不要单一，实际上也是不会如此的，因为我们这个伟大的时代，英雄人物和动人事迹太丰富了，因之仅反映的内容方面也是可以多样化的，但领导方面适当掌握、适当安排这是必要的。总之，作为一个创作运动来说，创作是越多越好，写得多了就有更大的可能产生尖端的作品，因而应当说是好事。

关于大、中、小相结合的问题：有的地方提出要"最新、最美、最大"的号召，我认为"最新、最美"则可，"最大"的提法就不好了，会影响小的作品的产生，还是大、中、小并举或叫大、中、小结合的提法好。至于大、中、小如何掌握，各地可根据题材内容和当地的实际力量来确定。大、中、小是否需要提出各自多少的比例，这也是领导应当掌握的问题，作者主要是根据自己掌握的生活感受，不可设想先画个"大"的框框，把不适宜于较大形式的东西也硬装起来，这样会导致空虚，应当是实事求是的精神。另外从目前各地规划的情况看，较大型的作品，无论在题材、体裁以及作者等，都定得比较详细和具体，这是很必要的，但对中、小型的规划却显得空了一些，大多数都是些数目字，这是否重"大"而轻"小"呢？我认为重视大的东西不能是因为大的东西较复杂，困难些。大家引起了一定的重视也是必要的，但绝不能轻视中、小型的东西，因此把大、中、小并举再明确一下，特别是应该更多地重视和抓中、小型的作品，这还应该引起我们领导更大的注意。

献礼作品更好的关键还在于如何体现革命的现实主义与革命的浪漫主义相结合的创作方法。现在群众创作运动开展起来了，同时今年又提出了这样一个新的创作方法，这就形成了形势逼人，因而无形中自己也感到了一种压力，特别是关于体现这个创作方法的问题。两天来，听了许多同志关于这方面的意见，感到这个创作方法应该是作者在创作上努力的目标，同时并不是高不可攀的。问题是如何通过自己的努力在创作中体现得好和更好的问题。我们应该采取什么态度对待这个创作方法呢？我认为不说不好，要谈，对它才会了解得更多，思想就会开阔，就会更清醒些，从而对创作的发展和质量的提高是有益的，我们不能避而不说。当然不能陷于定义和概念里，也不能钻进烦琐的枝节的牛角里，可以举些实例进行探讨，错了也不要紧，可以大胆地说，这也是个思想解放问题。虽然这是个新的问题，只有经过大家不断地交谈，也才会更清楚些。

如何在创作中体现这个创作方法呢？作者首先必须要有足够的生活资本，闭门造车是不能的，脱离人民生活首先难以找到一定的生活形象，从而塑造一定的音乐形象。但是也有同志确实到生活中去了，却不能抓住生活中主要的方面，如我省（四川）有些同志最近写了两个比较大的作品，就由于远没能达到党和群众寄予的要求，成了废品，这又牵涉一个思想和认识的问题。因此，作者必须还要不断提高自己的思想水平，只有不断地提高自己的思想水平，不断积累生活感受，勇于创作实践，和群众相结合，多采取具体创作的方法，这样才可能比较好地体现两个主义相结合的创作方法，从而产生较好的作品，因为我们这个时代现实本身就是革命的现实和革命的浪漫主义相结合的。当然，这样的努力也还可能一下子写不出好的东西出来，还需要作曲者本身具有共产主义的风格，不怕失败，只要不断地创作、修改、加工，是有可能创作出尖端作品来的。

　　总之，这个创作方法应该是我们奋斗的方面，只要朝这个方向努力，作品质量一定会逐步得到提高，我们应该采取力争上游的态度，要敢想、敢说、敢干，才可能冲出一条新的道路。

　　（根据在中国音乐家协会理事会会议上的发言整理）

原载《音乐研究》1959年第1期

前　言

常苏民

3月9日，西南音专师生组成了6个工作队，分赴我省泸州、绵阳、西昌、达县等6个专区进行劳动锻炼并展开群众文化辅导工作，历时约3个月。

由于比较认真地和工农群众同吃、同住、同劳动、同在一起搞文化娱乐活动，因而使我校师生初步熟悉了群众的思想感情，亲眼看到祖国社会主义建设的宏伟面貌灿烂远景。师生们一致认为，通过下乡劳动辅导，自己受到很深刻的教育，在实际生活中上了一课。

在下乡劳动辅导时期，我校师生在当地党委领导和具体的指示下，结合当地情况和工作需要，开展了较为经常的宣传鼓动工作；采访新人新事，自编自唱，把节目带到矿井、车间，把舞台搬到田间、工地，使艺术直接为政治、生产服务，提高了工农群众的生产热情和革命干劲，因而也得到群众的欢迎和鼓励。在这段时期的宣传鼓动工作中，我校师生创作了各种体裁的音乐作品（包括大合唱、清唱剧、小歌剧、歌表演、群众歌曲等）共两千多首（件），经过返校汇报演出后，现编选出其中较好的20几首歌曲，印成此集。

这些歌曲所具有的共同特点，是与当前政治任务和生产斗争紧密结合的，语言朴实，曲调具有四川地方特色，这说明我校师生在向民族、民间音乐学习的道路上迈进了一步，是很可喜的。但这些歌曲都是在生产建设的热潮中，为适应群众需要赶写出来的，不免有粗糙的地方，也还存在着一些缺点，这就希望同志们毫无保留地提出批评指正，帮助我们不断得到进步。

原载《西南音乐专科学校创作歌曲集（1）》1959年3月

迎接盛会，祝贺丰收

常苏民

四川省专业艺术团体观摩会演大会在成都隆重揭幕了，这个盛况空前的观摩会演，有着来自全省各地区，各民族丰富多彩的，各种风格和各种题材、体裁的创作节目。这些创作节目中，有些已经经过了群众的考验，有些则以其鲜明的色彩、清新的风格，而早已引起注意，它们都将在大会上一一介绍出来。为此，谨向大会胜利开幕致以热烈的祝贺！

从1958年掀起的全民全面大跃进以来，作为社会主义建设事业的一个组成部分，作为全国文学艺术事业的一个组成部分的我省文学艺术工作，也有了很大的跃进。我省文艺工作的大跃进，也像全国各地一样，不仅明显地表现在广大群众文艺活动有着空前的蓬勃发展，同时也表现在专业文艺团体和文艺工作者的文艺活动空前活跃方面。专业文艺工作的大跃进，首先表现在文艺工作者的政治思想上面。我省绝大多数文艺工作者，经过整风反右派斗争，和我省文代会所进行的文艺战线上的两条道路斗争以后，在思想上进一步解决了党能领导文艺，党必须领导文艺；进一步肯定了文艺必须为工农兵服务，为无产阶级政治服务的方向，文艺工作必须走社会主义道路等带根本性的问题，这是我省文艺工作得以大跃进的起点。由于全省文艺工作者思想上的大跃进，并在工农业生产大跃进形势的推动下，从而掀起了文艺创作和文艺工作的大跃进。

文艺界的思想大跃进，表现在文艺创作和演出方面，就是作品与演出能及时紧密地为社会主义建设事业服务，为各项政治中心运动服务，因而文艺创作和演出的阶级性鲜明了，战斗性也大大地加强了；同时还表现在文艺工作者进一步与工农兵群众的结合，使文艺事业与工农兵群众有了更密切的结合。

回顾一年以来，在宣传党的社会主义建设总路线、支持中东人民反帝斗争、反对美帝侵略台湾、人民公社化和全民大炼钢铁等各项政治运动中，我省文艺工作者人人鼓足革命干劲，满怀热情地创作和演出了大批的文艺作品和节目，从而鼓舞了群众的斗志与生产热情。在这些运动中，文艺工作者都怀着对劳动人民和社会主义事业的无比热爱，充分地发挥这一阶级斗争武器的力量，从而做了工农兵群众的喉舌。无论专业和业余的文艺工作者，都及时地创作了大批文艺作品，发扬了对社会主义事业的最大政治热情与责任感。在演出活动方面，几乎是所有的演出团体和艺术工作者，都争先走向了田间、厂矿、街头、茶房和连队，积极进行了宣传与鼓励工作。特别是各文艺团体在坚决执行党的干部下放政策中，使不少人在劳动锻炼中逐步成长为坚强的工人阶级的文艺工作者。未得下放的人，也毫不例外地参加全民炼钢和其他的体力劳动。这一十分正确的组织措施，不仅对文艺工作者的思想锻炼与改造，对思想大跃进的巩固、深入和提高上都起了巨大的、深远的作用，同时对文艺工作者进一步与工农兵结合，使文艺事业与工农兵群众的关系也更加密切了。

在去年蓬勃发展的群众创作和演出活动中，不少文艺团体和文艺工作者，在深入群众，深入生活中，都大力地进行了采风和辅导工作。特别是西南音专、西南美专和省、市歌舞、话剧团，在上山下乡、深入群众，深入生活同时进行的采风与辅导工作中，由于首先认真地向群众、向民族民间艺术传统进行了学习，既辅导了群众的创作与演出，同时使自己的创作和演出，也注入了新的生活血液，具有了鲜明的民族民间色彩，从而深深为广大群众所欢迎与称赞。

以上伟大成绩的取得，首先是党的正确领导，是整风反右派斗争和我省文代会所进行的两条道路斗争胜利的结果，是我们广大文艺工作者鼓足了革命干劲，力争上游的结果。

在我们文艺事业取得巨大成绩的同时，我们文艺队伍也一天天在扩大，文艺工作者之间的团结和协作关系也一天天在增强，文艺工作者建设社会主义文艺事业的热情也在一天天的高涨。我想通过这次盛大的观摩会演，不仅将肯定与选拔出不少为广大群众所喜爱的优秀作品，更重要的是通过这次相互的学习，经验的交流，将进一步推动我省今后文艺工作的更大跃进，促使我省文艺创作和演出质量得以更大的提高，从而使文艺工作者更有力地为建设社会主义服务。

愿我们用更大的革命干劲，创作出更多更好的作品，为祖国十周年献礼而继续努力，预祝大会在演出、观摩中取得丰硕的成果。

原载《园林好》1959年第6期

沿着社会主义文艺道路奋勇前进

常苏民

我们出席全国文学艺术工作者第三次代表大会和中国音乐家协会第二次会员代表大会的全体四川代表，在这次激励人心的大会期中，学习了陆定一同志代表党中央和国务院向大会所作的祝词，学习了周总理、陈毅副总理、李富春副总理给我们做的当前形势与任务的报告，学习了周扬同志的《社会主义文学艺术的道路》的报告，学习了吕骥同志的《为工农兵服务的音乐艺术》的报告，这些报告，进一步从思想上武装了我们自己，提高了我们的思想认识，鼓舞了我们的革命干劲，增长了我们奋发图强的信心！

在这次富有高度思想性和战斗性的会议中。我们体会最深的是：为工农兵服务，走社会主义文艺最正确最宽广的道路。在今后工作中，我们一定要坚定不移地沿着社会主义文艺道路向前迈进，一方面我们要团结起全省广大专业和业余音乐工作者，在继续参加生产劳动、参加实际工作，深入群众斗争，认真学习马克思列宁主义和毛主席著作中力求工农化，牢固地树立起共产主义世界观，从而运用音乐这一犀利的武器，不断地提高人民社会主义和共产主义的思想觉悟和道德品质；另一方面，我们要高高地举起毛泽东思想的红旗，坚决反对帝国主义，反对现代修正主义以及各种形形色色的资产阶级思想。我们深切了解到，只有坚决彻底揭穿和粉碎帝国主义者和现代修正主义者的阴谋诡计，坚决同现代修正主义和各种形形色色的资产阶级文艺思想进行不调和的斗争，才能更好地贯彻党的文艺路线，沿着社会主义文艺道路持续跃进。

我们无产阶级的革命音乐，有着光荣的战斗传统，就11年来讲，我们的音乐艺术不仅表现了工人阶级的坚强意志，歌颂了工人阶级的丰功伟绩，而且歌唱了工人阶级的最崇高的共产主义理想；工人阶级是我们社会主义建设的主人翁，也是我们音乐表现的对象和服务对象。在我们的音乐中，愈来愈动人地表现了令人精神振奋、斗志昂扬、意气风发的时代精神，并愈来愈民族化、群众化和富有创造性，因此，深为广大劳动人民所喜闻乐见。今后，我们一定要在现有取得的成绩的基础上，进一步努力掌握革命的现实主义和革命的浪漫主义相结合的艺术方法，尽情地歌唱三面红旗，歌唱劳动人民在社会主义建设中的豪情壮志，歌唱劳动人民勤俭建国和发奋图强的精神。我们深信，在党的正确领导下，大走群众路线，加强专业与业余音乐工作者相结合，一定能够进一步发展社会主义音乐艺术，一定能够攀登革命音乐的高峰，更好发挥社会主义音乐的革命作用！

让我们创作出又多又好的音乐作品，向党的40周年献礼，用实际行动来响应和体现党的这次大会上的伟大战斗号召！

原载《园林好》1960年第9期

庆祝川音建校10周年

常苏民

今年10月12日，是我院成立的10周年。过去的这10年，是我们祖国社会主义革命和社会主义建设不断取得胜利的10年，也是我院取得新的生命，蓬蓬勃勃发展壮大的10年。

学院的建立，它的前身（四川省立艺术专科学校）是不可遗忘的。从时间上说，要从学院建立的前身算起，它已经有22年的历史了。22年的时间，不能算短，但是，在新中国成立前10年的岁月里，它却没有得到什么发展，只有在四川省解放以后，这才得到真正的发展和壮大，从而在我院建校史上揭开了新的光辉的一页。十多年来，我院的建设，在党的关怀和正确领导下，经历了一系列的极其深刻的变化，展开了宏伟的社会主义音乐教育的建设。无论在学校规模、专业设置、学生人数、教学设备的数量上和教学的质量上，都有了很大的发展和提高。无疑地，它对我国音乐事业的建设和发展，是起了一定的作用和影响的。为此，对它22年的历史做一个回顾，或者说做一番估价，是有重大意义的。

新中国的教育同旧中国的教育，有着根本性质上的区别。作为上层建筑的音乐艺术，它不可能不属于一个特定的阶级。因此新中国成立前的音乐教育，从它本质上讲，它是为当时的统治阶级服务的。但是，新中国成立前主要是抗战胜利前后和临解放的前夕，在当时高涨的革命形势和党的领导下，这个学校（四川省立艺术专科学校）的广大学生和部分教师，也参加过一些爱国和民主的群众运动，如反迫害的尊师运动和反饥饿斗争等；也举行过一些配合当时政治斗争的、为群众所喜爱的演出活动，做了一些联系群众、联系实际的工作，这是我们应该继承和发扬的。但是在当时，由于它的阶级基础所决定，国民党反动统治势力，总是处心积虑地使它成为他们反动统治的工具。如四川解放前夕，国民党反动政府就不断加紧对这个学校的控制。不仅反动分子任觉五（伪教育厅长）直接掌管这个学校，并派遣了他的嫡系做教务主任和总务主任，百般地把反动的政治影响灌输到学校里来。对于有革命思想的进步的师生，采取白色恐怖手段，莫不施以国民党法西斯蒂的摧残。因之，新中国成立前这个学校，只能说它是一个资产阶级的学校，它的本质是为反动统治阶级服务。

大陆解放，中华人民共和国宣告成立，社会主义革命开始了。随着社会主义革命斗争不断取得胜利，文化教育革命也取得了辉煌的成就。这十多年中，在全国范围内进行的土地改革，镇压反革命，抗美援朝，三反五反，对农业、手工业、资本主义工商业的社会主义改造，社会主义建设的总路线、大跃进、人民公社化等一系列的政治运动和生产运动，给予教育事业以极大的影响。经过这些改造和一系列的"兴无灭资"的斗争，使我校教育也发生了根本性的变化。在不断改造的斗争中，逐渐走上了社会主义的道路，成为一座社会主义性质的学校。

新中国成立以后，这座学校逐渐走上了社会主义的道路，所以能取得今天这样巨大的成就。党是如何对我们进行培植和关怀的呢？

成都解放后，党接管了由国民党反动政府留下的这个烂摊子（当时这个学校音乐教师仅有9人，学生八十余人。有钢琴6架，图书千余册，手摇唱机1架但无唱片，现有的工字房1栋，还有已被拆除的作为师生的宿舍和饭堂的两栋草房）。我们根据党的教育方针、文艺方针和知识分子政策，对学校进行了一系列的改造和巨大的建设工作。1951年，组织师生参加了土地改革运动，使师生初步接触了斗争生活。1952年，在教师中进行了思想改造运动，彻底打击了封建的、买办的、法西斯蒂的思想，划清了敌我界限，初步批判了资产阶级思想。1953年，在全国院系调整中与西南人民艺术学院音乐系合并，成立了西南音乐专科学校（1959年改称为四川音乐学院），开始进行了教学改革，使音乐教育日趋符合社会主义建设的需要。1954年、1955年，通过对胡适、胡风的反动思想的批判运动和肃反运动，进行了唯物主义思想教育，批判了资产阶级的唯心主义思想，使师生的社会主义觉悟有了显著的提高。1956年，贯彻执行了党提出的"百花齐放，百家争鸣"的方针，进一步加强了马克思列宁主义和毛泽东思想在思想领域中的领导地位。1957年的整风运动和反右派斗争，彻底打垮了资产阶级右派的进攻，粉碎了资产阶级夺取领导权的企图，整顿了教师队伍，大大削弱了资产阶级的政治思想影响。在整风"反右"胜利的基础上，进行了文艺整风学习，批判了教学中盲目崇拜西洋的思想，加强了向民族民间音乐学习，开始扭转了脱离政治、脱离群众、脱离实际、脱离民族民间音乐的倾向。1958年，展开了深刻的教育革命，彻底揭露与批判了"为教育而教育"、"为艺术而艺术"的资产阶级教育思想和文艺思想，确立了党对学校的领导，贯彻执行了党提出的教育为无产阶级政治服务、教育与生产劳动相结合的教育方针。继之组织全院师生上山下乡、下部队，深入群众、采风、演出，通过对群众文娱活动进行辅导，深入群众创作、学习，从而使师生在艺术观点上起了很大的变化，并掌握了一定的民族风格与民族民间的表演方法。在教学计划、教学内容、教学方法上也都做了很大的改革，增加了中国作品为教材，重视了作品内容的理解与表现，加强了配合各项政治运动的创作和演出活动。从而使学院的面貌有了很大的改观。1959年、1960年，批判了教学工作中的右倾机会主义思想，捍卫了党的教育方针与文艺方针，继续鼓起了革命干劲。1961年、1962年，坚决贯彻执行了高等学校暂行工作条例（草案），既重视了课堂教学，又加强了艺术实践，从而使教学质量有了全面的提高。

十多年来，学校的规模、教学设备，以及学生人数，都有着成倍和几十倍的增长。不仅院部大大扩充，增设了不少新的系科和专业，如新中国成立前仅有5个专业，现已增长为20个专业。同时还建立了规模齐全的7年制的音乐中等学校。学生人数由新中国成立前的85人，发展到现在约400人（包括中学在内），现在光教职工人数就大大超过新中国成立前教师学生总人数的3倍还多。教学设备方面，图书、乐谱增长为新中国成立前的98倍；钢琴由6架增加到164架，增长27倍；还不算三百多件民族乐器和管弦乐器，以及其他如1.3万多张唱片、30多架电唱机。这都是新中国成立前所没有的，完全是新中国成立后所购置的。

十多年来，我院不仅培养了不少专业的音乐工作者，分布在全国各个省区的艺术单位，不少已成为了某些单位的骨干。同时还充分发挥了教师的潜力，办了不少各种训练班、讲习班，使不少群众音乐骨干，得到了进修和提高的机会，这大大促进了群众音乐活动的广泛开展。由于党对知识分子的关怀和不断地培养教育，许多老教师通过了历次群众性的政治运动、思想改造、整风和教育革命，思想上有很大的进步。他们一方面培养出不少年轻优秀的音乐师资，另一方面在政治思想、艺术修养、教学方法和教学质量上都有了显著的提高。这样，不仅扩大了我们的师资队伍，而且提高了师资质量。十多年来，我们的成就是巨大的，这是贯彻执行党的教育方针、文艺方针和知识分子政策的伟大胜利，是10年来我院得以迅速发展和成长壮大的重要保证。

当我们为庆祝我院10年中所取得的巨大成就而欢欣鼓舞的时候，我们师生员工同志们，不能不想到我们的水平还很低，我们还必须继续积极努力工作，来适应我国社会主义革命形势迅速发展的需要。从国际、国内的大好形势看来，我们还必须在许多方面同时予以加倍努力。

首先必须加强以阶级、阶级斗争为纲的社会主义思想政治教育工作。这在任何时候都是我们学校的首要任务。

当前，我们国内还存在着无产阶级和资产阶级之间的阶级斗争，存在着社会主义和资本主义两条道路的斗争。既然社会上存在，它就不能不反映到我们学校里来，而且确也有着各种程度不同的形形色色的反映。如果我们忽视与放松了思想政治教育，放松了对自己的思想改造，那就会使资产阶级思想滋长和泛滥起来。同时经验告诉我们，政治思想水平不高，要提高艺术水平，也是不可想象的。

其次，必须加强劳动教育和艺术实践，并经常深入到工农兵生活中去。值得我们注意的是，现在我校确有些人想竭力减少规定的生产劳动时间，这是必须首先克服的。我们应该在以教学为主的原则下，坚持实现按照规定的生产劳动时间和艺术实践时间，并尽最大的努力与工农兵保持思想感情上的亲密联系，从而更好地进一步贯彻执行党的教育为无产阶级政治服务，文艺为工农兵、为社会主义建设、为世界革命服务的方针。

第三，必须继续加强党对学校的领导，特别是对教学工作的领导。坚持政治挂帅、坚持群众路线，调动各方面的积极因素，是全面提高教学质量的根本保证。党组织必须进一步深入到各个方面的工作中去，全面地加强思想工作，加强对教学工作、生产劳动和艺术实践工作的领导，高度发挥党的领导作用，充分调动师生员工的积极性，从而使我院教学水平能很快地提高，以适应革命形势迅速发展的需要。

十年多的时间不算长，我们学院在党的正确领导和关怀下，已经迅速地成长壮大起来。然而我们今天所取得的一些成绩，只能说是我们有了一个良好的开端，我们还需要大力在音乐艺术教学中的战斗性和民族化、群众化方面做出杰出的贡献。我相信，我们在党的亲切关怀与正确领导下，定能同心同德、再接再厉，努力提高自己的政治思想水平，继续通过生产劳动，加强思想改造，深入群众的实际斗争，深入地学习民族民间音乐的优秀传统和外国的先进经验，刻苦地磨炼自己的艺术技巧，加强艺术实践，从而使我院教学水平，不断地提高。

在我们欢庆建校10周年的时候，让我们为祖国培养出更多的、又红又专的音乐工作者而继续前进！

原载《四川音乐学院建院10周年纪念特刊1953-1963》

继承民族民间音乐传统　更好地反映现实斗争

——为四川省第一届全省民歌独唱、笛子独奏比赛会而作

常苏民

　　四川省文化局和中国音乐家协会四川分会举办的第一届全省民歌独唱、笛子独奏比赛，10月22日在成都正式开幕了，这次比赛之所以选择民歌、笛子，是由于它们具有极其丰富的传统和最广泛的群众性。举行比赛的目的，是根据党的文艺为工农兵、为社会主义建设服务的方针，和党的"百花齐放，百家争鸣，推陈出新"的政策，对我省的民歌演唱、笛子演奏的艺术进行一次全省性的检阅；通过比赛，对我省的民歌演唱、笛子演奏艺术交流与总结在继承和发扬民族民间音乐传统，以及在反映现实斗争生活方面所取得的经验，从而进一步提高我省民歌、笛子音乐艺术的表演水平，让它们更好地为工农兵，为社会主义建设服务，促进音乐工作者进一步向民族民间音乐学习。

　　继承和发扬民族民间音乐遗产是使音乐艺术走向民族化、群众化的重要环节，它是建设我国社会主义的新的人民音乐带有根本性的问题。我国的民歌、笛子音乐艺术有着悠久的传统，有着极其丰富的音乐宝藏。这些音乐遗产是祖国千百年来积累起来的民族音乐文化的重要组成部分，它和我国人民的精神生活有着密切的关系。特别是民歌，它是直接从劳动群众中产生的，不仅深刻地直接表达着劳动人民的思想情绪，

而且创造了千变万化的优美的艺术形式和文学语言，不仅给广大人民在文化生活方面以自娱和在阶级斗争中以鼓舞，而且经常给音乐家和诗人以新的启发和力量。

流传得较久，流传得较远的民歌，曾经过重重的考验，因而是为人民群众真正喜爱的东西。音乐工作者如不学习民歌，不把民歌作为音乐创作的重要因素，就不可能创作出为人民所喜爱的音乐作品。

民歌、笛子音乐遗产，有许多已经被我们接受下来，但是还有许多丰富的宝藏等待着我们去发掘和整理。我们应该特别重视我们民族的音乐传统，应当更加深入地和系统地发掘这些遗产，并且加强对遗产的整理和研究工作。

新中国成立后，我们在继承与发扬民族音乐传统工作上，获得了显著的成就。但是民族民间音乐研究工作的力量还相当薄弱，在培养人才的音乐院校中，还没有把发展民族音乐的工作放在主要的地位，对民间音乐的发掘和整理工作有的还不够重视。特别严重的是年轻的一代对民族音乐很不熟悉，有些音乐工作者虽然在理论上承认接受民族遗产的重要，而感情上还存在着相当的距离；有的甚至过于强调遗产中的糟粕部分，表现出对其中的精华常有一笔抹杀的倾向。这都影响了我们对民族遗产进行更深入地挖掘和整理，也妨害了我们更深入地学习与更好地从中吸取养料。

当然，从民间来的东西，常常是系统的，是比较朴素的，有的甚至带有封建迷信色彩。传统的古典的东西，由于当时社会条件的限制，其中不免掺杂着些糟粕，但是，我们绝不可采取鄙视的态度，而是应该更深入，更细心地选择、发展和运用其中有益的成分。我们的音乐文化，只有建立在自己民族传统的基础上，才能得到真正的发展，才能以自己独特的风格对世界文化宝藏有所贡献。

历史证明，无论中外古今的著名音乐大师都是对自己民族民间的音乐十分熟悉，才有可能创作出不朽的作品。我国五四以来的音乐家，如像聂耳、冼星海同志他们的成就也是与熟悉掌握和发扬民族遗产分不开的。十多年来，我国在国际上获得声誉的音乐作品和演出，也都是和它具有强烈民族风格分不开的。我们继续深入地学习民族民间音乐，并不排斥学习和借鉴外国音乐的先进经验，但是，在运用外来的音乐形式、技巧和乐器，来表现祖国人民的生活的时候，必须努力使它具有我们自己的民族风格，并且要力求群众化。中国音乐必须要有自己的民族形式和民族风格，这是我们必须坚持的，不可动摇的原则。

这次比赛会中，演出了我省传统的、反映各个历史时期并富有浓郁的地方色彩的大量曲目，并演出新中国成立后，特别1958年以来的一批新的民歌和音乐作品。这是一次百花争艳的大会，是一次推陈出新的大会，也是一次百家争鸣的大会。通过这次大会，让我们音乐工作者掀起一个向民族民间音乐学习的热潮，从而使音乐艺术，特别是民歌、笛子艺术更好地反映我们的现实斗争，更有力地、更好地为工农兵、为社会主义建设服务！

原载《人民音乐》1964年第1期

彻底砸碎精神枷锁　解放思想高歌猛进

常苏民

当前，在深揭猛批"四人帮"的第三个战役中，随着教育战线揭批"四人帮"所炮制的"两个估计"和"黑线专政"论的同时，文艺战线上一场狠批"四人帮"所搞的阴谋文艺和他们所炮制的"文艺黑线专政"论的战役打响了。广大文艺工作者莫不心情舒畅，意气风发。整个文艺界呈现出一派团结、战斗、活跃、兴旺的景象。

十多年来，彬彪、"四人帮"一伙，蓄意颠倒黑白，混淆是非，抛出什么"文艺黑线专政"论，这个黑论，不仅仅对17年来的文艺创作不加区别地一概予以否定，一概打倒，把17年来的广大文艺工作者，不管专业或是业余的，统统诬蔑为"黑线人物"，而且对毛主席的革命文艺路线在文艺战线占主导地位这一铁的事实，竟敢一笔抹杀，真是反动透顶！

众所周知，新中国成立17年以来，在文艺战线上一直存在着两条路线的尖锐斗争，这些斗争，都是伟大领袖和导师毛主席亲自发动、亲自领导的。

每一次斗争都取得了伟大的胜利。如对反动电影《武训传》的批判，对《红楼梦》研究中资产阶级唯心论的批判，对胡风反革命集团的斗争，对资产阶级右派的斗争，一直到1963年、1964年毛主席关于文学艺术工作的两个批示的下达，都充分说明了在新中国成立后的17年里，文艺战线上两条路线的斗争从来也没有停息过，而每次斗争都是毛主席的革命路线获得完全胜利。在历次路线斗争的同时，毛主席对革命文艺创作的亲切关怀和热情扶植，使我们的各种创作，在反映社会主义革命和社会主义建设方面，都取得了不可低估的成绩。在我省音乐战线上，为配合各个历史时期的三大革命斗争，就产生了如《永远跟着毛泽东前进》《当祖国需要的时候》《减租退押》《歌唱二郎山》《英雄战胜了大渡河》《川江号子》《藏胞歌唱解放军》《四唱成渝路》《叫我们怎么不歌唱》《新盘歌》《刚刚摘下的苹果》《好久没到这方来》《我们的山歌唱不完》《太阳出山》《月琴为什么会唱歌》《卡沙沙》《毛主席派人来》，以及大提琴独奏曲《延水谣》，扬琴曲《雄鹰展翅》，笛子独奏曲《我是一个兵》，钢琴曲《四川花鼓》《巴蜀之画》小组曲，交响乐《浣溪沙》，歌剧《一个志愿军的未婚妻》等优秀作品。而"四人帮"一伙却把新中国成立后17年来的文艺战线说成是被反革命修正主义文艺黑线专了政！把毛主席亲自发动和指导的上述这一系列斗争一笔抹去。他们蓄意否定毛主席和中国共产党领导下的社会主义文艺在各个历史时期所起的巨大影响和推动作用，扼杀广大文艺工作者在毛主席革命文艺路线指引下，在创作实践中无数成果。这就充分暴露了这伙新老反革命的丑恶嘴脸和极右派面目。

"四人帮"抛出"文艺黑线专政"论，是有其险恶用心的。那就是：为他们编造的所谓"新纪元"制造舆论，为他们所臆造的什么"空白论"鸣锣开道，从而妄图达到他们阴谋篡党夺权的反革命目的。

"四人帮"在文艺界实行资产阶级文化专制主义，疯狂反对毛主席制定的"百花齐放，百家争鸣"、"古为今用，洋为中用"和"推陈出新"的方针，抛出反马列主义、反毛泽东思想的"三突出"等所谓"创作原则"，使得文艺创作主题思想、题材风格上越来越狭窄，越来越单调。

更有甚者，在他们篡改党的基本路线、颠倒敌我关系的反动政治纲领时，提出了"写与走资派斗争"的反动口号，强令电影、文学、美术、音乐、舞蹈、曲艺行行照办。真是荒谬透顶！"四人帮"的资产阶级文化专制主义、"文艺黑线专政"论给广大文艺工作者套上了沉重的精神枷锁，使人动辄得咎，如履薄冰。1975年，在"四人帮"及其爪牙控制下的歌曲征集工作中，对五个省的音乐作品大肆挥舞"黑线回潮"的棍棒，罗列种种莫须有的罪名，砍杀了一大批作品。我省的歌曲《电焊工之歌》《清水烧茶敬亲人》、儿歌《乖娃娃》就是这样被他们扼杀的。

"四人帮"违反毛主席关于批判地继承优秀文化遗产的光辉指示，把一切中外文化遗产不加区别的统统称之为"反动的旧思想、旧文化"，一概戴上"封、资、修"的帽子，提出什么对文化遗产要"彻底批判并与之彻底决裂"的口号，致使音乐院校在教学和实践中，对于可用或可批判借鉴的民族民间音乐遗产，都不敢列入教材。一些学生对于中外音乐遗产，甚至我国革命音乐传统也茫然无知。不是有个音乐学院的学生听了《黄河大合唱》，竟然以为是根据钢琴协奏曲《黄河》改编填词的笑话吗？音乐学院在教学选材上，无论吹、拉、弹、唱以至歌曲分析等专业，都只限于用"四人帮"剽窃而来的样板戏作为唯一的教材，甚至不准做丝毫改动，否则，"崇洋复古"、"黑线回潮"的棍棒就会劈头打来。谁要对他们的所作所为不满或是表示反对，那就是"反革命"，就会遭到无情的镇压。"四人帮"在文艺路线上的种种倒行逆施，真是罪恶累累，罄竹难书！他们炮制的"文艺黑线专政"论是强加在广大文艺工作者头上的精神枷锁，必须予以彻底砸碎。

苦度过严冬的人，最懂得太阳的温暖。深受了"四人帮"打击迫害的革命文艺工作者，对英明领袖华主席、党中央一举粉碎了"四人帮"，领导我们深入揭批"四人帮"的反革命修正主义路线，无不群情振奋，纵情歌唱！

对于"文艺黑线专政"论的危害和影响，我们决不能低估。在大打揭批"四人帮"的第三个战役中，我们一定要立场坚定，旗帜鲜明，把这个反动谬论批深批透，批倒批臭，彻底肃清其影响和流毒。我们一定要在以英明领袖华主席为首的党中央领导下，高举毛主席的伟大旗帜，沿着毛主席开创的革命文艺路线，坚持文艺为工农兵服务的方向，全面贯彻执行党的文艺方针政策，为繁荣和发展社会主义文艺多做贡献！

原载《四川音乐》1978年

继承民族遗产，发扬优良传统，进一步促进民族音乐繁荣发展

常苏民

这次文代大会，是粉碎"四人帮"以后文艺界举行的第一次盛大集会，是一次胜利的大会，团结的大会，是我们文艺工作者向四个现代化进军的誓师大会。这次大会的中心议题，是总结30年来文艺工作中正反两方面的经验教训，并研究音乐工作如何适应党的工作着重点的转移，更好地为实现四个现代化的宏伟目标服务。总结过去的经验教训，目的是为了搞好今后的工作，向后看正是为了向前看。根据实践是检验真理的唯一标准的原则，本着实事求是的精神，结合四川音乐工作的实际，我想着重在继承和发展民族音乐方面的问题，谈谈自己一些意见。

我国是一个历史悠久的文化古国，在长期的封建社会中产生了光辉灿烂的文化。我们的民族音乐浩如烟海，源远流长，具有优良的传统，是我国文化遗产中一个重要的组成部分。以四川来说，民族音乐也十分丰富多彩，既有朴实、优美的汉族民歌，又有独具风格的彝族、羌族、藏族、苗族等兄弟民族音乐，还有绚丽多姿的清音、扬琴、车灯、盘子等曲艺音乐，以及包括昆、高、胡、弹、灯五种声腔的川剧音乐。

但是，在半封建半殖民地的旧中国，民族音乐受不到应有的重视，得不到正常的发展。有的受到歧视和排斥，不能登"大雅之堂"；有的

处于自生自灭、奄奄一息的境况；还有的艺术形式则受地主资产阶级影响，被统治阶级所利用，渗入了一些黄色、反动的内容，成为有闲阶级的消遣品和毒害人民的工具。

新中国成立以后，党的阳光雨露使民族音乐获得了勃勃生机，呈现了欣欣向荣的景象。在党的"百花齐放，百家争鸣"、"推陈出新"、"古为今用，洋为中用"方针的指导下，我们在发掘整理、发展提高民族民间音乐方面，做了大量工作。新中国成立初期，我们举办过规模盛大的全省民间音乐舞蹈会演，之后，又先后举行了民间音乐舞蹈调演，民歌、二胡、笛子比赛等活动。通过这些活动，发掘了很多优秀的民歌曲目，发现了不少演唱演奏人才，同时，对于如何发掘培养演唱演奏人才，对于如何提高演唱演奏艺术进行了有益的探讨，这对发展民族音乐起了很大的促进作用。分会还成立了民族民间音乐组，有计划、有步骤地对汉族、彝族、羌族、藏族的民间音乐，以及清音、扬琴、川剧音乐和寺院音乐进行搜集整理，先后编印了民族音乐资料共十多集。在1958年开展的民歌风采运动中，我们组织了大批力量深入基层，对我省各民族的民歌进行一次全面的普查，以后在此基础上完成了《中国民歌集成·四川卷》的初稿工作。大批民族音乐资料的整理和出版，对广大音乐工作者了解和研究民族音乐遗产提供了良好条件，有利于民族音乐的革新和提高，并推进了音乐创作的繁荣和发展。此外，一批音乐工作者还投身于川剧音乐和曲艺音乐的改革工作，他们和演员伴奏人员密切合作，对川剧的唱腔、帮腔、伴奏，进行了一些有益的改革，对曲艺音乐的曲牌板腔也进行了加工提高，在运用川剧、曲艺反映现代生活方面，在音乐上也做了一些大胆革新，取得了较好的效果。除以上这些工作以外，我们在民族乐器的改革方面，在提高民歌和戏曲演员的演唱技巧方面，以及在研究和分析四川民族民间音乐的规律和特点方面，也都做过不少工作，摸索了一些经验，取得了一定成效。

我们的工作虽然取得了一些成绩，但也存在不少问题和缺点。比如，在发掘整理工作中，我们搜集的面还不够广，数量也不够多，整个进度也不够快，有的音乐资料在记谱和歌词整理方面也有不够准确和完善的情况。另外，在研究工作方面，我们做得更差，除某些同志由于教学或创作的需要进行一些研究活动以外，专门的研究机构很少，人员也比较缺乏，更没有制订一个全面的长远的研究计划。比起一些工作先进的兄弟协会，我们的工作显然是落后的，离党和人民的要求有着很大的差距。

此外，我们的整个工作发展过程中，还受到了一些错误思想的干扰，既有重洋轻中的教条主义思想的干扰，也有盲目排外的保守主义思想干扰。50年代后期和60年代初期在政治上出现的极"左"思潮，对我们的工作确实产生了很大影响。有的人片面地理解政治和艺术的关系，不用历史唯物主义的观点看待音乐遗产，在突出政治，反对封、资、修，反对大、洋、古等口号掩饰下，对很多民歌大加打击，甚至认为发掘整理民族音乐遗产的工作，本身就是在复古，就是宣扬封建迷信，就是在散布一些低级庸俗的东西。这种形而上学的观点，这些极"左"的错误言论，在一段时期中不仅造成了思想混乱，也严重地阻碍了这一工作的进展。

"文化大革命"开始以后，这种极"左"思潮便发展成为一条极"左"路线。林彪、"四人帮"大搞法西斯文化专制主义，炮制"文艺黑线专政"论和"空白论"，民族音乐更备受摧残，遭到了空前浩劫。"四人帮"把民族民间艺术统统视为"为地主资产阶级服务的东西"，并给加上"低级、下流、庸俗"、"粗糙刺耳"、"靡靡之音"、"不可救药"等罪名予以全部扼杀。在他们的专横统治下，文艺舞台上和人民生活中民间歌曲几乎灭迹，过去十多年搜集积累的民歌音乐资料被销毁一空，一些演唱演奏民族民间音乐的歌手和艺人受到歧视和迫害，有的生活无着，流离失所，有的被加上莫须有的罪名进行批判和斗争。对民族民间音乐的扼杀和禁锢，严重地影响了音乐创作的发展，使很多青年作者不能接触自己民族的东西，对传统毫无所知，以至搞起创作来乐汇贫乏，从而形成一般化、概念化的"通用粮票"。

回顾我们过去的工作，可以看到，"文化大革命"以前的17年中，在党的文艺方针的正确指引下，我们是做了很多工作。尽管还存在着这样那样的问题和缺点，但总的来看，成绩还是主要的，显著的。"文化大革命"的十年动乱，"四人帮"的严重破坏，使我们的工作遭受了巨大的损失。整整十年中不仅停滞不前，相反，还后退了若干年。我们分会的全部民族音乐资料，包括曲谱资料、音响资料和文字资料丧失殆尽，很多工作需要我们重新做起。今后，我们需要加倍努力，把"四人帮"耽误的时间夺回来，造成的损失补起来！使我们的民族音乐工作，尽快地适应形势的发展，更好地为实现四个现代化服务。

当前，要搞好民族音乐工作，我认为，首先必须继续解放思想，彻底肃清"四人帮"极"左"路线的影响和流毒。

"四人帮"虽然早已被打倒，他们强加于民族音乐的一些不实之词也被推倒了，但是，这并不等于说"四人帮"推行极"左"路线的影响和流毒也都肃清了。必须看到，对于民族音乐缺乏正确的认识，抱有一些偏见，认为它不科学、不系统、缺乏艺术性，以至对民族的东西不喜爱，不学习，不熟悉的情况，不仅过去出现过，就是现在也还是存在的。特别是青年一代，对我们民族的东西不太重视，了解得很少。因此，澄清一些对待民族音乐的错误思想，是很有必要的。

可以肯定地说，我们的民族音乐不仅是丰富多彩的，同时也具有自己特殊的风格和规律。千百年来，劳动人民在阶级斗争和劳动生产中创造了大量的民族音乐遗产，这些作品，口传心授，代代相传，不断丰富，不断发展，其中不少作品是劳动人民智慧的结晶，是音乐艺术的珍品。它们常常以朴实的感情，特殊的风格，简练的手法，反映了劳动人民遭受的苦难，揭露了统治阶级的腐朽，歌颂了劳动人民勤劳勇敢的品质，表现了他们反抗压迫勇于斗争的精神。不少作品既具有现实主义的创作手法，又富有浪漫主义的艺术色彩，完全值得我们认真地学习和很好地继承。实践证明，很多有成就的作曲家，从聂耳、冼星海直到今天一些有名的作曲家，所以能写出为群众喜闻乐唱的优秀歌曲，其中一个重要原因，就是认真地学习了民族音乐传统，从民族音乐的肥沃土壤中吸取了丰富的养料。我们还可以看到，一些优秀的民歌和民族器乐作品，不仅长期以来深受国内人民的喜爱，在国际上也同样受到欢迎，认为具有高度的艺术水平，评价是很高的。可见，对我们民族的东西采取轻视和否定的态度，是完全错误的，毫无根据的。

当然，我们也不能妄自尊大，认为民族的东西完美无缺，一切都好。音乐艺术作为一种意识形态，在阶级社会中，必然会受到剥削阶级思想意识的影响，打上时代和阶级的烙印。在整个民族民间音乐中也必然会掺杂着一些封建性的糟粕。因此，对于遗产必须批判地继承，进行分析研究，区别好的和坏的东西，真正做到"取其精华，去其糟粕"。任何采取全盘肯定或者全盘否定的态度都是不正确的。

在区分精华和糟粕的问题上，我们有必要吸取过去的一些教训。一定要用历史唯物主义的观点来对待音乐遗产，要根据它产生的时代背景和社会条件，以及在历史上所起的作用来做出实事求是的评价，而决不能用今天的思想，今天的水平去衡量和要求，这样做，是违反马克思主义的，超越历史发展进程的，当然也是错误的。特别对于一些带有封建色彩和反映爱情生活的民歌，更要进行历史的、具体的分析，要看主流、看本质，不要动辄就戴上"封建思想"、"色情下流"、"低级庸俗"等帽子，随意加以否定和抛弃。当然，确属糟粕的东西，也是应该否定的。但即使是不好的东西，作为内部研究，也是必要的和允许的。

我们也必须承认，在我们民族音乐的某些方面，的确存在着不够系统、不够科学、不够完善的地方。这不仅表现在音乐理论上和表演艺术上，面临着一个研究整理、加工提高的问题，同时，也涉及一个如何正确地吸取外国音乐的优点和经验的问题。"四人帮"横行时期，否定一切，曾经大搞所谓批判无标题音乐的活动，大搞盲目排外，把所有外国的东西都贴上资产阶级、修正主义的标签，这对我们一些同志的思想上也造成了一定的混乱。这里，我要顺便指出，这种盲目排外的保守思想，在"文化大革命"以前也曾经出现过。有的人听不得"外国"二字，一听说外国的东西就皱眉头，甚至火冒三丈。根本不管你是正确地借鉴，还是盲目地崇拜，不管你搞的是"洋为中用"，还是"全盘西化"，一概斥之为"崇洋媚外"，"数典忘祖"。1958年四川省文代会上，就有人把钢琴称为"黑柜子"，把小提琴比作"烧鸭子"，冷嘲热讽，全部否定。在川剧音乐改革中也有人竭力反对伴奏中加入小提琴，把它叫作"横起拉"，认为是"青菜汤中加奶油"，破坏了川剧音乐的风格和特色。在"文化大革命"以前，音乐教学上也出现过否定一切西洋音乐技术理论倾向，把教学计划搞乱，严重地影响了学习进度。

毫无疑问，这种盲目排外的思想，是不利于民族音乐发展的保守思想，它只能使我们作茧自缚，故步自封。其实，和外国音乐的交流，历史上已早有先例，就乐器而论，现在的民族乐器中，相当一部分就是从外国乐器演变来的。就以我们的音乐创作来说，一些进行曲式的歌曲，也不是我们自己原有的东西，还不是吸取和融和了外国东西的结果。最近电台播放的很多歌曲都使用电子琴伴奏，效果不是也很好吗？生活在20世纪的今天，要搞闭关自守那一套，不仅是不必要的也是不可能的。国际上文化艺术的交流，互相学习，互相影响，完全是自然的、正常的现象。关键问题是我们对于外国的东西采取什么态度，是不是坚持"以我为主"，真正做到"洋为中用"。特别值得提出的是，如果一些身居领导的负责同志具有这种思想，其影响就会更加深远，后果也会更加严重。因此，发扬艺术民主，不仅对音乐创作十分重要，民族音乐工作也同样需要。

当前，我们应该更系统地学习外国的东西，不仅要学古典派的东西，还要学浪漫派和现代派的东西，在学习中认真进行研究和区别，这样才能吸取好的东西，一切有益于我们民族音乐发展的东西，认真做到"洋为中用"。十多年来，我们受"四人帮"禁锢政策的影响，对外国的音乐发展情况毫无所知，因此，更需要争取学习机会，以便开阔眼界，增长知识，这对于发展民族音乐是有莫大好处的。我们提倡向外国音乐学习，并不等于说外国音乐一切都好，更不等于说可以用外国的东西来代替我们的民族音乐。我们学习的目的必须是、也只能是发展我们民族的音乐，偏离了这个目的的任何倾向，特别是"全盘西化"的倾向是应该防止的。

毛泽东同志、周恩来同志在世时曾经多次给我们指出了发展民族音乐的正确途径。毛泽东同志在《同音乐工作者的讲话》一文中，周恩来同志在1961年、1963年对文艺工作者的几次讲话中，都极其精辟、详尽地阐述了如何正确地继承、发展和提高民族音乐的问题，如何正确地学习和借鉴外国音乐的问题，如何防止和克服教条主义和保守主义的问题。我们应该认真学习这些讲话，领会其精神，贯彻到我们的工作中去。

其次，要搞好民族音乐工作，还必须进一步加强组织领导，大力培养民族音乐工作骨干和扩大民族音乐工作队伍。对做好民族音乐工作，需要有一个长远的规划，要做到全面发展，统筹兼顾，不要顾此失彼，或者厚此薄彼。过去有过这样的情况，特别是文化主管部门对川剧重视，对曲艺、古琴等就关心很少，以致这些艺术形式得不到应有发展，使从事这些工作的同志缺乏信心，产生自卑心理。如果说，"文化大革命"前的17年中，我们的工作还做得不够多、不够好、不够细的话，一个重要的原因就是我们缺乏一支力量雄厚的民族音乐工作队伍。四川幅员广大，民族众多，民族音乐极为丰富，但是，专门从事这项工作的同志却寥寥无几，屈指可数，远远不能适应形势的发展和工作的需要。尤其是由于"四人帮"极"左"路线的严重破坏，大批民族音乐资料已经丧失，重新进行搜集和整理已成了当务之急。目前一个突出的情况是，一些民歌手和艺人，有的已经去世，有的已经年老，而新的一代又接替不上，有的乐种和曲艺形式（如四川竹琴）只剩下个别艺人了，如不及时抢救，就有失传的危险。同时还必须看到，我们从事民族音乐工作的同志，多数已进入中年和老年，也面临着一个后继无人的问题。因此，尽快采取措施，充实和调整民族音乐队伍，特别是培养一些新生力量，也是我们当前一项刻不容缓的重要任务。在扩大专业队伍的同时，充分利用社会力量，组织一些音乐工作者参加搜集整理工作，也是行之有效的方式之一。

除了抓紧进行搜集整理工作以外，还应该加强对民族音乐的研究工作，要尽力改变过去那种只顾搜集整理，不抓分析研究的情况。我们要鼓励著书立说，要写出具有高水平、高质量的研究文章，要用科学原理总结我国民族音乐的特点和规律，要使一些音乐遗产在原有的基础上进一步增强思想性和艺术性。总之，摆在我们面前需要去做的工作还很多，要做好这些工作，首先就需要民族音乐工作者不断提高业务水平，增强工作能力。对于搜集整理工作来说，不仅需要具备必要的音乐素养，而且还需要具备一定的文化水平和历史知识，而做研究工作，就需要更高的业务水平了。应该承认，过去我们对于如何提高这一工作的思想水平和业务能力都考虑不多，关心不够，措施不力，这多少也反映了我们思想深处对待这项工作还不够十分重视。今后一定要采取措施，创造机会，提供条件，为促进民族音乐工作的不断发展和提高而努力。

　　回顾过去，展望将来，我们充满了无限信心。面对着宏伟的四个现代化远景，我们要树雄心，立壮志，不仅要把我国建设成为一个现代化的社会主义强国，而且也要让祖国民族音乐之花，盛开怒放，在世界音乐宝库中大放异彩。在以华主席为首的党中央的英明领导下，在党的文艺方针政策的正确指引下，让我们团结战斗，胜利前进，为发展民族音乐事业做出更大的贡献！

原载《四川音讯》1979年第3期

为建设社会主义的民族音乐文化而奋斗

——在音协四川分会第二次代表大会上的发言

常苏民

　　自1956年我省召开第一次音代会以来，已经过去24年了。在这将近四分之一世纪的时期中，我们的国家发生了巨大的变化，经历了严酷的斗争。社会主义音乐事业在发展过程中，在前进的道路上，遇到了不少阻碍，遭受了一些挫折。特别是在林彪、"四人帮"造成的十年浩劫中，音乐事业备受摧残，遭到了严重破坏。粉碎"四人帮"以后三年多来，在党的领导下，音乐事业获得了迅速的恢复和发展。党的十一届三中全会，向全党和全国人民提出了把工作着重点转移到社会主义现代化建设上来的伟大号召，在这个新形势下，全国文联于去年9月召开了第四次文代大会，着重研究了繁荣社会主义新时期的文学艺术问题。我们这次省音代会的中心内容，就是根据党的十一届三中全会、四中全会和五中全会制定的方针路线，贯彻全国第四次文代会的精神，总结我省30年来音乐工作正反两方面的经验教训，使我们的音乐事业能够获得更大的繁荣和发展，为培养社会主义新人，为提高人民的精神境界和满足人民群众日益增长的文化需要，做出应有的贡献。此外，还将修改分会章程，选举建立分会的领导机构。我们一定要把这次会议开好。希望同志们解放思想，畅所欲言，互相学习，和衷共济，把这次会议开成一次团结的会，胜利的会，一次向四个现代化进军的誓师大会。

下面，我想就四川音乐工作的情况，谈谈自己的意见。不全面，不妥当的地方，请大家予以补充和修正。

一、对30年来我省音乐工作的估计

新中国成立以来，我们面临着一项艰巨而光荣的任务，这就是建设和发展社会主义音乐事业。为了完成这项任务，在党的文艺方针指引下，广大音乐工作者付出了辛勤的劳动，做了大量的工作，在艺术实践中，积累了很多宝贵的经验，也曾总结了不少有益的教训。尽管我们的工作还存在不少问题和缺点，但总的来说，成绩是主要的、显著的，除"四人帮"横行肆虐的这段时期以外，我们在执行党的文艺方针路线方面，基本上是正确的。

在音乐创作上，17年中和粉碎"四人帮"以后的三年多来，都产生了不少优秀的作品，广大词曲作者在反映社会主义现实生活和为群众提供精神食粮方面，做了巨大的努力并取得丰硕的成果。17年中，我省产生的优秀歌曲有：《战斗在朝鲜多荣耀》《张老汉增产捐献》《洋芋丰收歌》《太阳出山》《祖国在飞跃向前》《闻见花香你才来》《望一眼都要心醉》《唱歌要唱丰收歌》《黄丝蚂蚂》《西江月（井冈山）》《清平乐（六盘山）》《毛主席来四川》《毛主席派人来》《刚刚摘下的苹果》《不见英雄花不开》《新盘歌》《好久没到这方来》《马群归来》《在一起》《好当家》《月琴为什么会唱歌》《卡沙沙》《嘉陵江号子》《好姑姑》《歌唱刘文学》《和平鸽》《西昌是个好地方》《中国人民是红旗手》《东方的巨龙》《咱们农民心向党》等。优秀的器乐作品和大型声乐作品有：《红旗板车队》《巴蜀之画》《四川花鼓》《青春之诗》《胜利交响曲》《浣溪沙交响曲》《喜看银河穿山来》

《将军令》《我们的山歌唱不完》《峨眉山组歌》《红军根据地大合唱》，以及歌剧《江姐》《红云岩》等。

近三年来，我省产生的优秀歌曲有：《我们胜利了》《春天来了》《鲜花献给毛主席》《美丽的甘孜好地方》《高原雪山连北京》《洛巴人民歌唱华主席》《川江放筏歌》《越干劲头越是高》《朱德同志的竹扁担》《决心不顾妈妈的反对》《领巾鲜艳队旗红》《我是雪莲花》《我驾飞船上蓝天》《红岩村组歌》等。器乐作品有：《台湾呵，我的故乡》《阳光灿烂照天山》《骆驼队》《欢乐的节日》《凉山的春天》《欢乐的彝寨》《红日照川江》《剑门之春》《四川民歌五首》，以及舞蹈音乐《观灯》《为了永远的纪念》《快乐的罗嗦》和电影音乐《十月风云》《神圣的使命》《冰山雪莲》，歌剧《凉山结盟》等。这些作品，都具有积极的思想内容和浓郁的民族风格和地方特色，它们以不同的题材，从不同的角度，真实地反映了现实斗争生活和革命历史，不少作品歌颂了粉碎"四人帮"这一伟大胜利，歌颂了党和老一辈的无产阶级革命家，歌颂了"四化"建设的伟大成就，表达了人民的心声，从而起到了教育人民和鼓舞人民的作用，不仅深受省内群众欢迎，不少作品在全国范围内也产生了影响。少数作品在国外演出时，还得到了较高评价。

在音乐评论和理论研究方面，我们也做了不少工作。如对音乐创作方面的问题，川剧音乐改革方面的问题，继承民族音乐遗产方面的问题，表演艺术方面问题，土洋关系方面的问题，都进行过多次研究，甚至展开过争论。在协会编印的《会刊》《四川音讯》《四川音乐》，以及一些报刊上，先后发表了不少具有学术价值的文章。协会和出版部门还编印出版了《川剧音乐论文集》《和声写作基本知识》《怎样写作歌曲》《歌词写作常识》《民间歌曲概论》《二胡演奏法》，以及有关表演艺术方面的一些著作和论述等。

在民族民间音乐的发掘整理工作方面，我们也做了大量工作，取得了显著成绩。新中国成立以来，通过举办民间音乐舞蹈会演、调演和比赛，以及组织音乐工作者深入基层进行采风等方式，发掘整理了大量的民族民间音乐资料，发现了一批优秀的演唱演奏人员。有关部门还成立了专门机构和配备了专职人员，进行有关民族音乐遗产的发掘整理和研究工作。先后编印了各类汉族民歌，彝族、羌族、藏族民歌，以及清音、扬琴、川剧音乐和寺院音乐等十多种民族民间音乐资料。这些音乐资料的出版，为广大音乐工作者学习和研究民族音乐遗产提供了便利条件，对民族音乐的继承发展和提高，对促进音乐创作的民族化等方面都起了推动作用。此外，一批音乐工作者还投身于川剧和曲艺音乐的改革工作，对川剧的唱腔、帮腔、伴奏和曲艺音乐的曲牌板腔进行了不同程度的改革和创新，摸索了不少经验，取得了一定成绩。

在培养音乐人才，壮大音乐队伍方面，成绩也是非常显著的。原西南人民艺术学院、四川音乐学院、西师音乐系等单位，新中国成立以来先后为国家培养了数以千计的音乐干部，为音乐战线输送了大批新生力量。这些同志遍布全国各省、市、自治区，大部分同志成了文艺团体的骨干力量，一部分同志在创作、表演、教学上做出了显著成绩，有的同志在艺术上获得了较高成就。总之，许多同志在不同的岗位上为社会主义音乐事业发挥了积极作用，做出了很多贡献。

此外，在群众音乐活动方面，演出工作方面，我们也做过不少工作，丰富了人民群众的文化生活。值得特别提出的是，很多从事群众音乐工作的同志，多年来在辅导业余创作和开展群众歌咏活动方面，付出了辛勤的劳动，取得了可喜的成绩，在向群众介绍和推广音乐作品方面，省市电台、电视台和四川人民出版社也做了大量工作。

我们的工作能够取得如此显著的成绩，主要是由于党的文艺方针政策的正确指引，由于社会主义制度为我们音乐事业的发展提供了优越条件和广大音乐工作者的共同努力。林彪、"四人帮"出于篡党夺权的罪恶目的，疯狂地破坏党的文艺方针政策，妄图否定我们17年所取得的成绩，借此来否定党的正确领导，否定社会主义制度的优越性，否定广大音乐工作者的劳动成果，这当然是白日做梦，枉费心机的。事实俱在，我们的成绩是谁也否定不了的。

在正确估计工作成绩的同时，还应该看到工作中存在的缺点和不足之处。主要的问题是在执行党的方针政策上，出现过"左"的和右的干扰，特别是"左"的干扰比较严重。例如，1957年反右斗争的扩大化，混淆了学术问题、思想问题和政治问题的界线；混淆了两类不同性质的矛盾，伤害了一些同志。1957年省文联委员扩大会，对一些单位进行了粗暴批判，对一些同志的问题做了错误处理。这些做法，对于贯彻党的"双百"方针和知识分子政策，对于调动广大音乐工作者的社会主义积极性，都产生了不利的影响。接着是大跃进，反右倾，极"左"之风愈刮愈烈。在音乐评论中出现了抓辫子、扣帽子、打棍子的"五子登科"现象。在音乐创作中出现了用政治代替艺术，用概念代替形象的违反艺术规律的情况。在表演艺术上，出现了"改嗓"、"改行"的瞎指挥的做法等。这股极"左"思潮，对音乐教学工作，民族民间音乐工作，借鉴西洋音乐等方面的工作，都产生了很大的阻碍和影响。

为什么出现这种"左"的偏向？我认为，一个原因是对社会主义这个历史阶段阶级斗争的规律缺乏正确认识和理解，对阶级斗争的情况做了不准确的估计，这种情况不可能不在文艺领域反映出来。另一个原因是我们马列主义水平不高，把一些"左"的做法当成正确的，认为这样做是捍卫党的利益。而且，对"左"的危害也认识不足，一定程度上受了那种"左"比右好，宁"左"毋右的思想的影响。从思想深处来检查，也还存在着怕字和私字，对一些"左"的做法，不敢碰，不敢顶。因而，在一些问题上不敢坚持真理，采取了随波逐流的态度。这在实际上起了推波助澜的作用。作为分会的主要领导来说，对此，我是责无旁贷和深感内疚的。这一沉痛的教训，是应在今后工作中认真改正的。

二、几点主要的经验

回顾过去的工作，有哪些主要经验教训值得吸取呢？我认为应妥善处理以下几个问题。

1.艺术与政治的关系问题

这是一个有关发展文学艺术的重大问题。在这个问题上过去是没有完全处理好的。由于一度把艺术与政治的关系做了简单化的理解，并曾经提出"文艺从属于政治"以及把文艺作为只是"阶级斗争的工具"等等口号，以致形成创作上只注意政治内容，而忽略了艺术形式的倾向，使音乐创作无论在花色品种和作品质量上都受到过很大限制和影响。

文艺和政治同属上层建筑，它们都是为一定的经济基础服务的。文艺是生活的反映，它要具有教育作用、审美、认识和娱乐等多种作用。在社会主义社会中虽然还存在着阶级斗争，但它并不能概括生活的全部内容。如果把文艺仅仅看作是阶级斗争的工具，无异于给文艺反映生活划定一个狭窄的框框，从而限制了文艺反映生活的广阔天地，抹杀了文艺所具有的多种社会作用。尤其是一些器乐作品和轻音乐作品，用这个口号衡量就很难有存在的地位了。

音乐艺术作为一种特殊的观念形态，区别于其他的观念形态的基本特征，在于它是通过形象思维反映生活，用鲜明生动的音乐形象来揭示生活和感染群众。音乐作品的思想内容是通过它的艺术形式体现出来的，一首作品的思想内容与艺术形式应该是互相统一的整体。过去一些优秀的音乐创作，毫无例外的都是二者完美的结合。如果把政治内容和艺术形式割裂开来，片面地强调政治内容，就会出现违反艺术规律的情况，产生一些毫无艺术性的艺术品，一些标语口号式的概念化作品。对这样的作品，广大群众是不会欢迎的。实践证明，由于过去没有正确处理好艺术与政治的关系，以致在创作上出现了简单的机械的配合政治任务的情况，从而导致了一般化、概念化、公式化作品的产生，使音乐创作愈来愈单调，愈来愈枯燥，严重地影响"双百"方针的贯彻，妨碍了音乐创作的繁荣和发展。

尽管政治不能代替艺术，政治也不等于艺术，但是，文艺却不能脱离政治。这是由于政治是经济的集中反映，党在各个时期制定的政治路线和方针政策，都是代表人民群众的根本利益的。因此，作品反映人民的生活，绝不能与政治无关，只要真实地反映了人民的生活和愿望，也就必然对政治产生作用和影响。正如30年代产生的那些抗日救亡歌曲，由于它们表现了中国人民同仇敌忾的抗日热情，反映了当时如火如荼的斗争生活，因此，有力地促进了抗日救亡运动的发展，对当时的政治斗争起了很大的作用和影响。作为一个无产阶级的音乐家来说，在进行创作，包括表演时不可能不用无产阶级世界观来认识生活和反映生活，不可能不考虑党和人民的利益。因此，文艺反映生活的真实，应该考虑它的社会影响，考虑它是否适合一个历史阶段的政治的需要。在当前来说，就是适应社会主义现代化建设的需要。凡是有利于实现四化建设的，凡是能直接或者间接鼓舞人们献身于社会主义祖国的，都是符合人民利益的，都是群众需要的，同时也是符合社会主义新时期的政治需要的。

2.继承与借鉴方面的问题

继承与借鉴的问题，实际上是如何正确贯彻党的"百花齐放，百家争鸣"、"推陈出新"、"古为今用，洋为中用"的文艺方针问题。从过去艺术实践的情况来看，这方面是存在着不少问题的，所谓洋土之争就是明显的反应。有两种思想倾向值得引起注意：一种是轻视民族民间音乐盲目崇拜西洋的倾向；一种是对外国音乐不加分析一概予以排斥的保守主义倾向。这两种思想倾向都是不正确的，是违反党的文艺方针的和艺术发展规律的。

社会主义音乐艺术，是由过去的音乐艺术发展而来的，但是，它又是崭新的不同于过去任何时代的音乐艺术。这就有一个继承和革新的问题，有个发展和提高的问题，有个批判地借鉴外国音乐艺术的问题。对于我们音乐工作者来说，就存在一个学习和熟悉民族音乐传统的问题。如果对自己民族的东西采取轻视态度，不爱、不学、不懂，怎么能说得上去创造我们社会主义的民族的音乐艺术呢！实践证明，国内外很多著名音乐家，他们在创作上、演唱演奏上之所以取得重大成就，一个重要的原因就在于认真学习和继承了自己民族音乐的优良传统，从民族音乐的肥沃土壤里吸取了丰富的养料，从而使其艺术成品放射夺目的光辉，得以永存于世。我国是一个历史悠久的文化古国，几千年来，劳动人民创造了丰富多彩的民族文化，其中包括一部分别具风格的民族音乐遗产。这是我们宝贵的音乐财富，其中不少作品是劳动人民智慧的结晶，是音乐艺术的珍品。认为民族音乐缺乏艺术性、科学性是毫无根据的。如果说过去在民族民间音乐的整理发掘工作中，还存在着不够全面、不够系统、不够科学的情况，这正是需要我们踏实进行的一项工作。我们应当努力学习、认真研究，使其科学化、系统化，真正做到"去芜存菁，去伪存真"，以使民族音乐宝库更加丰富和完满，这是时代赋予我们的光荣任务。任何轻视民族音乐的态度显然都是错误的，不利于发展我们社会主义民族的音乐事业的。

对待外国的音乐艺术，同样应该分析研究，采取批判地借鉴态度，凡是有用的东西，有利于发展我国社会主义的民族音乐的东西，都应该大胆地吸取，做到为我所用。盲目崇拜，认为外国音乐一切都好，生搬硬套，囫囵吞枣，脱离实际，脱离群众，采取这种教条主义的态度，是缺乏民族自尊心和自信心的表现，也不是实事求是的态度。相反，对于外国的音乐一概予以排斥，闭关自守，夜郎自大，也无助于我们民族音乐的发展和提高。过去，在一段时期中，盲目排外的思想和做法，对我们的工作更造成了不小的影响。例如，对所谓"西洋音专"的批评，其后对"黑柜柜"、"横起拉"的指责，以及什么"枪换肩"的做法等等，都是违背"古为今用，洋为中用"方针的，使我们走了不少弯路，给音乐事业带来不小的损失。

"文化大革命"的十多年来，由于深受"四人帮"禁锢政策之害，使我们对当前世界的音乐艺术发展情况一无所知或知之甚少，因此，我们需要加强这方面的学习和研究，使我们开阔眼界，增长知识。不仅要学习外国古典的音乐，还要学习研究各个时代、各种流派的音乐，学习一切有用的东西。只要我们坚持"洋为中用"的方针，采取批判地借鉴而不是模仿的态度，我们在学习上就不会迷失方向，再走弯路。

3.红与专的问题

邓副主席在全国科技大会上谈到知识分子问题时指出："总的来说，他们的绝大多数已经是无产阶级的部分。他们与体力劳动者的区别，只是社会分工的不同。从事体力劳动的，从事脑力劳动的，都是社会主义劳动者。"这段话不仅是对我国广大知识分子的现状的恰当估计，同时也是对广大知识分子极大的信任和鼓舞。回想17年中，在评价知识分子和对待知识分子问题上，曾经出现过不够信任和估计不当的偏向。特别是"四人帮"横行时期，更是肆无忌惮地迫害知识分子，诬蔑知识分子是什么"资产阶级知识分子"、"臭老九"、"黑七类"，进行残酷地打击和迫害。他们把一些思想反动、不学无术的小丑树为红专标兵，把一些勤勤恳恳研究业务的人指责为"走白专道路"，真是是非颠倒，黑白混淆！这种错误的做法，在红与专的问题上给人们思想上造成了很大的混乱。毫无疑问，它对音乐界也产生了很大影响。长期以来，作曲的同志不敢谈作曲技巧，唱歌和演奏的人员也不敢谈演唱演奏技术，谁要是勤勤恳恳地钻研业务，"脱离政治"、"白专道路"的帽子就会给你迎头扣上。结果，使得很多专业人员业务荒疏，基本功欠缺，严重地影响了我们音乐工作的质量。我们的音乐创作、表演技术、理论研究等工作的现状还不令人满意，艺术水平还不够高，技术修养欠缺，不能不说是个重要的原因。

党号召知识分子又红又专，鼓励大家改造资产阶级世界观，树立无产阶级世界观。世界观的根本问题是为谁服务的问题。衡量一个人红与不红的标准，应看他对待社会主义祖国的态度，对待人民群众的态度。如果他是爱国的，自觉自愿为社会主义服务，为工农兵服务，这就是"红"了。所谓"白"，这是政治上的概念，政治上反动，反党反社会主义才够说是"白"。怎么能把努力学习业务知识、刻苦钻研技术本领和"白"硬扯在一起呢！难道一个专业音乐工作者为广大人民群众服务，为社会主义服务，不讲真才实学，不论贡献大小，只凭良好的愿望空喊政治口号吗？这岂不成了十足的空头政治家了吗？应该看到，由于极"左"思潮的影响和"四人帮"的干扰破坏，我们音乐技术水平一直处于落后状态。音乐工作是一项技术性很强的工作，无论创作、演唱、演奏、理论研究，都不能没有业务知识，不能不讲专业技巧。基本功愈扎实，艺术技巧愈高，工作起来就愈得心应手，就愈能取得显著成效。当前，我们要把音乐工作搞上去，就要认真钻研业务，刻苦学习技术，不断提高艺术技巧，真正做到勤学苦练，精益求精。

我们强调学习业务，并不意味着要忽视和放松世界观的改造，作为人类灵魂工程师的文艺工作者，没有正确的思想指导，纵有精湛的技术也不可能得到正确发挥。我们应自觉地学习马列主义著作，加强世界观改造，争取做到又红又专，为四化建设多做贡献，以不辜负党和人民的殷切希望。

三、今后的工作任务

自党的十一届三中全会做出决定，把党的工作着重点转移到社会主义现代化建设上来以后，我们的国家已经进入了一个新的历史时期。如何使音乐艺术的发展适应这一新形势，为社会主义现代化建设做出积极的贡献，这是历史向我们提出的一项光荣而艰巨的任务。要完成这项任务，我们必须坚定不移地贯彻党的"双百"方针。"双百"方针是毛泽东同志运用马列主义原则，按照科学文化的特殊规律，总结中外科学文化发展的历史经验，并根据中国的实际情况制定的。它是发展我国科学文化的正确的方针。贯彻执行这一方针，可以充分调动广大音乐工作者的社会主义积极性，发挥人们的聪明才智，促进社会主义文艺事业的繁荣和发展。多年来的经验证明，每当我们正确地贯彻了"双百"方针的时候，音乐工作就欣欣向荣，蓬勃发展，而当这一方针在贯彻执行中受到干扰和阻碍时，我们的工作就受到影响，甚至停滞倒退。多年来，由于极"左"思潮的影响和干扰，"双百"方针在很多时候是没有得到很好贯彻的，以致使我们的音乐工作没有取得应该取得的更大成就。

为了更好地促进音乐事业的繁荣，更好地为广大群众和四化建设服务，必须坚持贯彻"双百"方针，坚持四项基本原则。文艺事业是党的整个事业的一部分，必须加强和改善党的领导。任何把"双百"方针与党的领导和四项基本原则对立起来的观点都是错误的，必须引起注意和予以防止的。

发展社会主义音乐事业的中心问题是繁荣音乐创作。粉碎"四人帮"三年多来，音乐工作得到了迅速的恢复和发展，创作上发生了深刻的变化，取得了显著的成绩。但是，音乐创作的现状仍然不能适应客观形势的发展，和我省工农业战线取得的成就很不相称，也不能充分满足人民群众日益增长的文化需要。我们要尽快改变当前歌多声少的情况，努力提高音乐创作的艺术质量。音乐是表达人们感情的艺术，我们要想人民所想，急人民所急，写出具有真情实感的反映人民心声的作品。要继续克服和防止一般化、概念化的创作倾向。要注意赋予音乐作品以应有的时代精神。我们要努力写出具有高度思想性和艺术性的让人喜闻乐唱的音乐作品。

音乐作品在题材、体裁、形式、风格方面还要力求多样化。音乐作品要从各个方面反映当代伟大历史性转变中人民的生活和斗争。人民的生活是丰富多彩的，对音乐作品的要求也是多种多样的，既需要歌颂光辉的未来和伟大的社会现实，也需要反映个人生活斗争和思想愿望；既需要鼓舞人心的进行曲，也需要优美动人的抒情歌曲，以及轻松愉快、幽默辛辣的讽刺歌曲。我们在创作大型乐曲交响乐和协奏曲的同时，也需要写出各种音乐小品。人们不仅要从音乐中受到教育鼓舞，也要从中得到娱乐和艺术享受。音乐创作只有做到多样化，才能更好地展示出人们的精神面貌和充分满足群众的要求。值得注意的是，我们音乐工作的服务对象，青少年占了很大比重，我们肩负着教育和培养下一代的重大任务。有的情况应该引起我们的重视。例如，一些青少年喜欢哼唱某些港澳歌曲。我们绝不能听任资本主义思想腐蚀我们的青年一代。除了针对这一现象加强宣传教育工作以外，我们要为青少年多写一些优秀歌曲，用革命的、健康的、优美的歌曲去占领文化思想阵地，把一些趣味低下、感情庸俗的歌曲排挤出去！

思想、生活、技巧是我们进行创作不可缺少的重要条件。我们要加强马列主义学习，不断改造世界观，要深入火热的斗争生活，增加生活积累，并刻苦钻研作曲技巧，以提高创作水平，为写出无愧于伟大民族和伟大时代的音乐作品而呕心沥血，艰苦奋斗吧！

抓好音乐评论和研究工作，充分发挥理论指导实践的作用，对于促进整个音乐工作的开展有着重要的意义。过去，我省在这方面的工作是比较薄弱的，音乐评论队伍不够强大，评论工作也不够及时和有力，整个情况是不能适应形势发展的需要的。去年年底在广州召开的音乐理论工作会议上，对全国音乐工作做了一个全面规划，需要做的工作是很多的，任务是很重的，不但要对当前的音乐创作、表演艺术、群众音乐活动等方面的情况和存在的问题及时开展评论，以促进音乐事业的繁荣和发展，同时，对五四以来音乐创作的现实主义传统、各种流派、作曲家和表演艺术家的艺术实践，以及我国民族音乐史、音乐美学等方面的问题都需要进行分析研究，认真总结经验。

马克思列宁主义、毛泽东思想过去是今后仍然是指导我们文艺工作前进的指针。我们要遵循毛泽东同志关于文艺问题所阐述的基本原则，同时还应当加以具体运用和发展；要把它作为行动的指南，而不要作为一成不变的教条。我们一定要根据马列主义、毛泽东思想的基本原则，密切联系当前音乐实际，研究、探索和解决当前音乐实践中出现的新情况和新问题。要搞好评论工作，一定要坚持不抓辫子、不扣帽子、不打棍子的"三不主义"。要鼓励开展自由讨论。评论中要摆事实，讲道理，以理服人，不能以势压人。既要敢于批评，也要容许反批评。作为一个评论工作者，还要注意观察和研究生活，了解作曲家、表演艺术家的创作甘苦，以及群众的爱好的需要。这样，我们的评论工作才能做到密切联系群众，做到有的放矢，不断提高评论工作的质量，从而促进音乐事业的向前发展。

加强民族民间音乐的搜集整理和研究工作，也是摆在我们面前的一项刻不容缓的重要任务。"文化大革命"十年浩劫，民族民间音乐材料被销毁一空，重新搜集和整理这些资料已成了当务之急，而一些民歌手和老艺人，有的已经年老，有的已经去世，新的一代又接替不上。有的乐种和曲艺形式（如四川扬琴）只剩下个别老艺人了，如不及时抢救，就有失传的危险。如果一些民族音乐和遗产在我们这一代人手中失传，这对我们今后民族音乐的发展会造成很大损失。我们将对不起创造音乐遗产的劳动人民和我们的后代子孙。

除了抓紧搜集整理工作以外，还应该加强对民族民间音乐的研究工作。要尽力改变过去只顾搜集整理，不抓分析研究的情况。对川剧音乐和曲艺音乐改革，也要及时总结经验教训，进一步搞好这方面的工作。我们要鼓励著书立说，努力写出高水平、高质量的理论文章和著述，用科学原理总结我国民族音乐的特点和规律，使我们的民族音乐之花，在社会主义文艺园地里盛开怒放，大放异彩。

我们的国家已经进入了一个新的历史时期。伟大的党正在领导着全国各族人民向四个现代化的宏伟目标奋勇进军。回顾过去的战斗历程，展望未来的光辉远景，我们感到心潮澎湃，充满了胜利信心。让我们同心同德，团结战斗，在党的十一届三中全会精神鼓舞下，在"双百"方针的指引下，不断加强艺术实践，促进音乐事业不断繁荣，为党和人民做出更大的贡献！

原载《四川音讯》1980年第2期

大众都爱你的新声

——纪念人民音乐家聂耳诞辰70周年

常苏民

今年2月15日，是人民音乐家、我国国歌的作曲者聂耳诞辰70周年。他离开我们已经46年。但是，我们一直感觉他还活在我们中间。他谱写的歌曲，不仅对当时的抗日救亡运动做出了重大贡献，鼓舞着中国人民英勇战斗去争取解放，在今天，也激励着我们为建设四化而奋斗。唱着他写的歌曲，你会心潮澎湃，热血沸腾，因为，他的音乐表达了人民大众的心愿，塑造了伟大的中国人民的典型形象。

70年前，聂耳诞生于云南昆明市一位中医的家庭里。1921年，不满10岁的聂耳便表现了他音乐的才能，他会吹笛子，拉二胡，弹三弦和钢琴。他13岁小学毕业时，在学生音乐团中，还曾指挥过演奏。聂耳初中毕业后，考入云南省立第一师范高级部。当时在学校里，共产主义青年团的地下组织在党的领导下进行革命活动。1928年聂耳在蒋介石叛变革命，白色恐怖十分严重的时候，勇敢地加入了共产主义青年团。1930年，聂耳追随党到了上海。生活虽然极其清苦，仍积极投身于激烈的革命斗争。1934年4月，20岁的聂耳考入明月歌舞社拉小提琴。除拉琴外，还参加舞蹈、戏剧的演出。这时，日寇对中国进行猖狂的侵略，民族危机十分严重，但明月歌舞社还是上演着《桃花江》《毛毛雨》一类颓废的节目。群众唾弃他们，聂耳更是深恶痛绝。他用笔名黑天使发表了一篇《中国歌舞短论》，首先揭开反对黄色歌舞的大旗，文中指出："我们所需要的不是软豆腐，而是兵刀兵枪的硬功夫。" 1933年，聂耳加入了中国共产党，决心把自己的才能献给党和人民。这一段时间，是他创作力量旺盛的时期，他创作了歌剧《扬子江暴风雨》，为电影《桃李劫》《新女性》写音乐，谱写了《大路歌》《码头工人》《卖报歌》《奔长江》等著名歌曲。还创作了传唱不衰，充满活力的《义勇军进行曲》。1935年7月，聂耳在日本鹄沼湾游泳时，不幸死于海中，年仅24岁。

聂耳的一生是短暂的，但他的音乐却在人民心中永生。聂耳的创作道路，创作思想和创作方法，值得我们在建设社会主义音乐文化及专业中继承和发扬。他的创作实践证明，音乐创作离不开火热的斗争生活。是如火如荼的革命斗争激励了聂耳，孕育了聂耳的音乐。在聂耳之前，有哪一个作曲家有他那样积极投身到工农大众的斗争行列中，把音乐和革命斗争紧密地结合起来？他接受联华影片公司二厂音乐创作之任，为影片《新女性》作曲，为了更好地塑造纱厂女工的形象，他亲自到上海沪西大一带的纱厂去观察，体会女工上班的情景，当时没有电车，聂耳便顺着满天星星，借着满地寒霜，步行一个多小时，一早赶到纱厂。他找女工们谈话，到她们住处专访，到她们的车间去观察，等到心中有了谱，才开始艰苦的作曲过程。同样，他谱写了《码头工人歌》，也是从深入生活产生的音乐动机。一个晚上，他听到黄浦江上的风声、汽笛声和码头工人搬运车的沉重的劳动呼声融为一体，那劳动的情景触动了聂耳，在进一步对码头工人的生活的观察体验中，产生了不能抑制的创作冲动。他以沉重、浑厚的旋律表达了工人阶级的愤怒的反抗。他的歌曲随着广大人民群众的生活，和着时代的脉搏一起跳动，更加强烈地战斗，尽管反动派破坏他的歌曲为关不住的邪风，但为广大人民群众喜闻乐唱。

聂耳是我们音乐工作者的榜样。今天，我们纪念聂耳，要学习他重视思想品德的修养，做一个具有精神文明的人，不断加强思想锻炼，坚持党的领导，坚持音乐艺术为人民服务的方向，反对自由化和商品化的倾向，做时代的歌手，人民的知音。我们还要学习他热爱生活，在丰富的知识海洋里吸取创作滋养，不论是年老的作曲家，还是中老年的音乐工作者，都要深入到生活中去，这是一个十分迫切的问题。近几年来，在音乐生活中出现了一些不正常的现象，如生搬仿制海外歌曲音乐，不顾群众的欣赏习惯和民族审美心理，不从我国的国性出发；不注重反映广大工农群众的生活，过多地在音乐中渲染爱情，甚至有的格调低下，充满了不健康的情绪；对群众歌曲创作不够重视；鼓舞人民斗志的，有质量的进行曲也不多见，等等。这些不良倾向，虽然不是我们音乐创作的主流，也应引起我们足够的重视。我们要大声呼吁：到生活中去，到人民群中去！纪念聂耳，也要认真学习他重视民族音乐传统和借鉴优秀的外国音乐技巧的经验。他给我们留下的几十首音乐作品都很出色。如何继承传统和学习外国，还得认真对待。聂耳在创作中刻苦向民族传统学习，认真吸收外国音乐的精华是值得我们学习的。他的《义勇军进行曲》运用了西洋进行曲的曲体，音乐语言的民族风格十分显著，为我们留下了一首革命化、民族化、群众化的典范音乐作品。

郭沫若同志1935年10月在日本写的怀念聂耳："大众都爱你的新声……聂耳呀，我们的乐手，你永远在大众中高奏，我们在战取着明天，作为你音乐报酬。"

让我们团结一致，发扬聂耳的革命精神，沿着他的道路继续前进，为人民创作更多、更好的"新声"吧！

原载《四川日报》1982年2月16日

探索中前进　改革中振兴

常苏民

党的十二大提出了"全面开创社会主义现代化建设的新局面"的伟大号召，作为社会主精神文明建设重要组成部分的音乐教育事业，为了适应新形势的需要，也应努力开创新局面。我院学报《音乐探索》的创刊，为我们逐步建设具有中国特色的音乐教育体系开辟了探索和研究的园地，是我们发表教学、科研、创作经验及成果的阵地。我们要在全面改革音乐教育方面发扬勇于探索的精神，群策群力，为繁荣和发展音乐事业，开创我院的新局面，做出应有的贡献。

勇于探索，就是从新时期的需要出发，进一步解放思想，打破旧框框，研究新情况，解决新问题，在改革中开辟一条新途径。在音乐教育体制方面，显然还存在着不少同新时期的总任务，同社会主义精神文明建设不相适应的老套套、老作风、老习惯。比如长期以来，我们在培养专门音乐人才的目标和方向上，与社会的需要不够合拍，带有一定的盲目性，表现在学科单一，知识面窄，学生毕业后适应性较差，有的不合格，不对路，不能满足社会上普及和提高音乐文化多方面的要求，特别是不能完全适应今天四化建设的需要。有的同志说得好，这种盲目性，既耗费了国家资财，耽误了人才培养，也直接影响到我国社会主义音乐文化的建设。对于这种明显不利于音乐教育事业发展的弊病，我们不能采取视而不见的态度，应尽快改变这种状况；又如现有的课程设置及教学内容是不够充实的。我们要培养优秀的音乐人才，如果只着眼于扩大像音乐小学、音乐中学的面以及本科的年制，显然不是完全解决问题的。为了进一步提高教学质量，应当调整课程设置，增强专业技能，全面提高政治思想和艺术修养。现在不少同志就这方面提出了各种值得重视的改革设想，我们应认真探讨和研究；再如，对于如何有计划地改革教学管理制度；如何积极而有步骤地改革招生办法；如何在分配制度上改变"吃大锅饭"的弊端，使学生分配逐步过渡到实行国家不包分配，由学校协助推荐介绍，毕业生自谋职业的办法；如何组织学生开展课外演出、创作、科研活动；如何改革学生助学金按人头平摊分配的方式，而实行奖学金与助学金相结合的办法，以鼓励学生勤奋学习；如何发挥系一级的人权、财权自主，也亟须在深入探讨和研究的基础上，提出切实可行的方案，总结新经验，建立新章法。此外，学生的"升级考核"制度，系及系属教研室负责人的任命任期缺席，教师特别是中青年教师的艺术实践（如开音乐会），深入生活及下乡采风等等方面，都有待认真研究，制定出有利于发展音乐教育事业的具体制度和具体措施。

总之，音乐教育工作需要探索和改革的方面还很多，要多动脑多想办法。

当前首要问题是要提高对改革问题的认识，进一步学习和领会十二大文件和最近胡耀邦同志关于四化建设和改革问题的讲话精神，充分认识改革对于开创我们音乐教育工作的新局面的重要意义。党的十一届三中全会以来，我们在全面贯彻教育方针，提高教学质量，加强师生的政治思想工作，推动音乐创作和艺术实践方面都取得了一定的成绩。但就音乐教育的现状来看，还跟不上社会主义建设的步伐和需要，仍应立足于改革，坚决按照中央确定的步骤，全面而有系统地改，坚决而有秩序地改，把改革作为推动我们从事音乐教育工作的指导方针。

当然，音乐教育改革是一项十分细致复杂的工作。音乐教育工作是复杂的精神劳动，它和物质同生产既有共同性的一面，又有其特殊性的一面。音乐教育改革的目的，在于进一步提高教学质量，培养出品学兼优，适应社会主义建设需要的合格音乐人才，使他们成为音乐美的创造者和传播者。从我院建院30年来走过的曲折道路中，我们体会到，要提高教学质量，造就又红又专的音乐人才，应当抓好两个重要环节。第一，要调动全体教职员工的积极性，充分发挥教师在教学上的主导作用。因为，教师的教学能力，是决定音乐教学质量的高低和能否培养出优秀音乐人才的关键之一。教师肩负着多方面的责任，一方面要努力提高自己的政治思想水平，教书又教人，关心青年一代的成长；另一方面，又要在不断加深音乐业务造诣的同时，扩大知识面，我们要求教师在三年内自学《艺术概论》《近代史》《教育学》《心理学》四本书，正是为了加强教师多方面的"基本功"，以利于提高教学质量。第二，要使学生牢固地树立音乐艺术为人民服务，为社会主义服务的观点，养成刻苦学习，认真钻研各门课程的良好学风，提高学生的政治思想和音乐艺术的修养，使他们成为具有共产主义思想品德的，有较高音乐专业水平的、文化修养丰富的，继往开来的一代新人。我院大多数学生都能勤奋学习，积极向上；但也有少数学生缺乏正确的学习目的，不勤学苦练；有的学习上偏废，抱着单纯的技术观点，不重视政治文化课和其他音乐的基础课程；有的不遵守纪律，甚至寻衅闹事；有的毕业时不服从组织分配。这些不良现象，直接影响到人才的培养。上述"教"与"学"两个方面是音乐教育改革中值得探索的重要问题。我们一定要制定出行之有效的方法与步骤，从而使教学质量得到全面提高。

在新的历史时期，如何建设具有中国特色的社会主义音乐教育体系，还有待我们在实践中继续探索。要建设有中国特色的社会主义音乐教育体系，除了必须坚持社会主义方向，以马列主义、毛泽东思想作为行动指南外，首要的问题是在教学中应提倡发展我们民族的音乐文化。我国是一个有着悠久音乐教育和丰硕民族音乐传统的国家，有许多方面值得继承和发扬。同时，我们也广泛吸收过外国音乐教育的许多长处，作为发展我国音乐教育事业的借鉴。这里，有一个正确处理好以我为主和借鉴吸收的关系问题。对待外国音乐教育的经验，在学习和借鉴中，过去我们存在着简单的抄袭照搬倾向。我们学习和借鉴的目的，是为了发展我们民族的音乐文化。我们应当认真贯彻"古为今用"和"洋为中用"的方针，研究古往今来的中外音乐教育规律，吸取它们的有益的经验，同我国实际结合起来，逐步建设有中国特色的音乐教育体系，目的必须明确。

我们在教学中对外来音乐的吸收借鉴情况，有的融合得较好，有的还存在生搬硬套的现象。为了加速有中国特色的音乐教育体系的建设，我们设想一些具体的办法，比如首先加强民族音乐教学，重视民族化教材的建设，在中外教材中调高中国教材比重，重视本院创作曲目的演奏和演唱；对西洋唱法和外来演奏专业要民族化，鼓励教师大胆进行探索和创造性研究，逐渐编写出我们自己的声乐及器乐教材；对外国音乐理论、作曲技法的讲授要注意批判和取舍，不要以某一个国家的教材作为模式，原封不动地长期照搬，应逐渐把中西音乐作曲、演唱、演奏技巧融合起来，提倡师生努力创造出具有民族风格的音乐成品。当然，要做好这些工作，需付艰辛的劳动，这正是我们在音乐教育领域内开创新局面的一项责无旁贷的光荣任务。

"路漫漫其修远兮，吾将上下而求索"。为了完成音乐教育改革的重任，我们要认真学习《邓小平文选》，发扬勇于改革，敢于创新的精神，沿着十二大所指引的方向、在探索中前进，在改革中振兴音乐教育事业。

原载《音乐探索》1983年第1期

民族音乐的保护、继承和发展问题

常苏民

亲爱的朝鲜同志、尊敬的各国同行们、朋友们：

我有幸作为中国音乐界的代表再度来到这个美丽的英雄城市参加这样的盛会，聆听许多具有浓郁的民族风格的美妙乐曲。特别令我兴奋的是，与会期间又举行了关于"亚洲国家传统音乐及其继承和发展"的研讨会。

我们亚洲有许多是具有悠久历史和深厚文化的古国，我们这些国家对世界人类的文明做出过卓越的贡献。我们亚洲国家源远流长的民族民间音乐艺术越来越引起人们普遍的重视。流行一时的"欧洲音乐中心论"也在逐渐消逝。但是如何更好地继承和发扬我们的民族音乐传统，正是我们这一代和下几代人的重要任务。

请允许我在这里非常简单地谈谈我们中国的情况和问题。

我们中国是一个包括五十六个民族的国家，她有着极为丰富多彩的音乐文化。如果根据古代文献和出土文物来推算，我国的民族音乐的历史至少不少于5000年。

我想提一下这样一个事实。1978年我国湖北随县发掘了一座2400年前的战国时期的墓葬，即曾侯乙墓。在这座墓中发现了8种124件珍贵的乐器。特别令人惊异的是其中有60件用青铜铸成的大型乐器编钟。这套编钟的音域跨5个8度；它的音阶结构和现代C调七声音阶是同一音列，每一个钟能分别发出两个乐音，分为大3度或小3度音程，在位于中间的3个半8度，具有12个半音音列，它可以自由转调。我们推测它们可以演奏相当复杂的乐曲。

这套总重2500多公斤的编钟的发现，说明了在公元前5世纪以前我国已具有高度水平的音乐文化。同时也说明我国在春秋战国时期已具有高度的冶炼技术。这套编钟的出土已经引起国际上一些音响学家和学者的高度评价。这不是偶然的。

我国保留到今天的一部最早的诗歌总集《诗经》，在我国文学史上占有极重要的地位，实际上它是一部古代乐歌的唱词选编，它包括广大地区的民间歌曲、宫廷乐歌及贵族文人的创作。包括了305篇作品，代表了2500年前各种题材、体裁的音乐作品。遗憾的是它们只留下歌词，而没有留下音乐。

音乐创作和表演艺术的发展也推动了音乐理论的建树。先秦诸子如孔子、孟子、庄子、墨子等著作都涉及音乐。荀子的《乐论》和公孙民子的《乐记》更是两部相当系统完整的音乐理论著作，其中涉及许多重要的音乐美学问题。它们所阐述的音乐理论和美学问题既宽广又深刻。可以说，这两部大作和古希腊亚里士多德的《诗学》是可相媲美的。

再从公元6世纪以前流传下来的许多乐曲（有许多已经译成现代乐谱，并付诸演奏）和各民族世代相传的难以计数的民间歌曲和器乐曲来看，把我国的丰富多彩的民族音乐文化称为"音乐的海洋"是当之无愧的。

但是，我们也不能不承认，由于中国旧社会长期处于封建时代，我国的民族音乐未得到应有的保存和发展。从事民族音乐工作的专业人员得不到应有的重视，他们在旧社会的地位极其卑微。20世纪初，这种情况稍有改变，20年代建立了专业的音乐学校，一些音乐教育和音乐研究工作者如：王光祈、萧友梅、童斐、赵元任、刘天华等人，开始注意民族音乐的继承和发展问题。只有到了40年代在中国共产党领导的解放区，民族音乐工作才真正受到重视。1938年延安鲁迅艺术学院音乐系成立了民歌研究会，1941年升级为中国民间音乐研究会，开始注意收集整理和研究工作，先出版了十余种民间音乐专集。秧歌运动就是这方面研究的成果。著名的新歌剧《白毛女》也是在深入研究民间音乐的基础上创作的。

新中国成立以后，在中国共产党和人民政府的关怀下，民族音乐的继承和发展工作，以前所未有的规模和速度开展起来了，首先对拥有广大群众的两百多种戏曲剧种的音乐进行了收集、整理、研究和等方面，做了大量的工作。大家今天所看到的京剧、粤剧、川剧、越剧、豫剧等，其所以都能以新面貌出现，并受到人民群众的喜爱，就是明显的在整理、研究和改革方面所取得的成果。在民间音乐的收集、整理方面也取得了巨大的成果，出版了一大批民歌、民间器乐的专集和研究成果。值得一提的是在许多亚洲国家都有的木卡姆音乐，我国维吾尔族保存的最多，从50年代开始我们进行录音整理，60年代用五线谱出版了维吾尔族的《十二木卡姆》音乐专集。这些工作除了有专业音乐工作者参加，还有许多业余的音乐工作者参加，到了60年代，几乎全国各省、市、地区的民间音乐都有了较完整的专集出版。民族音乐的理论研究工作也取得了很大成绩，出版了一些有较高水平和艺术价值的专著。

我们还建立了一些专门从事民族民间音乐演唱演奏的专业性和业余性的团体。比如中央民族乐团和中央民族歌舞团，也有较高的艺术水平。这些团体经常出国演出，向世界人民介绍中国的民族音乐。我们经常举行全国性和地区性的单项和综合性的民族民间音乐的会演。电台、电视台播送民族民间音乐更是经常性的工作。根据我们国家要大力发展民族文化艺术以适应社会主义建设的方针，文化部所属的音乐院校，从50年代起，先后都设立了民族音乐系和专业，以培养民族音乐创作、表演和研究人员。在一些少数民族自治区和自治州，也都设立了学习本民族音乐的学科和专业。现在不少的著名的民族的音乐作曲家，和著名表演艺术家大都是这些院校培养出来的。在各个音乐院校也建立了民族音乐和民族音乐研究机构的情况下，培养和造就了一大批民族音乐演奏、演唱家和研究力量。我们认为这是一项继承和发展民族音乐关键性的工作。

由于众所周知的原因，在"文化大革命"中民族音乐工作停止了十年。1979年又开始了新的阶段。为了保护和继承民族音乐遗产，1979年在文化部和中国音乐家协会的倡导和支持下，组织全国力量，全面地系统地进行着民族民间音乐遗产搜集、整理和研究工作，计划在本世纪末，先后完成"民间歌曲"、"民族民间器乐"、"琴曲"、"戏曲音乐"、"说唱音乐"五部集成。这是一项规模空前的民族音乐建设。目前正在积极进行《中国民间歌曲集成》的编选和出版工作。根据1982年8月的不完全统计，各省、市、自治区已收到15.2万多首各民族的民间歌曲，估计全书编成时，总数将达30万首。《中国民间歌曲集成》将按省、市、自治区编成30卷，选入的民间歌曲约3万首。像这样规模宏大的工作，如果没有党的领导和国家的支持将是不可想象的。我们认为这部《中国民间歌曲集成》的完成出版，不仅对于我国，而且对整个亚洲以及亚洲地区以外的世界音乐行业都是一个有价值的贡献。

继承和发展民族音乐这一项宏伟的工作，也不是轻而易举，一帆风顺的，除了人力和物力的因素外，还有思想认识方面的问题。别的国家的情况我们不了解，我谈的是我国的情况。20世纪初，在我国音乐界出现过两种思想倾向：一是盲目崇拜西洋，轻视民族音乐，甚至认为民族音乐是落后的东西；一是国粹主义的思想，认为民族音乐只能继承不能发展，越古越好，拒绝向其他国家学习借鉴。后一种倾向现在已不具有什么影响，但是前一种倾向却仍然不容忽视，到了80年代它主要表现为少数人向西方的先锋派、现代主义顶礼膜拜，认为东方是落后的，必须向西方看齐。因此，要更好地继承和发扬我们的民族音乐传统，不能不纠正这种思想倾向。

音乐艺术是人民创造的。它伴随着人民创造历史的整个过程。一个国家、一个民族的音乐艺术集中表现了人民的思想感情、意志和民族的精神面貌，同时也凝聚着人民的审美观点和审美理想。我们决不能抛弃民族音乐传统另搞一套所谓的"现代音乐"，这样做的结果必然脱离广大群众，最后导致它本身的死亡。西方一些先锋派的音乐往往昙花一现，在群众中生不了根，就是最好的证明。

但是，我们也不能像保守主义那样讲消极的继承，不讲发展，不讲革新创造。历史在演变，时代在变革，人民的生活也随之前进，我们的音乐艺术也不能不反映新的时代，新的人民思想感情的变化，这是我们音乐家的神圣使命。但是，我们必须在继承民族音乐传统的基础上进行新的创作，必须使我们的音乐作品具有浓郁的民族风格特点。我们要建设社会主义精神文明，音乐艺术是其中的一个重要方面，当然应当具有民族特色。我们主张民族音乐要在继承中发展，在发展中继承。今天我国的作曲家也都遵循这一原则进行创作。他们认真地学习民族音乐的特有的结构形式和表现手法，但又不为这些东西所束缚。有的就古典乐曲或民间曲调进行各种形式体裁的改编，有的利用民族民间的素材进行新创作，有的并不直接利用民族民间音调，但力求保持其作品的民族气质。

我们从不拒绝借鉴西方的音乐艺术。一方面我们通过各种渠道和方式向人民介绍西方古典和近现代的优秀作品；一方面向西方音乐学习借鉴，以丰富我们的音乐创作。甚至也不拒绝了解和研究十二音体系这样的作曲方法。总之，对西方音乐的吸收和借鉴，必须以我为主，始终不脱离我们的社会主义方向和民族音乐文化传统，以实现洋为中用的原则。

我们已故的领袖毛泽东用"百花齐放，推陈出新"、"古为今用，洋为中用"两句话来概括继承民族传统和借鉴外国音乐的辩证关系。我们长期的实践证明，继承传统和借鉴西方都不是目的，而真正的目的应该是创造能反映我们时代的人民的代言人而进行新的音乐创作。尽管我们还没能尽善尽美地满足人民的要求，但是我们竭尽一切力量朝这个目标前进。

我们今天还面临着西方流行音乐的打击挑战。当然，我并不认为所有西方流行音乐都是有害的东西。但是，我不能不说，大量流入我国的流行音乐，其中好的、健康的是极少数，绝大多数是不健康的、低级庸俗的艺术品，它们败坏年轻一代人的审美趣味，破坏高尚的情操。这个现象已引起全社会的关注。因此，我们的作曲家更有责任创作内容高尚、音乐优美，而又富于民族特色的轻音乐和娱乐性音乐，来替代那些不健康的低级的流行音乐。我们的音乐理论家和作曲家正是这样做的。经过广泛的讨论，现在已取得良好的效果。教育年轻一代热爱自己的民族音乐，培养他们具备高尚的审美观，这是我们义不容辞的责任。从根本上说，必须加强中小学的民族音乐教育。目前我们的教育家，已经开始重视这个问题。

各国各民族之间的音乐文化交流，是增进人民之间的友谊的最好方式之一。我国古代，特别是唐代曾大规模的进行过音乐文化的交流，其结果促进了我国民族音乐的丰富和发展。新中国成立以后，我们十分重视这一工作，这有助于我国人民和世界，特别是亚洲人民的团结和友好。由于我们和许多亚洲国家，都具有悠久的文化交流历史，音乐上有许多共同点，我们音乐家之间更容易交朋友，讨论当前我们共同关心的问题，这对我们大家都有益的。这次会议所取得的成就是最好的例证，它为我们提供了交流音乐文化的大好机会，使我们向外国朋友学习到了许多有益的经验。我们一定把这次会上学习到的继承和发展民族音乐传统的好经验带回去，传达给我们广大音乐工作者，贯彻在我们的工作中。

最后，让我们向这次盛会的东道主——朝鲜民主主义人民共和国的领导和同行们致以崇高的敬意和衷心的感谢！也向参加会议的亚洲各国、和地区的朋友们致以亲切的问候和美好的祝愿！谢谢大家！

原载《中国音乐》1984年第1期

愿民族音乐之花开得更加艳丽

——纪念四川音乐学院民乐系建系30周年

常苏民　马惠文

时光飞逝，转眼间，我院民乐系已胜利度过了30个春秋。

30年来，民乐系在党的教育方针和文艺方针指引下，在院领导和全院教职员工的关怀、支持下，在全系师生的共同努力下，为民族器乐教学事业的繁荣和发展，做出了可喜的成绩，为省内外培育了一批政治素质优良、专业基础扎实的音乐人才。值此30周年系庆之际，让我们向她表示热烈的祝贺！

民乐系建立于1957年。由于初创，经验少，要办好这个新系，培育好这朵鲜花，方方面面，均需加强。

第一件大事是首先从组织上解决专业师资的配备问题。没有师资或师资短缺，定不会使这个"机器"正常而有效地运转起来。当然更无法保证教学质量了。其次是抓老师在政治、业务素质上的提高。师高弟子强。对此，院、系领导进行了大量工作，从而，因人而异地采取了很多措施，诸如应需要的"送出去"：采风、取经、进修；"请进来"：专家来校讲学，门外汉经验等。这些措施大大促进了系的建设和发展，很快就开起了二胡、板三月、笛子、笙、唢呐、琵琶、扬琴、筝、古琴，以及打击乐等10个专业，并拥有三十余名教师。民乐系已是一个具有吹、拉、弹、打专业较为齐备的系了。

第二件大事，是狠抓了教学大纲的制定与教材的编写，"纲举目张"。民乐系建系以来，他们编写的各专业教学大纲和教材，随着不断修改和补充而日趋完善，这不仅从根本上改变了昔日民乐教学中那种"口传心授"的，或"哪里黑，哪里歇"的落后状况，而且逐步走上了较科学、系统的教学轨道，促使教学效果得到明显提高。

第三，民乐系在教学中，既重视了基本功的训练，还坚持了师生每学期举行两次汇报演奏音乐会，至今仍锲而不舍。由于演奏水平的不断提高，自1963年以来，便有11名师生在省内外民乐参赛中获奖。其中如1963年四川省青年小提琴、二胡比赛中获二胡演奏优胜奖的李汲渊；四川省民歌、笛子比赛获笛子第一名的王其书；1964年作为四川二胡选手之一参加"上海之春"比赛的舒昭；1980年"上海之春"全国琵琶比赛获成绩优良奖的张燕；1981年四川省声乐、二胡、琵琶、小提琴比赛获二胡一等奖的周钰，二等奖的康成明，三等奖的朱玲；获琵琶甲级组一等奖并列的陈音、张燕，获琵琶乙级组一等奖的韩梅；1982年全国民族器乐独奏观摩演出（南方片）中获扬琴优秀表演奖的瞿冰心、二胡优秀表演奖的周钰、唢呐表演奖的张放、琵琶表演奖的陈音等。这些成绩受到有关领导部门的重视，因而先后有周钰、瞿冰心等，曾作为中国青年艺术家小组成员和四川三人民乐演奏家小组成员，分赴罗马尼亚、匈牙利、苏联、美国等国家进行过访问演出，并获得了较高的评价与赞誉。

第四，民乐系在教学、演出的同时，还探索着自己动手进行创作的实践。首先在教学中增开作曲、复调、配器等课程，同时在教师中也有计划地开设了作曲辅导讲座，并采取和院内外有经验的曲作者合作写作等措施，从而丰富并发展了在教学与演出中的曲目，其中有不少作品得以上演、广播、出版或录制了唱片、磁带。诸如在四川省获创作奖的作品有：笛独奏曲《三峡随想曲》（王其书、黄虎威作曲）；笙独奏曲

《藏族舞曲》（魏元根作曲）；二胡独奏曲《千里凉山百花开》（张秉寮、闵侦作曲），《盼》（孟庆怡作曲）；获国家级二等奖的笛子与乐队《阿诗玛叙事诗》（易柯、易加义、张宝庆作曲）等作品，就是采取这一措施后所获得的成果。

创作和演奏艺术总是起着相互促进作用的。新作品的不断产生，不仅使各专业获得一批富于民族风格和地方特色的教学与演奏曲目，同时，也推动着各专业演奏技艺的提高和发展。因为新的作品中，往往使用了许多传统曲目中所没有的如转调、变音以及各种复杂的组合和新的作曲技巧，无疑它对民乐传统演艺是个挑战。不过，"车到山前必有路"，师生们经过艰苦努力，确使各专业在演艺水平上得到了发展与提高，促使乐器的改革取得了成果，诸如九孔笛、新曲笛的创制，二胡双千斤的改革，以及扬琴增律等，都曾引起音乐界的广泛重视与运用。

第五，民乐系在教学、演奏、创作以及乐器改革的同时，在科研论著上也获得了可喜的成绩。该系教师除编写出各专业教材，保证了教学需要，其中一些还被兄弟艺术院校采用。系上还抓了科研这一工作，如经四川人民出版社出版的《中国琵琶史稿》（韩淑德、张之年编著），《二胡名曲欣赏》（段启诚、肖前勇著），以及二胡、板胡、扬琴、琵琶、唢呐、笛子、筝、古琴等各专业论文多篇，显示了师生们在挖掘、整理和发展祖国民族音乐文化上的进取精神。1983年，在院庆30周年学术论文评奖中，韩淑德的《中国琵琶史略》获论文奖，谭明才的《论板胡二胡弦技艺》获学术奖。

实践出真知。民乐系师生通过30年，特别是党的十一届三中全会以来的实践，对于如何理解和解决教学过程中经常遇到的问题，诸如红与专、洋与中、古与今、专业与基础、创作与生活……认识上有了进一步提高，措施上也愈具体有力。

我国社会主义四个现代化建设，特别是精神文明的建设，向教育战线提出了更高的要求，希冀我们在音乐教育中不断地培养出创造型、开拓型的"四有"人才。

近几年来，随着教育改革的深入，民乐系教师在教学的广度和深度上大胆探索，无论在教学内容和在教学法、演奏法、演奏美学、乐器发展与乐器改革的研究上，都付出了辛勤的劳动，并取得了显著成绩。他们对"公开教学"这一活动的研讨有所发展，并卓有成效。从最初的"搬家式"发展到多层次的、专题式的公开的教学，譬如由专业教师、教研室主任和系主任共同组成的，为培养"尖子学生"而进行的"多对一"的集体公开教学；"一对多"的公开教学；"干部进修班"的公开教学等。公开教学课的进行，对有经验的教师来说，是一种信息交流，相互观摩，可以取长补短；对年轻教师来说，是一种启迪和培养的方法。由于加强了教师之间的横向联系，在教学指导思想、教学内容、教学方法、教学语言、教学层次、教学程序，以及增进教师间的了解与团结诸方面，无不取得了显著的效益。

回顾民乐系建系以来的30年岁月，硕果累累，令人鼓舞；民族未来，满怀信心，前途似锦。为此，我们深深地相信，我院民族器乐教学艺术之花，在振兴民族音乐众多园丁们的心血浇灌下，今后，定会开得更加婀娜多姿，绚丽夺目！

原载《音乐探索》1987年第3期

与吕骥同志难以忘怀的两次接触

常苏民

吕骥同志是我国音乐事业中的一位开拓者与组织领导者。60年来，他为我国音乐事业付出了辛勤的劳动，无论在理论研究、创作实践、音乐教育与民族音乐的继承与发扬上，都取得了丰硕的成果。

他现在虽已进入耄耋之年，但精力不衰。在党的十一届三中全会以来的盛世中，他更珍惜"夕阳短"的晚景，仍在为中国音乐史的研究坚持伏案写作，确实令人钦佩！

我和他首次接触是1937年深秋，在我的家乡山西省太原市，是他同周巍峙、李公朴诸位一道来的。

1937年秋，抗日战争爆发，吕骥同志从绥远来到太原，在太原国民师范原址山西牺牲救国同盟总部担任歌咏工作。那时我在太原市任教，是个中学的音乐教员。由于在教学中教唱抗日救亡歌曲，曾博得众多中学生的欢迎，于是陆续地兼任起八所中学的音乐课程，借此在各校开展抗日救国的群众歌咏运动。

我知道吕骥原来在上海、北平、绥远等地从事救亡歌咏运动，并且写了一些有影响的歌曲，能见到他，十分欣喜。会晤中，我陈述了太原学生歌咏运动的情况，大家颇有兴致地听着。这时吕骥同志进言："是否把歌咏运动再扩展到军队和工人群众中去？这会使群众性广泛些，声势更大些呢！"话虽只几句，既是对我工作予以的肯定，又激励我进一步开拓新的领域。事后实践证明，这样做的效果很好。

就在短暂的交谈中，他提起山西民歌，称赞山西民歌丰富而有特色，要我唱一些给他听，他当场记录。我哼唱了诸如《走西口》《割莜麦》《大挑菜》……哼唱中有些疙疙瘩瘩，但他那认真地记、写，并不断修正的精神，使我深感自己对民间音乐深入学习得不够。他的言传身教，启发了我对民族民间音乐研究的重视，从而也就重视了向民族民间音乐的学习，特别是后来经过创作实践中的运用更坚定了我学习民族民间艺术的信念。以上交谈言语虽简，但在我从事音乐工作的道路上，却获益良深。

第二次接触，是在我的《山西梆子音乐》于1944年在晋绥边区油印出版后，我曾寄往延安向吕骥同志求教。那时战争形势进展迅速，延安有关机关和人员已陆续转移北上。就在这行旅的繁忙中，他从旅途中的张家口寄来了热情的复信。这封信对此书的加工不无补益。今附原信如下：

苏民同志：

收到你记录整理的《山西梆子音乐》，已经是去年的事了……在戏曲音乐的记录整理上，你所做的工作是十分有价值的。可说是中国研究民间戏曲的先导。大家都觉得要向你学习。继你的工作之后，在陕甘宁边区有安波从事陕西梆子的搜集和整理，最近这里也有搜集整理河北梆子之建议。我们十分希望他们在你们的范例影响与鼓励下也能完成。关于郿鄠、道情研究，我们真是十分惭愧，直到离开陕甘宁边区，都未能有系统地进行，希望你们继续进行，以你对于地方戏曲音乐的丰富知识，一定能有光辉的贡献。在戏曲音乐的研究上，现在要说刚开始，但目前也是十分迫切的工作。现在大家在新歌剧创作上，其所以还没有获得光辉成就，我以为，缺乏对于中国民间戏曲音乐的研究应该是重要原因之一。因此，这方面希望你们那边许多对民间戏曲有研究的同志提供更多的材料和意见。在延安时大家都认为对于民间戏曲音乐的研究，不仅要有全面的、历史的、概括的记录与整理，还要有整本戏的全谱记录，只有这样，才能研究清楚戏曲音乐之全体的结构；才能明了她是如何运用组织曲调的；才能了解她的情节的发展变化是通过些什么手段表现出来的。我们也打算这样做。这里开始在组织民间戏曲研究会，以后打算合组民间戏曲音乐研究会。另外，正在筹备出一个音乐月刊，希望得到你们的稿件，无论音乐作品或论著，均欢迎。

吕　骥

一九四六年四月于张家口

此信内容虽系40年前所作，但它对创建新歌剧音乐的论述，可以说到现在仍具有着研讨上的裨益的。

吕骥同志作风严谨，平易近人。在对人对事的接触中，总使人感到有股子言简意深的潜在力量，使人不断探索前进，尤以在我从事音乐工作的道路上给予的支持、启示与鼓励上。现值吕骥同志举行从事音乐工作60周年纪念之际，谨拙撰回忆短文，以志纪念和祝贺。

原载《乐府新声》1989年第2期

我是怎样步入音乐之路的

常苏民

人，总是生活在一定的社会环境之中的。社会环境的熏陶，对一个人的发育、成长来说，它的影响有着一定的作用，有的还会起到决定性的作用。

就我家所处的社会环境来讲，左邻隔壁，是一户祖传为婚丧礼仪的吹鼓手世家。经常吹吹打打，有时民间小调，有时戏曲选段，吹打得十分感人。隔大街对面，是一座红墙琉璃瓦盖的关夫子庙。庙宇宽敞并建有演唱戏剧的舞台。庙内住有老少和尚多人，整天拜佛念经，也经常钟磬叮叮当当地敲打，笙箫笛管吹的乐声悠扬动听。

可以说我在孩提时代，受环境的音乐熏染，就"耳感七音"了。

但是，使我耳濡目染最深的还是我住家下南街居民聚居区的业余组合的自乐班。这是个上党梆子戏剧爱好者们业余自娱坐唱组合。他们经常聚集在我家院坝里钻研练唱。父亲会弹三弦并能拉两下子二胡，是自乐班的成员之一。由于所有乐器经常存放在我家里，这对我就造成了可以"偷经学艺"的好机遇。久而久之，便使我由一个戏曲音乐的旁听者，逐渐摸索着弹拨起月琴，拉起二胡琴，并经常跟着他们的练唱做起伴奏的活路了。

满7岁读了本街四年制的小学。毕业后，考入高小，就读高小期间参与了黎锦晖先生的《月明之夜》《葡萄仙子》《小小画家》等歌舞的表演，活动中曾受到过老师和众多同学的赏识。

13岁高小毕业，升学问题，究竟考什么学校，家父颇费斟酌。当时社会上习俗舆论："穷师范，富中学"嘛！由于家境经济拮据，读不起自费的中学，就只好随父亲带着由家乡步行五百多里到太原，报考了山西省立国民师范学校了。

这所学校的校长，是军阀阎锡山的老师赵戴文，从而经费充裕，不仅校舍建立宽敞，设备齐全，对学生的膳宿、课文讲义全部免费外，每年还发给学生制服一套和操鞋一双呢。这在当时山西省来说，它确属是一所唯一的穷家子弟得以求学的学校。曾忆起当时社会上有过这样的飞语流传着："太原办起个国民师范，拉洋车的就走了一半！"在校学生数达千人之多。这在当时来说，确属学生最多的一所学校。但，确全系穷人子弟。

俗话说："人穷志不穷"嘛！同学们那种勤奋学习追求上进精神和频繁的课余社会活动，对我在思想境界的追求上，都起着有益的启迪和激励的作用。

20年代，是中国社会极度动荡的年代。封建割据、军阀争战，时局的风云变幻，它对青少年一代思想政治上的追求与成长方面，确属是番考验！

国民师范，20年代在太原即是一所有声望的思想进步的学校，是我党在太原建立地下党组织的重要阵地之一。它在领导群众与当时山西国民党右派频繁的斗争中，启迪与激励着同学们在思想政治上的进步。

我在进入初师学习生活中，在这火热的进步思想熔炉中，毅然参与了反右派斗争的各种活动。由此，于1925年春便被吸收参加了C·Y·地下组织（共产主义青年团的简称）。在地下党负责人薄一波、张文昂等同志的领导与培育下，曾为地下党组织的夜间轮训中站过岗、放过哨，同时，也参加一定的轮训。《国际歌》《共产主义青年团歌》，就是在那时学会的。还是位苏联人夜间潜来校中讲学的呢！

进入第二学年，我考入了蜚声太原的国民师范雅乐团。该团中西乐器设备多样，团员达18人，都是吹拉弹唱各有专长的同学，且经过考试来组合而成的课余组织，经常为校内外各种纪念大会演奏。我入团简直好像如鱼得水一样，从而兴致勃勃地投入了学练音乐表演艺术的怀抱之中。学习乐器，一方面除将在家乡已掌握在手的乐器，经指导老师辅导提高外，一方面则进一步增学了风琴、小提琴和琵琶等乐器。

在排练和演出中，我曾探索着用小提琴加入演奏，它在音响色彩方面，却也起了丰润的效果。为此受到了同学们热切欢迎。甚至对此启用太原流行歌调，编配过一首讽刺我的歌谣呢。"从南来了个青年人（我是山西晋东南人），身上穿着一身青，手里拉着小提琴，他叫常苏民"。此歌确在太原学生中传唱过一时呢！

在国民师范就学中，学校惯例，每周周末要在学校大礼堂举行一次周会，会前有项奏乐的程序，学校选了我在台上用风琴演奏一曲，而且每周如此，从而我在学校便成了个为师生们所赞誉的音乐人才了。

1926年秋，初师毕业。适逢学校在高师要开始实施分科教学了，在分设为文科、理科、艺科中，经校方的选拔和个人的志向，我便驾轻就熟地选学了艺术科。在艺术科主学音乐兼学艺术书画等课程。

音乐课师是北京大学音乐传习所来的王美岩老师。他主讲音乐理论作曲课程，但，他在古琴弹奏上颇有造诣。为此，同学们聚议要加学弹奏古琴了，在老师的同意和指导下，大家同心协力地各自动手制作起来。但制作古琴工程艰巨且复杂。有的同学为了求得共鸣声响大些，把琴身内部挑挖得过薄，结果反而引不起共鸣没有声音了，有的把琴身留得过厚声音小了。反而我在制作中缓慢了些，在边做边试中，接受了以上两方面的教训，琴身内厚薄挖得恰到好处。对此，王美岩老师和同学们莫不为之而欢庆。此后学着弹奏了诸如《阳关三叠》《渔樵问答》《平沙落雁》《关山月》等曲目，从而对古代乐曲的声韵，增加了学习兴致。

三学年艺术科的学习，通过表演艺术上的吹拉弹唱钻研，与理论作曲上的和声、复调、曲式、配器四大件的学习和音乐史论的学习，从此我就迈步走向音乐艺术之路了。

原载《音乐世界》1990年第2期

音乐作品选

漫谈常苏民先生的音乐作品及其创作特点

引　言

　　常苏民先生是我国当代著名的音乐教育家、作曲家和音乐学家，他早在20世纪20年代就开始积极参加进步音乐活动，并进行多种体裁的音乐创作，写有大量在群众中具有广泛影响力的音乐作品，并撰写有多篇音乐论文，记录整理有《山西梆子音乐》一书。为了纪念这位在中国当代音乐创作、音乐教育和民族音乐研究方面有影响的重要人物，笔者在最近一年中，曾通过多种途径，搜集整理了常苏民先生创作的音乐作品，同时还在四川音乐学院档案馆那些浩繁的档案文件中查找到他从未发表的音乐作品。我们从这些资料中可以了解到，常苏民先生的音乐创作主要包括革命歌曲、电影音乐以及其他音乐作品。这些作品不仅流传范围广，而且在群众中产生了积极影响，至今仍在人们的脑海中回荡。纵观常苏民先生创作的音乐作品，我们可以从以下三方面进行探讨。

一、革命歌曲及其创作特点

早在20世纪20年代，常苏民先生便开始进行革命歌曲的创作，并谱写了大量有影响力的作品。这些作品，无论在新民主主义时期，还是在社会主义建设时期，对于团结人民共同抗敌，建设社会主义新中国，均产生了重要影响。

据统计，常苏民先生一生创作有《团结抗战》《向前进》《打西安》《井冈山》《一切为了钢》《万岁！伟大的祖国》《人民公社办起来》等十余首革命歌曲。在上述作品中，有的反映抗战内容，如《团结抗战》《打西安》等作品；有的歌颂社会主义建设，如《一切为了钢》《人们公社办起来》等作品；有的则抒发人们的爱国热情，如《万岁！伟大的祖国》等作品。常苏民先生所创作革命歌曲根据不同内容，创造具有不同个性特征的音乐形象，或以具有冲击力的节奏和挺拔高昂、富于棱角的旋律，表现激昂慷慨的情绪和威武豪壮的气势；或以气息宽广的旋律、舒缓沉着的节奏和抒情含蕴的音调，展现人民丰富的内心世界。从常苏民先生创作的革命歌曲中，我们可以明显感受到，他的作品主要具有以下特点：

（一）人民性

常苏民先生创作的革命歌曲，无不具有人民性。我们从他的作品中，能很明显感受到他的作品在内容上，总是和人民的生活息息相关，并积极反映人民的愿望和思想；在创作上广泛地吸取和利用民间音乐养料；在形式上易于为人民接受和喜闻乐听。

在内容上，通过分析常苏民先生的歌曲，我们可以充分感受到他是从人民大众丰富的生活中去吸取创作源泉，并创作出反映人民愿望的作品。以歌曲《人民公社办起来》为例，这是一首感情真挚，语言简洁，具有浓厚生活气息，同时好听易唱，在当时是颇受群众喜爱的歌曲。歌词写道："东方吹来百花开，人民公社办起来，千人欢呼万人爱……"在这样含蓄而又朴素无华的歌词里，人民的生活愿望和美好情感得到了最直接的表达，而常苏民先生通过音乐，将铿锵整齐的节奏，高亢激越的旋律与歌词完美地结合在一起，同时给人们提供了自由想象的广阔天地。这样的音乐来源于人民的生活，直接与人民的生活息息相关，更直接抒发着人民的情感。另一方面，常苏民先生的革命歌曲作品总是把人民群众的思想感情准确无误地、生动地表达出来，并构成富有感染力的音乐形象，给人以鼓舞前进的力量。以常苏民先生的代表作《团结抗战》为例，就是为在山西境内浴血奋战、抗击日本侵略者的抗日军民而创作的一首合唱曲。在这首歌曲中，作曲家将充满朝气的旋律同坚定有力的进行曲节奏有机地结合在一起，使歌曲既充满战斗性、现实性，同时又具有革命浪漫主义的瑰丽色彩，积极表达了人民群众团结一致，积极抗战的统一思想。在我看来，这样的音乐仿佛把人带到那烽火连天的革命岁月，带到危机四伏的战斗之中，让人在追忆那些为民族独立和人民解放、国家强大和社会发展而奉献了青春热血乃至生命的英雄的同时，又生发出一种豪迈的英雄主义气概，激励人们奋发向上。

在创作上，常苏民先生的革命歌曲创作，其音乐语言和歌曲的旋律常常都有着鲜明的民族风格，与广大群众的欣赏水平、接受能力、心理特征、审美情趣有着很强的亲和力。这些作品既不失民间音乐的韵味，又有所出新，同时也是对奋发向上、自强不息民族精神的弘扬。常苏民先生的革命歌曲常常吸取使用民间音调，并在此基础上加以创造，进而产生出优美动听、生动活泼的曲调，而且鲜明简洁、通俗易懂。同时常苏民先生的歌曲在注重民族性的同时又不乏鲜明时代特色的号召性音调，斩钉截铁般果敢的节奏，勇往直前无所阻挡的气势，有力地表现了处在深重灾难中的中国人民不畏强暴、英勇战斗的革命精神。常苏民先生的歌曲《井冈山》，其歌词来源于毛主席的词作《西江月·井冈山》，这也是常苏民先生为了表现广阔的现实生活和使歌曲更具有民族特色而进行的探索创造。这首作品运用传统的民间曲调为素材，把民歌风味与时代精神融会得恰到好处，这样的一首革命作品，仿佛有了艺术歌曲如诗一般的独特气质，虽然保持了民间音乐素材的原生态，但又进行了艺术加工创作，把当时人们热爱家乡，坚定信心的精神面貌表现得淋漓尽致。

在形式上，常苏民先生的创作以分节歌为主，曲式结构也相对简单，多为四乐句的单乐段或者单二部结构，很少使用复杂的节奏，曲调也是流畅朴实，易于上口。最能体现这一特点的莫过于常苏民先生创作的《一切为了钢》这首作品了。在这首短短的歌曲中，作者只用了四分音符，八分音符以及偶尔出现一两次的后十六分音符和结束小节的二分音符以上四种简单的节奏。这种朴素简单的节奏安排，非但没有限制歌曲音乐的表现，反而使音乐形象更加集中，更加简洁鲜明。同时旋律进行上，很少有超过六度的音程大跳，取而代之的是大二度，小三度，纯四度这样的较为平和的音程进行。这样的用法增加了音乐的平顺性，方便人民大众传唱和记忆。

（二）通俗性

常苏民先生善于用单纯简洁的音乐语言来表现深刻、生动的音乐内容，他的歌曲朴实平易，词曲结合紧密，旋律朗朗上口，句句入耳，字字动心，简单易记，深受群众喜爱。他的歌曲多反映普通民众的实际生活，并能真正地走进人们的内心世界，抒发群众的真实感受，能使人们产生情感上的共鸣。同时大部分歌曲作者在创作时都采取了简单的结构，目的是让其更容易被接受。

《向前进》（又称《军队向前进》）也是常苏民先生极具代表性的作品。这首作品写于解放战争年代，其歌词来源于毛主席的题词"军队向前进，生产长一寸；加强纪律性，革命无不胜"。这是一首最早的毛泽东"语录体歌"，这首作品，音乐紧扣词意，旋律朗朗上口，抒发了革命乐观主义精神。常苏民先生为了适应当时充满革命激情和战斗号召的革命诗歌的需要，运用方正性的歌曲结构原则，并以短小的动机或乐句作为基础加以发展，使这首作品特别富于动力、富于节奏感，更有内在的紧张性和统一性。这样饱含激情的一首革命音乐作品，不仅内涵丰富，同时好听易学，非常适合广大群众齐唱或编排为合唱，很快就成为老解放区军、政、民、学生、儿童普遍爱唱的一首好歌，它和当时的《没有共产党就没有新中国》一样广泛流行。

常苏民先生的革命歌曲创作，绝非是抽象的政治口号，而是革命实践的真实写照。这些动人的歌曲是有着具体内容的综合艺术。时至今日，我们再来回顾这些歌曲总能唤醒那段激情四射的回忆，同时在艺术上也得到享受。虽然这些音乐创作的年代，随着时间的推移已经离我们越来越远，但是这些音乐作品历经岁月的雕琢总会散发出夺目的光辉，因为这些歌曲不仅代表了作曲家最深沉的情感，更代表了人民的革命精神、民族精神和爱国精神，今天我们再来回顾这些美妙的音乐，其实更多的是在理解、感悟并且传承一种伟大的民族精神。

二、电影歌曲及其创作特点

常苏民先生一生创作过大量的电影音乐作品，主要以电影歌曲为主，他除了1960年为电影《嘉陵江边》进行过配乐外，其余所有电影音乐作品几乎都是电影歌曲。据不完全统计，自1951年到1982年，他先后为十多部电影创作了二十多首电影音乐作品，其中最具影响力的作品有

1951年为电影《刘胡兰》创作的主题歌《赞歌》，1955年为故事片《猛河的黎明》谱写的插曲《雪山上升起了金色的太阳》，1975年为故事片《黄河少年》谱写的插曲《黄河起风暴》；从1979年至1982年这短短的4年间，是常苏民先生从事电影音乐创作的高产期，在此期间，他与另外一位作曲家陶嘉舟先生先后为电影《神圣的使命》《山城雪》《漩涡里的歌》《姑娘的心愿》《千古风流》《巴蜀洞天》等创作了18首主题曲和插曲，并出版发行了《常苏民、陶嘉舟电影歌曲选》。在他创作的二十多首电影歌曲中，其中具有代表性的作品有《心上人啊，快给我力量！》《船工号子》《险滩号子》《千古奇冤》《人家的船儿桨成双》《眷念》《钗头凤》等。这些电影音乐构筑了电影的骨架，具有鲜明的时代特点和独特的个性，既有本土的民族音乐风格，也有对外国音乐的借鉴和创造性地吸收，并融于我国民族音乐之中，为电影音乐的创作开拓了新的方向。纵观常苏民先生一生中创作的所有电影音乐作品，我们可以明显感受到，他的这些作品，主要具有以下特点：

（一）抒情性

常苏民先生创作的电影歌曲，无论是电影插曲还是电影主题曲，其作品总是充满较强的抒情性，让人能从中感受到一种真挚动人，感人肺腑的力量。

如《眷恋》这首歌，它是常苏民先生为电影《姑娘的心愿》所作，歌曲表现的是女主人公卫之华突闻自己罹患癌症，感情极度悲痛时的内心独白。从电影的录音中我们听见，歌曲开始在一个不协和和弦的衬托下，旋律从高音区连续模仿下行，通过音区、力度、速度的不断变化，抒发了人物内心的感情跌宕，在作品的配器上又为旋律的陈述营造了一个焦躁不安的氛围，配合画面尽情抒发出主人公的万千思绪，从头至尾处处扣人心弦。

《心上人啊，快给我力量！》，是电影《神圣的使命》中的歌曲，也是常苏民先生极具代表性的电影歌曲作品之一，这首抒情歌曲听起来为什么竟是那样的别开生面，又是那样的具有独特的艺术魅力，以至于影片刚放映不久，就不胫而走，流传于全国各地，其奥秘也就在于一个"情"字。由于作曲家在创作时，曲以情发，将感情灌注于音乐之中，运用行腔婉转的旋律和变化模仿的手法层层推进，表现了"四害"横行时期人与人之间冷漠的关系和剧中人物无比忧伤沉重的心情。那低回婉转、如泣如诉的吟唱，把人物内心里跌宕起伏的感情又表达得淋漓尽致。这就是这首歌曲具有无穷魅力的根本所在。

即便是这首以旧中国重庆朝天门码头上搬运工人的沉重劳动场面为背景的歌曲《抬头低头盼天晴》，它也同样具有抒情的特性。作品用有节律性节奏的合唱衬托悲壮缓慢的领唱，在这样的音乐中，既表现了被压迫人们的沉重呼号，也渲染了那时社会的黑暗以及政治气氛的恐怖，抒发出了人们对于解放的殷切期望。

美酒贵在香醇，艺术贵在感人。音乐是以抒情见长的艺术，尤须感人肺腑，动之以情。而出自常苏民先生笔下的电影歌曲，往往是在电影放映不久就一唱众和，广为流传，并且得到各方人士的好评，一个根本性的原因，就在于那些作品都具有感情的浓度与深度。我们再仔细回味上文中提到的几首歌曲吧，无论是催人泪下的《眷念》，还是深沉悲壮的《抬头低头盼天晴》……无一不是靠源于真挚感情的优美旋律去抒发剧中人的情怀，并激起广大听众强烈共鸣的。这些具有抒情性的音乐在人物对象的内心世界进行了鲜明的刻画，同时也对人物的内心寄托进行了形象的描述，另外在人物心理变化的描述上也起着极为重要的作用。这种抒情性的音乐不仅连接语言、强化语言中所要表达的思想情感，同时由于抒情性的运用能够加强电影的节奏，从而实现故事情节的高潮。另外一个方面则表现在抒情性音乐极大地推动了电影故事情节的发展，并给人造成一种现实感的感受。这些极具抒情性的音乐丰富了电影的表现力，从而实现影片在主旨上的进一步升华。

（二）戏剧性

常苏民先生电影音乐的戏剧性的特征，在电影《漩涡里的歌》中得到了集中体现。《漩涡里的歌》所展示的内容，是一个船工出身的歌唱家曲折艰辛的经历。作曲家用了5首风格各异的歌曲从不同的方面丰富了电影的艺术特点，生动地刻画了江力生（影片主人公）的性格特征。序幕出现的《险滩号子》和片头、片尾出现的《船工号子》《过滩号子》，集中表现了江力生性格中刚毅顽强、不畏艰险的气质；而《夜色》一曲，又表现他由于长期的不幸遭遇所造成的性格沉郁的一面；在回忆中引出的《船工号子》以及格调清新、诙谐幽默的《人家的船儿桨成双》，又侧重表现了这位歌唱家意气风发与乐观、坚定的一面；另一首歌曲《心心相印》，则是江力生与片中女主角辛怡文当年热恋回忆的幸福写照，也从另一个侧面刻画了主人公性格中温情的一面。这5首歌曲在电影中出现6次，在与画面有机结合的同时，深刻而又多层次地揭示了人物复杂的内心感情，又集中突出了主人公刚毅顽强的主要性格特征，使得银幕上的江力生的形象更加鲜明而又富于立体感。

在电影中，常苏民先生创作的不同音乐主题表现出强烈的戏剧性冲突，它们在电影中起着举足轻重的作用。这些充满戏剧性的音乐主题对电影中的各种角色、各种冲突事件、各种复杂情态、各种隐秘的心理活动都做出了细腻的刻画与展现。每当故事情节发生剧烈变化或者剧中情节可能会给观众带来强烈情感冲击时，这些充满戏剧张力的音乐就开始烘托和渲染背景气氛，所表达出的情感比语言更为直接也更为细腻。在这些音乐的配合下，观众能轻易地走进电影中的情感世界，从中感受电影的独特魅力。这些音乐在做到与画面的和谐统一之后，既从属于影片的总体艺术结构，也为烘托渲染环境气氛，深化人物形象，推动情节发展服务；同时又以自己的音乐形象去补充、丰富影片里的艺术创造。

（三）民族性

除抒情性外，常苏民先生的电影音乐作品还明显充满民族性。这里所说的民族性，主要是指他的电影音乐创作非常注意运用民族音调，特别是四川地区的民间音调，他在创作中十分注意从浩瀚的民族民间音乐中吸取养料，通过精心提炼，同时运用有效的作曲技法对作品进行大胆创新，因而让这些作品有了鲜明的民族特色。这一点，我们从他创作的不少电影音乐作品中可以明显感受到。从上面列举到的几首电影作品中，就拿他为电影《漩涡里的歌》创作的几首插曲来说吧，它们都是常苏民先生从川江号子、四川民歌、川剧音乐以及四川曲艺音乐中采取素材精心提炼发展而成的，既有浓郁的四川风味，又有强烈的时代精神，优美的旋律使人感觉朴实但又不乏新颖。其中，《人家的船儿桨成双》一曲，是采用四川民歌《槐花几时开》和《绣荷包》的某些音调，结合川剧唱腔写成的。情绪欢快热烈，格调风趣诙谐，每段结束时插入人声模仿的川剧锣鼓点"喽喽壮"，更是画龙点睛之笔，不仅增添了作品的生活情趣，还使得歌曲的民族色彩和地方风味更加浓郁。

又如《我为你拨动琴弦》这首歌，是常苏民先生为纪录片《巴蜀洞天》谱写的插曲，也是一首具有四川地方特色的作品，曲调清新优美，从音响资料中，我们听见乐队伴奏采用的是轻音乐的配器手法，这使作品既有民族韵味，又增强了时代色彩。而在电影《山城雪》的插曲《想延安》里，常苏民先生又成功地运用了陕北《信天游》的曲调，经过发展，使得歌曲的音乐形象与歌词意境完美地结合，深情地抒发出革命战士对于革命圣地延安的思念。

《钗头凤》是常苏民先生为电影《风流千古》所谱写的主题歌，电影所描写的内容，是南宋爱国词人陆游与其表妹唐琬的爱情悲剧。在这部电影中，常苏民先生采用陆游名词《钗头凤》谱写主题歌，并以此为主要动机将电影主题音乐发展而成，恰如其分地表达出了这部电影的悲情基调。主题歌采用女声合唱形式，旋律使用了江南传统民歌为素材，创作手法简练，结构紧凑。先由舒缓的女声齐唱开始，旋律清丽婉转，继而用浑厚的"啊"音咏唱，又衬托出感叹痛切之情，情绪愈益深沉感人。整个曲调悲中有愤，哀而不伤，恰当地表达出陆游原词的深刻内涵。

而《风流千古》中的另一首插曲《千里共婵娟》，则是女主人公唐琬的音乐主题，与代表陆游主题《钗头凤》的音乐形象既有同，也有异。同的是两曲都具有悲怆愤激、哀痛婉转的情调，异的是《钗头凤》显得含蓄内敛，好似欲言又忍，而《千里共婵娟》却是直接了然，有如心灵呼声的痛彻倾诉。这首歌曲在创作上还吸收了传统戏曲音乐的音调和板腔变化的手法，用节奏自由的散起乐句作为引导，继而慢板入拍，抒发出唐琬对陆游的深厚情谊和内心的巨大悲痛。末尾又借用古典戏曲声腔中特有的收式来结束全曲，使得歌曲的古风更浓。

无论是《钗头凤》还是《千里共婵娟》，经过常苏民先生的缜密构思与精心设计，在借用传统戏曲音调的同时又运用合理的作曲手法来发展旋律，并配以风格统一的和声，浓淡相宜的配器，听后更觉既有我国古典音乐清秀雅致的风韵，又符合现代人们的欣赏习惯与审美观点，堪称古风今意的有机融合。它从另一侧面说明常苏民先生在电影音乐创作方面，不仅具有驾驭多种题材（无论是现实题材或者是历史题材)的能力，而且创作技巧之娴熟，充分体现他在音乐创作方面所具备的深厚功力和艺术修养。这些富于民族特色的电影音乐作品，一方面增添了电影的民族韵味，另一方面也借助于电影这一媒介而得以传扬，电影也因为有了民族性的音乐而增光添彩。

三、晋剧音乐及其创作特点

在创作革命歌曲和电影歌曲之外，常苏民先生的音乐创作还涉及晋剧及歌剧等领域。其中，他1955年为晋剧舞台艺术纪录片《打金枝》所进行的编曲在群众中产生了重要影响，这是常苏民先生最具代表性的作品之一，其音乐既保留了传统晋剧音乐慷慨激昂的艺术特色，同时又注入婉转细腻的抒情风格，在当时乃至对以后的晋剧音乐都产生了积极影响。我们从常苏民先生对该剧音乐中所进行的编创中，可以感受到他在晋剧音乐方面的创作特点：

（一）立足传统

在对传统晋剧《打金枝》重新创作改编的同时，常苏民先生也非常注意对晋剧传统的继承与发展。经过常苏民先生重新进行编曲的《打金枝》不仅具有激越、粗犷的一般特点，同时也具有圆润和细腻的独特风格。这种粗犷与细腻巧妙结合的艺术形式，是这部作品赢得众多观众喜爱最直接的因素。另外，常苏民先生善于寓情于乐，重新编曲后的音乐旋律婉转、流畅，曲调优美、圆润、亲切、道白清晰，在保留了晋中地区浓郁、粗犷的乡土气息之时，也重新有了自己独特的风格特征。常苏民先生对《打金枝》的改编创作，不仅保留了晋剧传统唱腔的特色，同时作曲家也对剧中演员的大段独唱进行了重新处理。比如，常苏民先生将传统晋剧的平板、夹板、二性、流水等唱腔连缀组合为成套的唱腔，随着剧情发展用于追叙、忏悔、思考问题等。同时，常苏民先生收集整理了如［小开门］、［雁过滩］、［南北塔落］、［大救驾］、［南瓜蔓］、［紧杀鸡］等大量传统晋剧曲牌，同时创造性地使用这些传统的晋剧曲牌，将不同曲牌表现的不同意境运用到编曲之中，比如表现愉快情绪的有［绣荷包］等，表现苦恼的有［太阳神针］等，紧张用［紧杀鸡］，舒缓用［大寄生］等，另外，常苏民先生还将这些常单独使用的曲牌连缀起来，取得了不凡的艺术效果，如将曲牌［开门鼓］、［慢拜场］等连缀进行使用，就能极好地渲染元帅升帐时隆重庄严的气氛。在演唱方面，要求表演者不仅需要做到传统晋剧演唱对字句铿锵的要求，还应做到行腔运调有如甘露细雨，点点入地。

（二）积极创新

在重视晋剧传统的基础上，常苏民先生还注意晋剧音乐的创新。在配器方面，作曲家匠心独运，将锣鼓等传统打击乐的部分进行弱化，而突出琵琶、三弦等弹拨乐器的音色。另外，常苏民先生的晋剧音乐不仅重视旋律横向流动的美，更重视音乐的立体感以及纵向多层次的美，为加深剧情，突出人物，渲染气氛，深化主题，常苏民先生重点丰富主旋律的表现，美化而不失原味同时准确地运用编曲艺术表达人物的内心情感，不是仅仅用高腔、长腔，而是凭借音色、旋律等巧妙、细微的变化来表现人物的内心情感。比如本戏的结局沈后劝说公主的大段唱腔，作曲家准确把握这个名段的基本特征，是语调和蔼亲切，语重心长的"劝说"，所以作曲家的配器很是清晰雅致，来衬托出沈后的娓娓道来的语调和情怀。观众听到的是用轻声细气以及扣人心弦的唱腔，透出体贴入微的声情，同时感受到的则是剧情推进到了一个别开生面的境界。在这个境界里，作为人母的皇后，那推心置腹的悄悄话，是那么亲切深情，那么语重心长，入木三分，充分表现出了作为皇后母仪天下的博爱和崇高。观众虽在听唱，却感到唱中有说，说中有唱，唱者和风细雨，听者入耳入心，使这个经典唱段更加精彩传神，这是作曲家对音乐改编取得的极大成功。这样的编曲并不妨碍传统戏原形态的演出，而且使原形态和再加工双轨并存，满足了不同层面的观众的需求，常苏民先生用精妙灵至的手法把一场宫廷内部矛盾合理进行了"大众化"式处理，这其中有着深邃的哲理和别致的情趣，在幽默、风趣的感觉之中却也不乏天真、朴素、动人之美，自然含蓄之趣，这是常苏民先生音乐作品中独特的艺术特色，更给观众不同的感受。

《打金枝》通过常苏民先生的潜心创作，重新编曲后，音乐更为跌宕起伏，引人入胜，使传统剧目更加美听美视，与时俱进，是古典美和现代美的有机结合。常苏民先生在借鉴西方音乐的优点改良民族戏曲的探索中，取得了令人瞩目的成就，同时经过改编的传统戏剧也有了更丰富更深厚的内涵，对后人进行民族传统音乐的创新改良有极为重要的意义。

结　语

综上所述，常苏民先生是我国现代音乐史上一位具有广泛影响力的作曲家，无论他创作革命歌曲、电影歌曲还是其他音乐，均在群众中产生了广泛的影响。他为后人留下的许多优秀音乐作品，至今仍回荡在我们的耳畔。今天，我们仍要学习继承他在革命歌曲、电影歌曲，以及其他音乐创作方面留给我们的宝贵创作经验，把表现人民群众生活，反映社会现实，注重音乐语言的通俗、流畅，强调旋律的朗朗上口，体现音乐风格的鲜明性、抒情性与戏剧性作为音乐创作追求的目标，让音乐真正服务于社会、服务于群众，至今仍有现实意义。常苏民先生创作的音乐作品将永远留在我们美好的记忆中。

参考文献

[1]冯如秀：《忆常苏民同志》，《音乐探索》2005年01期，第

23—25页。

[2]洪飞：《音乐教育家、作曲家常苏民》，《山西文史资料》1994年10月，第24—27页。

[3]英群：《我们永远怀念常苏民老院长》，《音乐探索》1993年4月，第3页。

[4]常苏民：《民族音乐的保护、继承和发展问题》，《中国音乐》1984年4月，第37—42页。

[5]赵黛明：《晋剧〈打金枝〉的剧本流变》，《中国戏剧》2012年6月，第16—19页。

[6]蔡馥坤：《歌剧〈图兰朵〉和晋剧〈打金枝〉的比较研究》，2010年山西大学硕士论文。

[7]曹永明：《古老的晋剧在太原》，《中外文化交流》1998年第2期，第15—17页。

[8]郭汉城、王蕴明：《梅花版〈打金枝〉续写晋剧辉煌》，《中国戏剧》2009年10月，第22—28页。

[9]李静、路菊芳：《革命歌曲传承现状之探析》，《艺海》2012年4月，第45页。

作者：2012级研究生 王国坤

导师：甘绍成 教授

老平民中学校歌

刘耀藜 词

常苏民 曲

1=C 4/4

徐缓地

(引子)
(5̣ · 1̲1 1 | 3 4 6 5 | i̇ · 5̲ 3 3 | 5̣ 2 7̣ 1) |

5̣ · 1̲1 1 | 3 4 6 5 | i̇ 5̲ 3 3 | 5̣ 2 7̣ 1 |
懿　 欤平民，　大莫与京；　陟彼太行，　天风斯翔。

5̣ · 1̲1 1 | 5̣ 5 2 7̣ 1 | 5 · 4̲ 3 0 3 0 | 3 · 4̲ 5 - |
呼　 吸新导，　民力乃彰。　勤　 俭忠　勇　　亲　肃诚

3 5 4 3̲2̂ | 1 0 2 2̲3̂4 | 3 0 3 3̲3̂4 | 5 - 5 1 1 |
以造智能　　兮，精神之　　府，平民之　　光。　　襄兮

3 3 · 2̲ 0 | 4 3 - 5 | i̇ - i̇ 0 ‖
进化　 兮，　　　人类　文　　明！

作于1932年

放 羊 歌

1=F 2/4

晋东南 民歌

常苏民 改编

稍慢

6 i 5 3 | 6 i 5 3 | 6 - | 5 5 6 | 6 5 3 1 |

放 羊　　过 山　　坡，　　青 草 儿　多 又
放 羊　　过 山　　坡，　　青 草 儿　多 又
放 羊　　过 山　　坡，　　青 草 儿　多 又

2 - | 3 5 6 i | 3 2 1 6 | 3 3 5 2 1 | 6 - ‖

多　　羊 儿 肥 又　胖，　　主 人 家 笑 呵　呵。
多　　主人家 吃 烙　饼，　　我 吃 糠窝　窝。
多　　何 日 丢 掉 鞭　儿，　守 着 亲 哥　哥。

打 西 安

1=D 2/4

稍快 有力地

白 冷 词

常苏民 曲

```
i - | 5 - | 5.6 6 5 3 | 1 6 | 5 0 | 2̇ - | 6 - |
军    队    胜 利      向 前    进，   东    征

6.1 6 5 | 4 6 | 2 0 | i i.i | 6 6 | 2̇ 2̇.2̇ |
西 杀      如 雷    电。   昨 日 在    高 山，今 日 在

5 5 | 3̇ 2̇ 3̇ | i 6 i | 5 5 6 i | 2̇. 3̇ |
平 原，  解 放      大 西 北，人 民 心 喜   欢，

5.6 6 5 3 | 2̇. ⌄5 | 2̇. 2̇ | 3̇ i | 6 5 6 | i. i |
人 民 心 喜   欢。看 我 们 队 伍 千 千 万，个 个

6 i | 5 6 5 | i - | 5 - | 5.6 6 5 3 | 1 6 |
都 是 好 儿 男。红   旗   飘 飘      迎 风

5 0 | 2̇ - | 6 - | 6.1 6 5 | 4 6 | 2 0 | i. i |
展，  刺 刀   上 起    齐 向    前。  只 听

i 5 | 3. 5 | 6 0 | 3̇. 2̇ | i 5 | 6 6 i |
将 军 命 令 下，  齐 心 合 力 打 西

2̇. 0 | 3̇ 2̇ 3̇ | i - | 6 - ⌄ | 5.6 6 5 3 | 1 0 ‖
安。  嗨 嗳，活 捉   胡 宗 南。
```

.211

向 前 进

毛泽东 词

常苏民 曲

1=F 2/4

进行速度 稍快有力

（齐唱）

1̲ 5̣ | 1̇.2̲3 | 3̇.2̲1̲6 | 5 - | 1̇5̲6 | 3̇.5̲1 | 2̇.3̲35 | 1 -

军队　向 前进, 生 产长 一 寸;　加强　纪 律性,革 命无不　胜!

（轮唱）

1̲ 5̣ ‖ 1̇.2̲3 | 3̇.2̲1̲6 | 5 - | 1̇ 5̲6 | 3̇.5̲1

军队　向 前进, 生 产长 一 寸;　　加强　纪 律性,

0 0 ‖ 1 5̣ | 1̇.2̲3 | 3̇.2̲1̲6 | 5 - | 1̇ 5

　　军 队 向 前进, 生 产长 一 寸;　　加 强

1. 2.
2̇.3̲55 | 1 - | 1̲ 5̣ ‖ 2̇.3̲ | 5 5 | 1̇ -

革 命无不　胜!　　军队 革 命 无 不　胜!

3̇.3̲1 | 2̇.3̲55 | 1 - ‖ 3̇.5̲1 | 2̇.3̲55 | 1 -

纪 律性,　革 命无不　胜!　　纪 律性, 革 命无不　胜!

作于1949年

井冈山

——《西江月》选曲

1=C 4/4

毛泽东 词

常苏民 曲

♩= 70 中速 豪迈、有气魄地

渐慢┄┄┄┄┄ mf

(3 2 5 · 6 3 2 | 1 · 2 6 5 6 | 6 1 3 2 i -) | 5 - - - |

山

mf

1 - - 1 | 1 - 1 2 1 2 | 3 - - - | 6 - - - | 6 - - i |

下　旌　旗　在　　望，　　山　　头　　鼓

比前稍快 沉着、有力地

i - i 6 i 6 | 5 - - - | 3 2 3 i i | 7 6 5 6 3 0 |

角　相　　闻。　　　　敌军　围困　万　千　重，

2 3 2 2 - 2 2 | 2 2 3 · #4 | 5 - - 6 7 | 5 · 6 5 5 |

我　　自　岿然不　　动。　早　已　森严

1 1 0 6 5 | 6 · i 3 2 | 5 5 0 0 | i · 6 6 6 |

壁垒，　更　加　众志　成城。　　　　黄　洋界上

ff 渐慢┄┄┄┄┄┄┄┄┄┄┄┄┄

i 6 3 2 - | 2 i i 7 5 | 6 0 5 i 3 5 | i - - 0 ‖

炮声　隆，　报道敌　军　宵　　遁。

万岁！伟大的祖国

1=C 2/4

田 青 词

常苏民 改词作曲

中速 壮阔、亲切地

```
5 5 | 6 6 6 | 5 5 6 3 2 | 1 - | 1 1 1 2 1 |
```
东方　升起了　金色的太　　阳，　和平　白鸽
总路　线　　光芒　万　　丈，　照亮　人民
人民　公社像　初升的朝　　阳，　六亿　人民

```
6. 5 3 2 | 5 - | 6 6 | 6. 5 | 4 3. 2 | 5 1 |
```
满天飞　翔，　万里　江　山　美如　　画，
耀进方　向，　祖国　装　上　钢铁　的　翅膀，
欢呼歌　唱，　年年　丰　收　传喜　　报，

```
5. 5 5 7 | 6 6. | 5. 5 5 | 1 - | 1 ∨ 5 | 5. 6 |
```
社会主义　祖国　灿烂辉　煌。
一日　千里　向前飞　翔。　　　万　岁！伟
幸福的　生活　日日向　上。

```
5. 6 3 2 | 1. 2 | 2 2 3 | 5 5 | 6 6 1 7 6 |
```
大　的共产　党，　您　指引着　我　们　前进的方

```
5 ∨ 1 | 1 - | 1 1 6. 5 | 6 1 | 2. 5 |
```
向；万　岁！　伟大的　祖国，　您

```
3 2 | 1. 6 | 5. 5 2 | 1 - | 1 0 ‖
```
天天　走向　繁荣富　强！

.214

赞 歌

——故事片《刘胡兰》主题歌

祭楚生 词

常苏民 刘文晋 曲

1=D 3/4

中板 激情、有力地

歌词：

刘胡兰，刘胡兰，倒下了 你英勇的刘 胡 兰，

站起来了千万个刘 胡 兰。 踏 着先烈的 血迹， 掀起了战斗的

巨澜。 为 了中国人民的 解放,要彻底 打败帝 国主义的 侵 犯,

为了保卫世界的 和平，我们决不 怕任何艰 难。 让

我 们 不怕艰 难

侵 略者 发抖 吧! 我们要一 直

奋斗到万 国腾 欢， 万 国腾 欢。

说明：《刘胡兰》是东北电影制片厂1951年拍摄的一部反映女英雄刘胡兰英勇斗争事迹的故事片。

雪山上升起了金色的太阳

——故事片《猛河的黎明》插曲

格桑悦西泽 词

常苏民 刘文晋 曲

1=F 2/4

中板 欢欣、愉快地

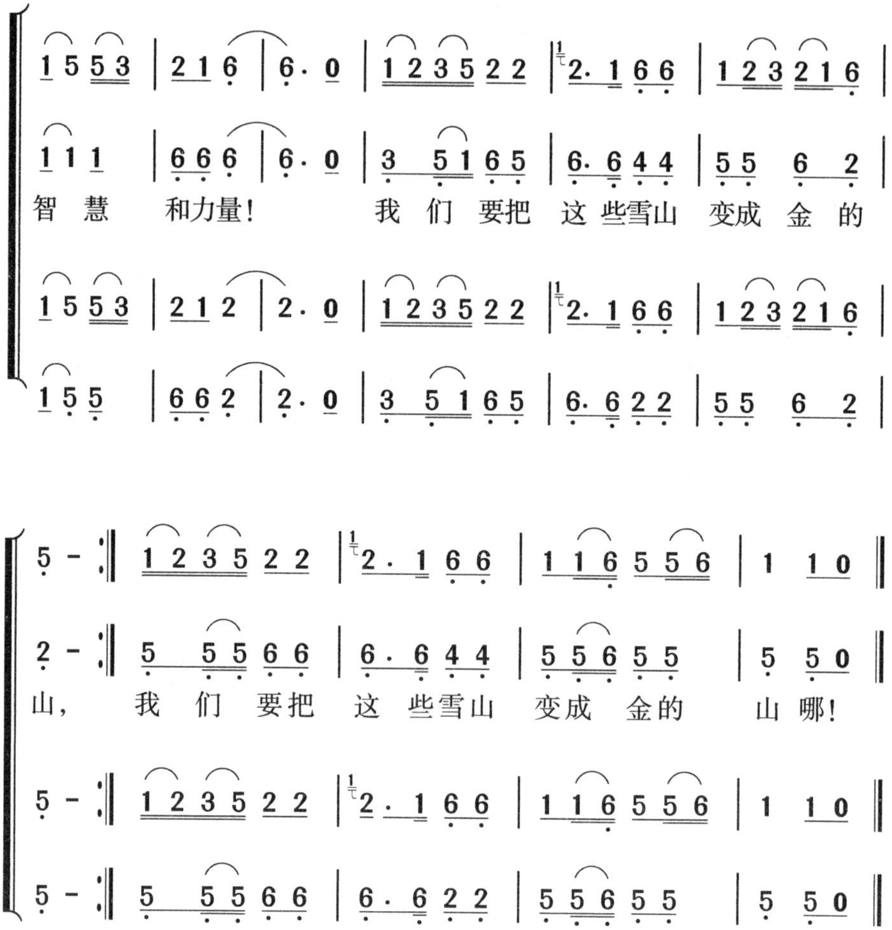
智 慧 和力量！ 我 们 要把 这 些雪山 变成 金 的
山， 我 们 要把 这 些雪山 变成 金的 山 哪！

黄河起风暴

——故事片《黄河少年》插曲

1=F 2/4

雁 翼 词

常苏民 章 纯 曲

进行速度
f

(0 5 5 5 5 | 6 · 3 5 | 3 · 1 2 | 5 · 5 6 5 | 1 1) ‖: 1 · 5 |

黄　河
黄　河

6 · 6 5 | 3 · 3 2 2 | 1 0 | 5 · 5 3 4 | 5 · 6 | 5 | 1 · 2 |

起　风暴，风　暴卷狂　涛，　黄　河儿　女手　握
起　风暴，风　暴卷狂　涛，　黄　河儿　女手　握

(0 2 2 | 2 2 3 4)

3 - | 2 · 2 2 5 | 3 1 | 2 - | 2 - | 5 · 5 5 6 | 5 · 3 |

枪，　打　击敌寇　狗强　盗。　　河　湖港　汊
枪，　打　击敌寇　狗强　盗。　　马　蹄声　处

6 6 · 7 | 6 - | i · i 7 6 | 5 2 | 5 - | 5 5 · 6 |

摆战　　场，　青　纱帐里　怒火　烧，　跟着
敌丧　　胆，　血　战到底　壮志　高，

1 5 | 3 2 · 1 | 2 - | 2 3 4 | 5 i | 7 6 · 2 | 5 - | 5 5 5 |

救星　共产　党，　跟着　领袖　毛主　席，　誓把

1 3 | 1 7 · 6 | 7 - | 7 1 2 | 3 6 | 5 2 | 2 - | 2 2 2 |

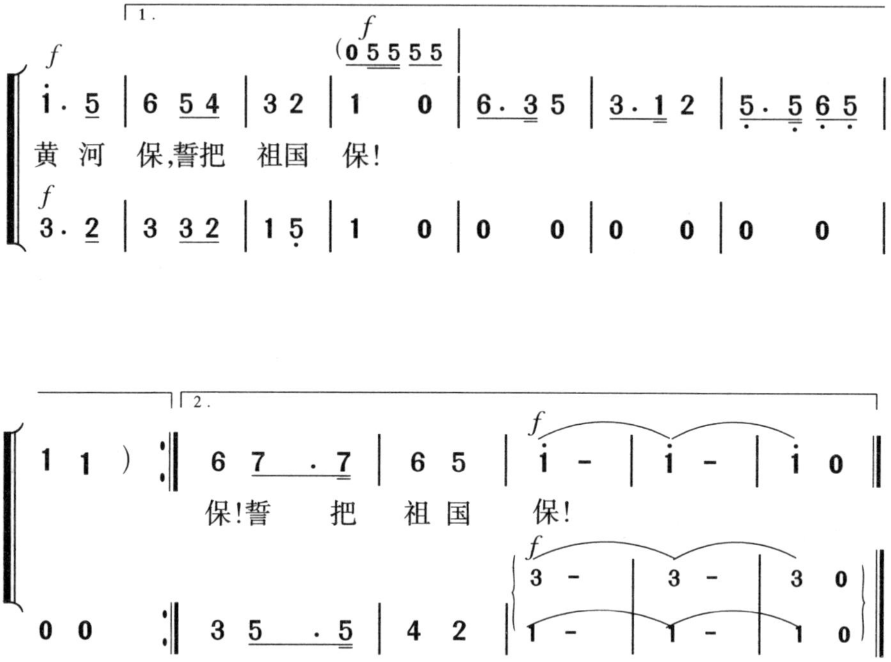
黄 河 保,誓把 祖国 保!
保!誓 把 祖 国 保!

心上人啊，快给我力量！

——故事片《神圣的使命》插曲
（女声独唱）

1=G 3/4

阎树田 陶嘉舟 词
常苏民 陶嘉舟 曲

♩=72 稍慢 忧郁、深沉地

（3 5 5 3 5 6 ‖ 6 - - | 6 1 1 6 6 5 | 3 - - | 5 6 6 5 5 3 |

2· 3 3 2 1 | 1 - - | 1· 2 6 5）| 3· 5 5 6 | 6 - - | 3· 5 5 6 |

情 切 切， 意 惶
怨 重 重， 恨 悠

6 - - | 1· 2 2 1 | 6· 1 6 5 | 3 - - | 3 - - | 6· 1 1 2 |
（0 5 6 1 3 5）

惶， 泪 眼 盼 春 光。 人 相
悠， 正 义 难 伸 张。 忆 往

2 - - | 6· 1 1 2 | 2 - - | 3· 2 2 1 | 6· 1 6 5 | 5 - - |

对， 心 隔 墙， 无 言 话 衷 肠。
事， 想 未 来， 进 退 两 茫 茫。

5 - - | 1 2 2 1 2 3 | 3 - - | 5 6 6 5 5 3 | 3 - - |
（0 1 2 3 5 6）

花 零 落 啊！ 月 西 沉 啊，
心 上 人 啊！ 快 给 我 力 量，

5 6 6 5 6 1 | 2· 1 2 3 | 3 - - | 3 - - | 3 5 5 3 5 6 |
（0 3 5 6 1 2）

心 破 碎， 黯 神 伤。 孤 独 痛
破 迷 雾， 化 冰 霜。 雨 过 花

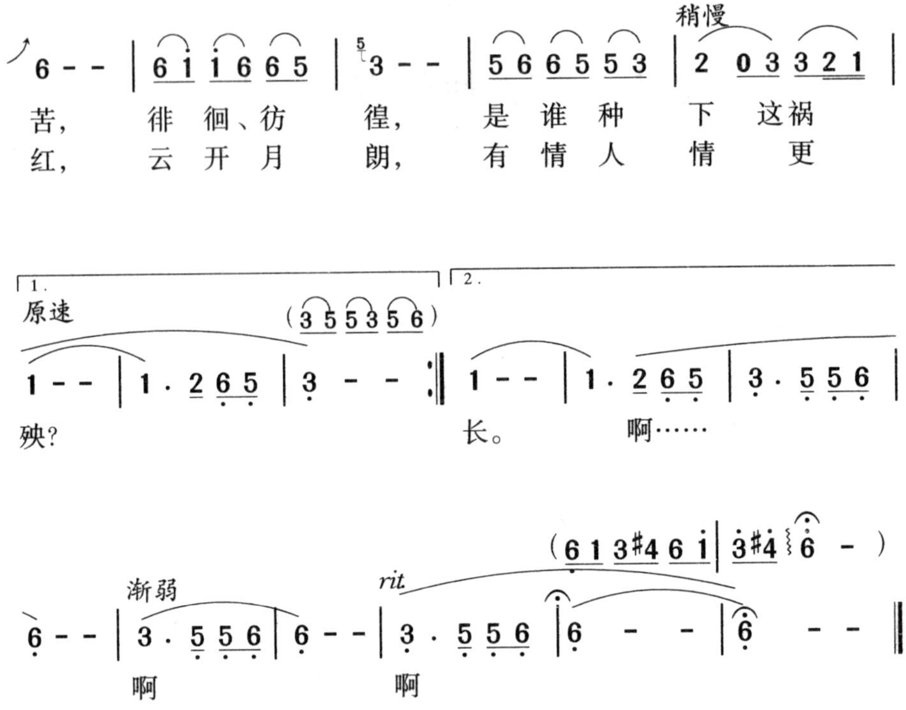
稍慢
苦，徘徊、彷徨，是谁种下这祸
红，云开月朗，有情人情更
原速
殃？
长。啊……
渐弱
rit
啊
啊

抬头低头盼天晴

——故事片《山城雪》插曲之一

（男声无伴奏领唱、合唱）

1=F 4/4

♩ = 48 沉重地

王持久　陶嘉舟 词

常苏民　陶嘉舟 曲

男高　6 0 0 0 X X | 1 0 0 0 X X | 2 1·6 1 2 | 3·3 3 3·3 3 3· | 1·1 1 1·1 1 1·
咳　　咳扎 咳　　咳扎　咳哟嗬咳咳　嗬　西咗 嗬　西咗

男低　6 0 5·3 5 6 0 | 1 0 5·3 5 6 0 | 4 — 3 — | 6·6 6 6·6 6 6·
咳　哟 嗬咳咳　咳　哟 嗬咳咳　咳　咳　嗬　西咗 嗬　西咗

2 0 0 0 X X | 4 0 0 0 X X | 3 2 1 6·1 5 | 6 — 6 1 2 3
咳　　咳扎 咳　　咳扎　咳哟嗬咳　咳　咳　咳哟嗬

2 0 1·6 1 2 0 | 4 0 1·6 1 2 0 | 5 — 3 — | 0 2 3 5 6 —
咳　哟 嗬咳咳　咳　哟 嗬咳咳　咳咳　咳咳咳 咳

领　1 — 6·1 6 5 | 3 5 2 3 — — | 5·3 3·2 1 6 | 2 3 2 — —
天　要　　下雪　寒　风　紧 哩。

高　#4 — 4 | 1 — 1 0 2 0 3 0 | 1 0 0 6 6 5 3 3 3 3 2 | #1 — 1 0 1 0 6 0 | 1 0 0 6 6 5 3 3 3 3 2
sfp　　　　　　　　　　　　sfp
咳　咳咳 咳　咳咳哟嗬　　咳　咳　咳　咳咳咳嗬

低　6 0 5·3 5 6 0 | 6 0 0 6 6 5 3 | 6 0 5·3 5 6 0 | 6 0 0 6 6 5 3
咳　哟 嗬咳咳　咳　咳咳哟嗬　咳　哟 嗬咳咳　咳　咳咳哟嗬

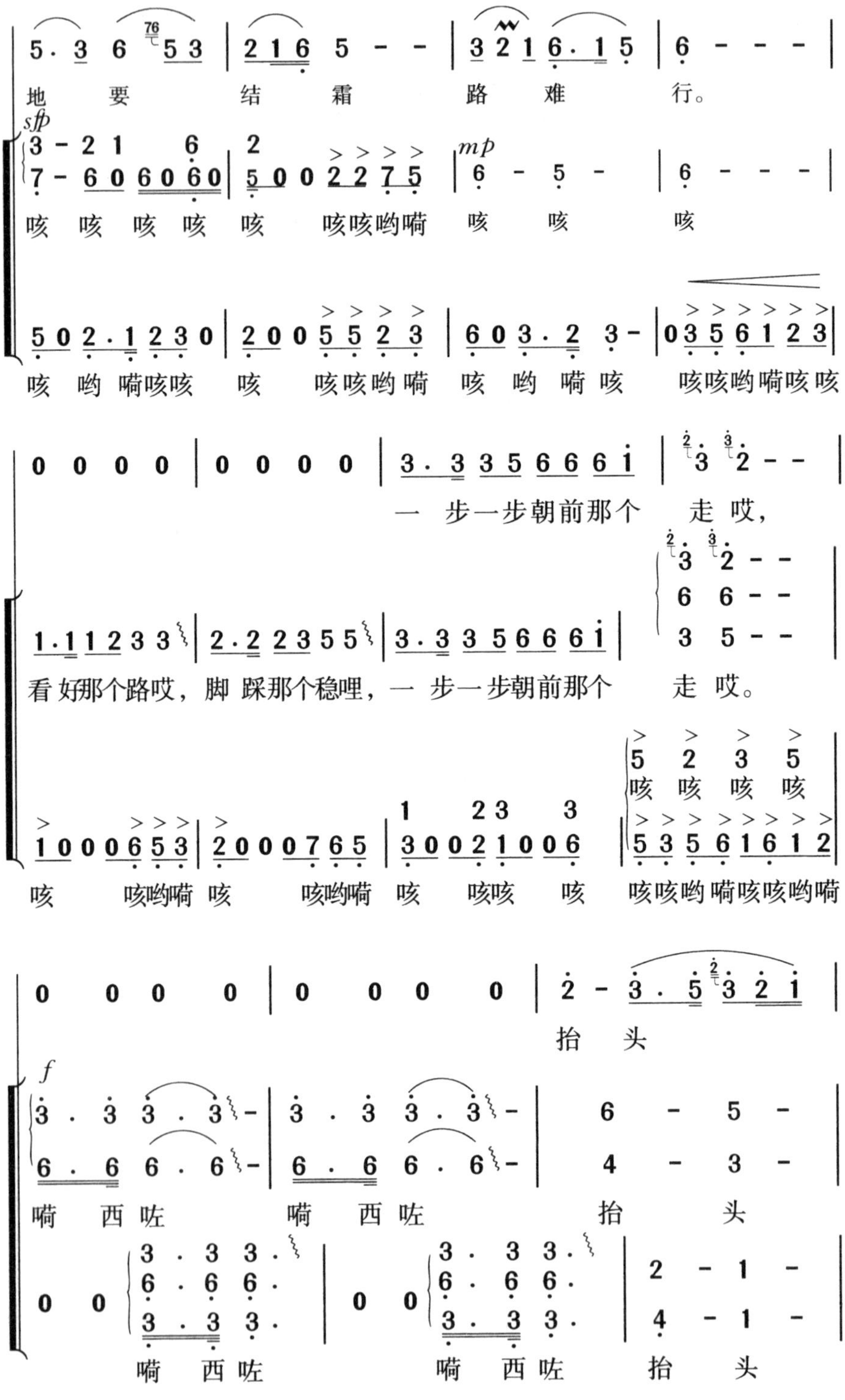
地 要 结 霜 路 难 行。
sfp
咳 咳 咳 咳 咳 咳咳哟嗬 咳 咳 咳
mp
咳 哟 嗬咳咳 咳 咳咳哟嗬 咳 哟 嗬 咳 咳咳哟嗬咳咳
一 步一步朝前那个 走 哎，
看 好那个路哎，脚 踩那个稳哩，一 步一步朝前那个 走 哎。
咳 咳 咳 咳
咳 咳哟嗬 咳 咳哟嗬 咳 咳咳 咳 咳咳哟 嗬咳咳哟嗬
抬 头
f
嗬 西 咗 嗬 西 咗 抬 头
嗬 西 咗 嗬 西 咗 抬 头

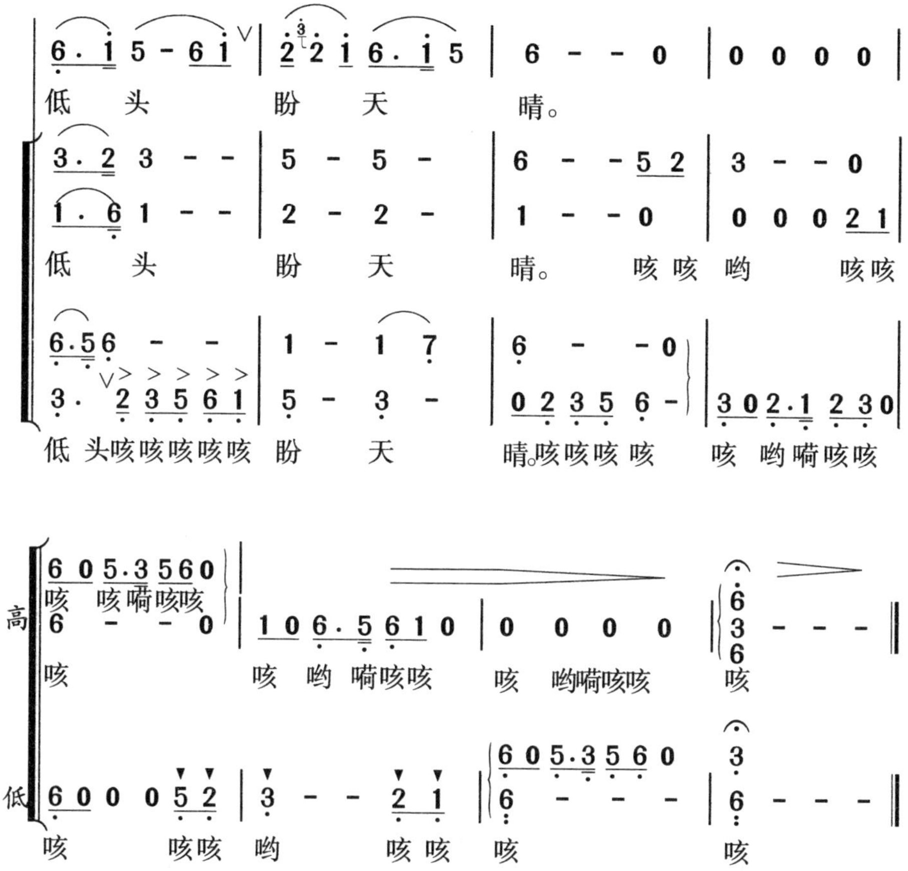
低 头 盼 天 晴。
低 头 盼 天 晴。 咳 咳 哟 咳咳
低 头咳咳咳咳咳 盼 天 晴。咳咳咳 咳 咳 哟嗬咳咳
咳 咳嗬咳咳
高
咳 咳 哟 嗬咳咳 咳 哟嗬咳咳 咳
低
咳 咳咳 哟 咳 咳 咳 咳

想延安

——故事片《山城雪》插曲之二
（女声独唱）

雁 翼 词

常苏民 陶嘉舟 曲

1=♭B 2/4

♩= 72 深情、情念地

（歌谱）

山 丹 丹 开 花
毛 泽 东 哩

红 艳 艳， 咱陕 北 有 个 好 延
朱 总 司 令， 领导 咱们 闹 革

安。 好延 安里 红彤 彤， 红 彤 彤，
命。 闹革 命 救中 国， 救 中 国，

住着 朱德 毛 泽 东。 哎……
普天 下 同唱解放的 歌。 哎……

哎咳一 咳 呀 住着 朱德 毛泽 东
普 天 下 同 唱 解 放 的

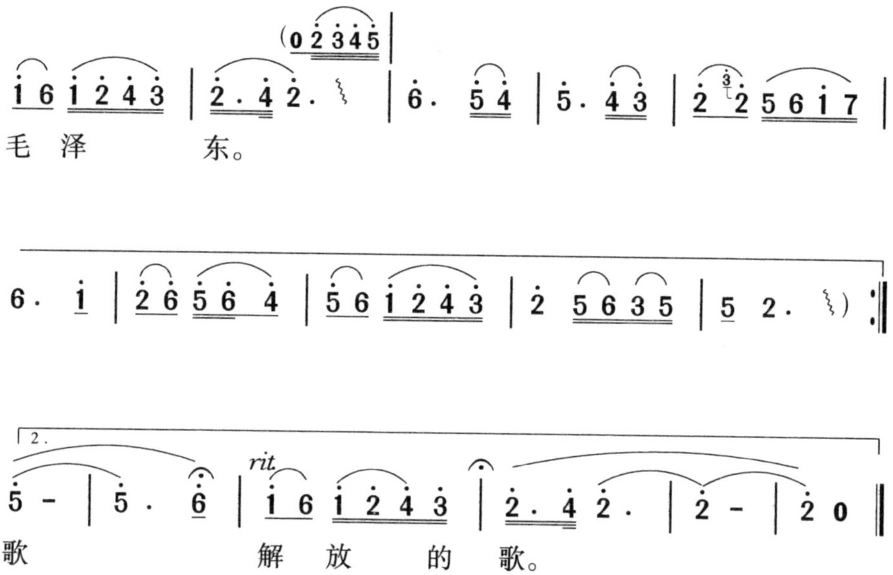
毛 泽 东。
歌 解 放 的 歌。
rit.

去吧，兄弟呀！

——故事片《山城雪》插曲之三

（女声独唱、合唱）

郭沫若 词

常苏民 陶嘉舟 曲

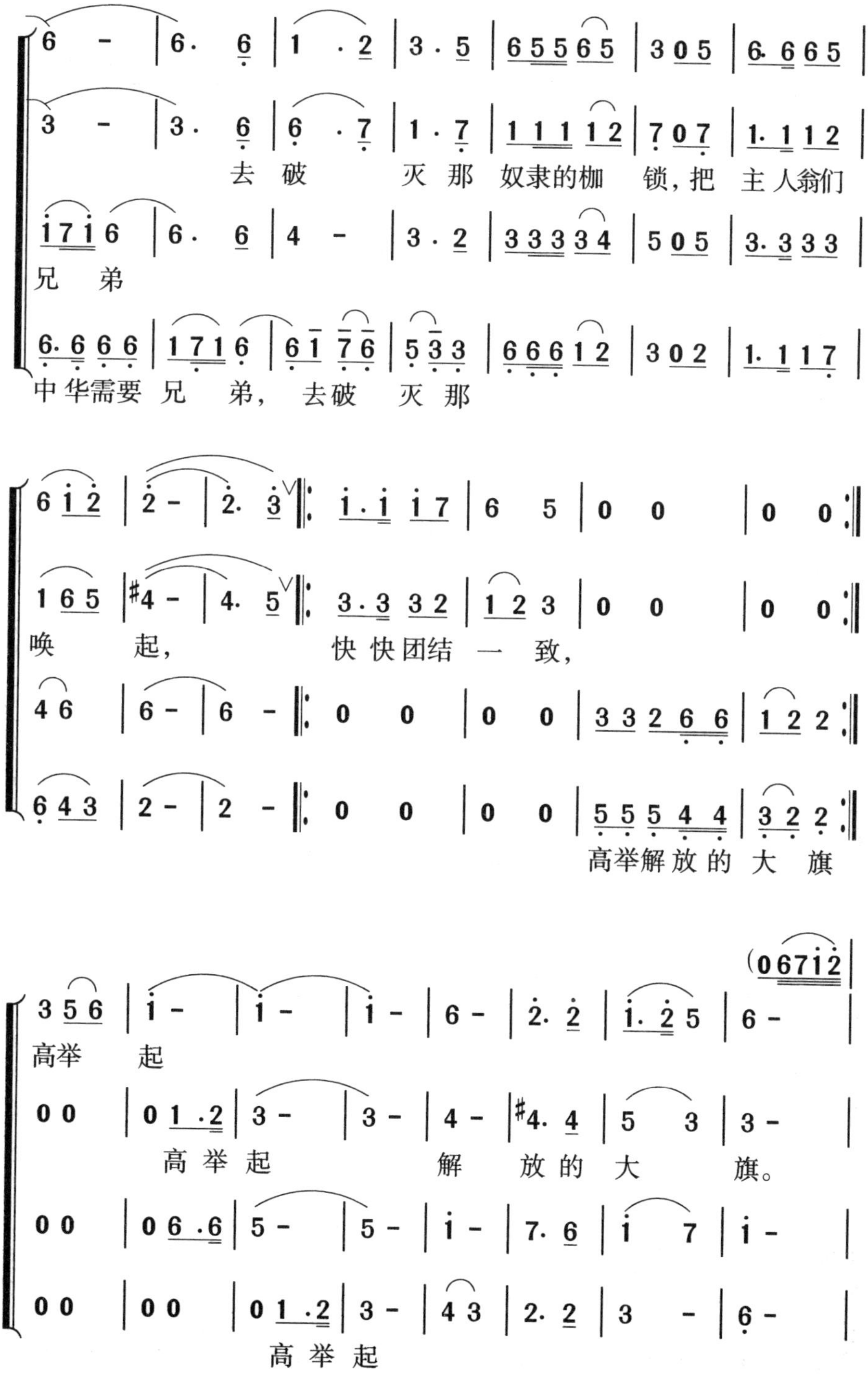
去破 灭那奴隶的枷 锁，把 主人翁们
兄弟
中华需要兄 弟， 去破 灭那
唤 起，
快快团结 一 致，
高举解放的大 旗
高举 起
高举起 解 放的大 旗。
高举起

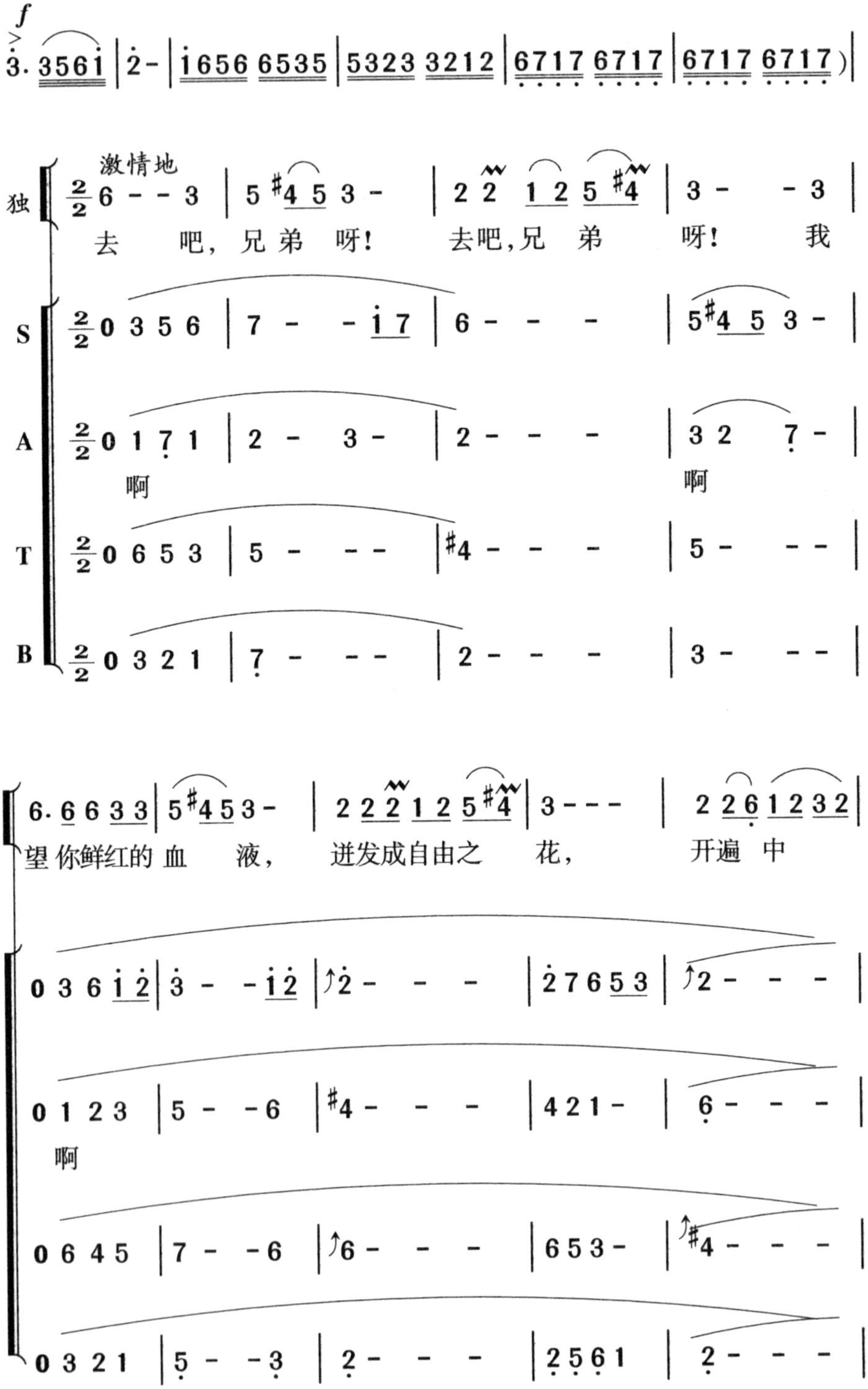
激情地
独
S
A
T
B
去 吧，兄弟 呀！ 去吧，兄 弟 呀！ 我
啊
啊
望 你鲜红的 血 液， 迸发成自由之 花， 开遍 中
啊

华， 开遍 中 华！ 开 遍

啊 啊 开 遍

中 华！

中 华！ 开 遍 中 华！

可爱的延安

——故事片《山城雪》插曲之四

（男高音独唱、合唱）

雁 翼 词

常苏民 陶嘉舟 曲

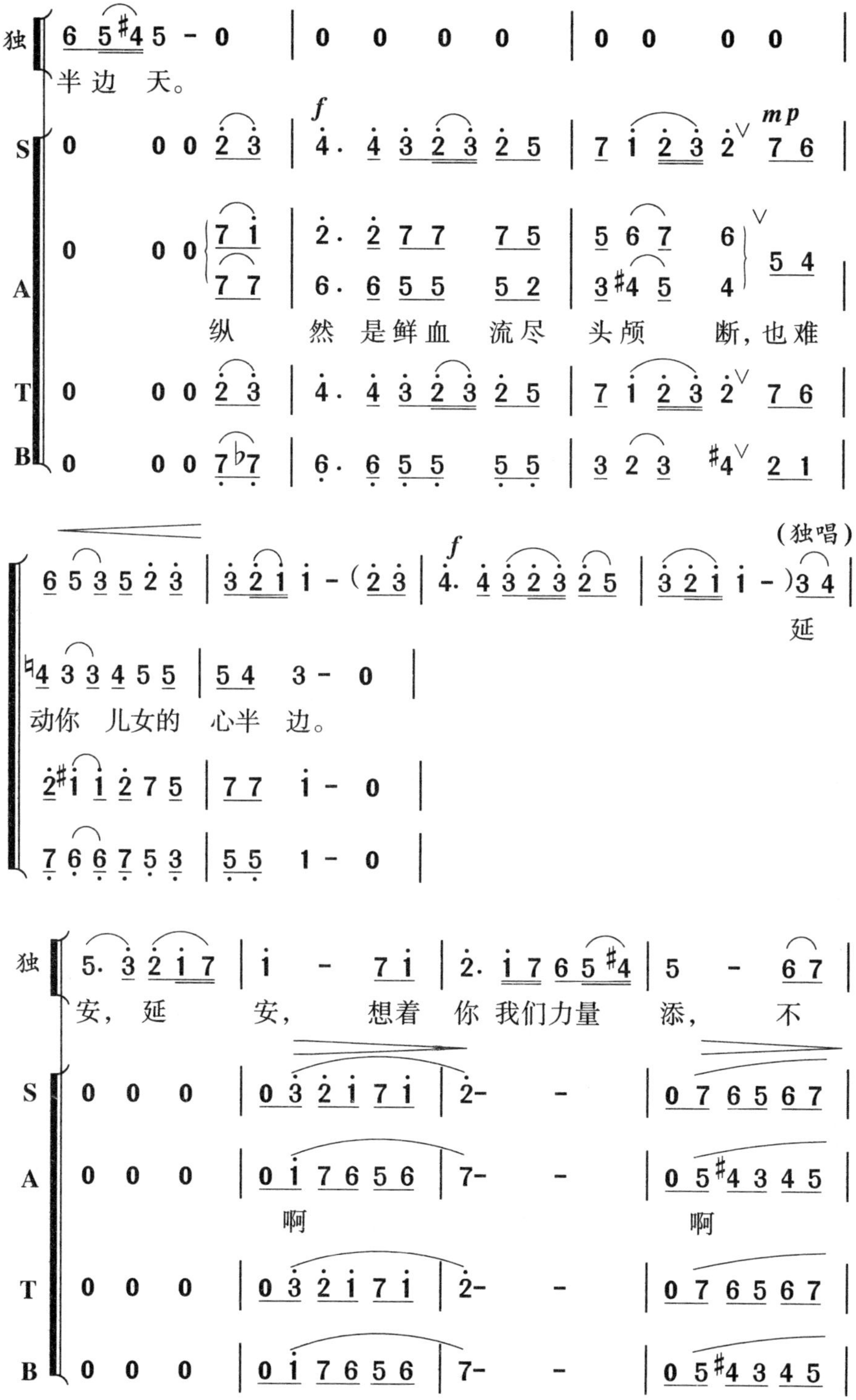
独
S
A
T
B
f
mp
半边 天。
纵 然是鲜血 流尽 头颅 断，也难
(独唱)
延
动你 儿女的 心半 边。
独
安，延 安， 想着 你我们力量 添， 不
啊
啊

怕 风冷 天 寒 敢和 魔鬼周 旋。

啊 啊 啊 纵

然 是鲜血 流尽 头 颅断，也难 动你 儿 女的

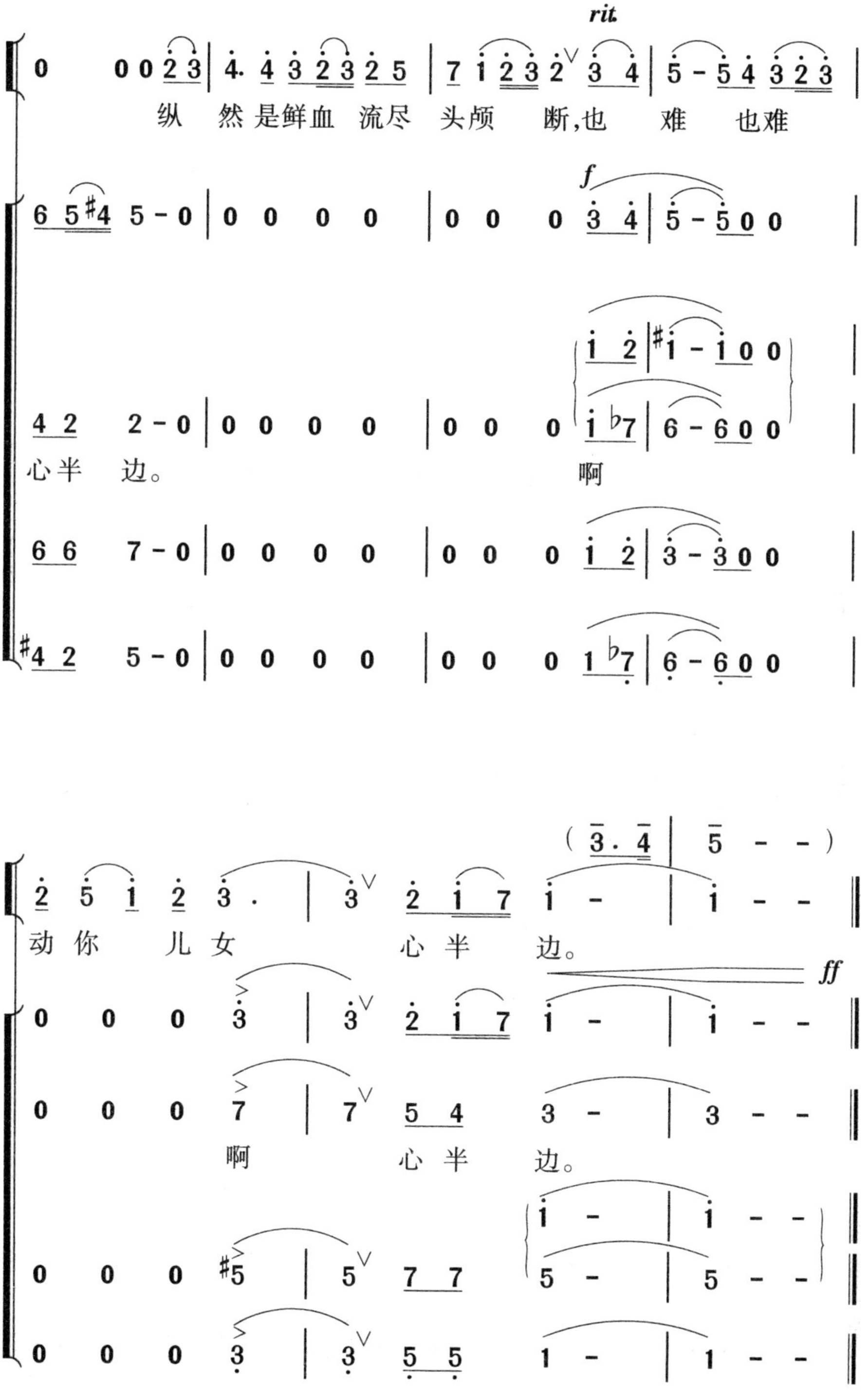
rit.
纵然是鲜血流尽头颅断,也难也难
f
心半边。
啊
动你儿女心半边。
ff
啊心半边。

千古奇冤

——故事片《山城雪》插曲之五
（合　唱）

周恩来 原词

常苏民 陶嘉舟 曲

慢 渐 快

$\overset{3}{4\underline{3}\underline{2}} \ \overset{3}{\underline{7}\underline{1}\underline{2}} \ | \ \overset{3}{4\underline{3}\underline{2}} \ \overset{3}{\underline{7}\underline{1}\underline{2}} \ | \ \overset{3}{4\underline{3}\underline{2}} \ \overset{3}{\underline{7}\underline{1}\underline{2}} \ | \ \overset{3}{4\underline{3}\underline{2}} \ \overset{3}{\underline{7}\underline{1}\underline{2}} \ |$

$(\overset{5}{\dot{5}}\ -\ )$ 慢　　f

$0\ 0\ 0\ \underline{6\ 1\ 2}\ |\ \overset{>}{4.\ \underline{4}}\ \overset{\frown}{\underline{3}\ 1}\ |\ 2\ -\ -\ -\ |\ \underline{2}\ 0\ 0\ 0\ 0\ |\ 0\ 0\ 0\ 0\ |$

$0\ 0\ 0\ \underline{3\ 5\ 6}\ |\ \overset{>}{7.\ \underline{7}}\ \overset{\frown}{5\ 3}\ |\ 4\ -\ -\ -\ |\ \underline{4}\ 0\ 0\ 0\ 0\ |\ 0\ 0\ 0\ 0\ |$

啊　相煎何　急?

$0\ 0\ 0\ \ 0\ \ |\ \overset{>}{2.\ \underline{2}}\ \overset{\frown}{7\ 6}\ |\ 6\ -\ -\ -\ |\ \underline{6}\ 0\ 0\ 0\ 0\ |\ 0\ 0\ 0\ 0\ |$

$0\ 0\ 0\ \ 0\ \ |\ \overset{>}{4.\ \underline{4}}\ \overset{\frown}{5\ 6}\ |\ 2\ -\ -\ -\ |\ \underline{2}\ 0\ 0\ 0\ 0\ |\ 0\ 0\ 0\ 0\ |$

快速进行，游行示威地 ♩ = 144

$\overset{\frown}{\text{X}}\ -\ -\ -\ |\ \underline{2}\ 0\ \underline{2}\ 0\ \underline{2}\ 0\ \underline{2}\ 0\ |\ \underline{2}\ 0\ \underline{2}\ 0\ \underline{2}\ 0\ \underline{2}\ 0\ )\ |\ 2\ -\ 1.\ \underline{\dot{6}}\ |\ 1\ 2\ -\ -\ |$

(男低)千　古　　奇冤,

T $0\ 0\ 0\ \ 0\ \ |\ 0\ 0\ 0\ 0\ |\ 5\ -\ 4.\ \underline{\overset{\frown}{2}}\ |\ 4\ 5\ -\ -\ |\ \flat 7\ -\ 4.\ \underline{2}\ |$

江　南　　一叶。　同室　操戈,　相煎

B $4\ -\ 1.\ \underline{\dot{6}}\ |\ 1\ 2\ -\ -\ |\ \begin{cases} \flat 7\ -\ 2\ - \\ 5\ -\ 6\ - \end{cases} |\ \begin{cases} \dot{1}\ \flat 7\ -\ - \\ \dot{6}\ \dot{5}\ -\ - \end{cases} |\ \begin{cases} 2\ -\ 2\ - \\ \flat 7\ -\ 6\ - \end{cases} |$

S $0\ 0\ 0\ \ 0\ \ |\ 0\ 0\ 0\ 0\ |\ 0\ 0\ 0\ \ 0\ \ |\ 0\ 0\ 0\ 0\ |$

A $0\ 0\ \underline{2\ 3}\ \underline{4\ 5}\ |\ \begin{cases} 6\ -\ 5.\ \underline{\overset{\frown}{3}} \\ 1\ -\ 1\ - \end{cases} |\ \begin{cases} 5\ 6\ -\ - \\ 1\ 1\ -\ - \end{cases} |\ \begin{cases} \dot{1}\ -\ 5.\ \underline{3} \\ 3\ -\ 3\ - \end{cases} |$

何急啊?　　千　古　　奇冤,　　江　南

T $4\ 5\ -\ \ -\ \ |\ 0\ 0\ 0\ 0\ |\ 6\ -\ 5.\ \underline{\overset{\frown}{3}}\ |\ 5\ 6\ -\ -\ |$

B $\begin{cases} 1\ 7\ -\ - \\ \dot{6}\ \dot{5}\ -\ - \end{cases} |\ 0\ 0\ 0\ 0\ |\ 6\ -\ 5.\ \underline{\overset{\frown}{3}}\ |\ 5\ 6\ -\ -\ |$

何急?　　　　　千　古　　奇冤,

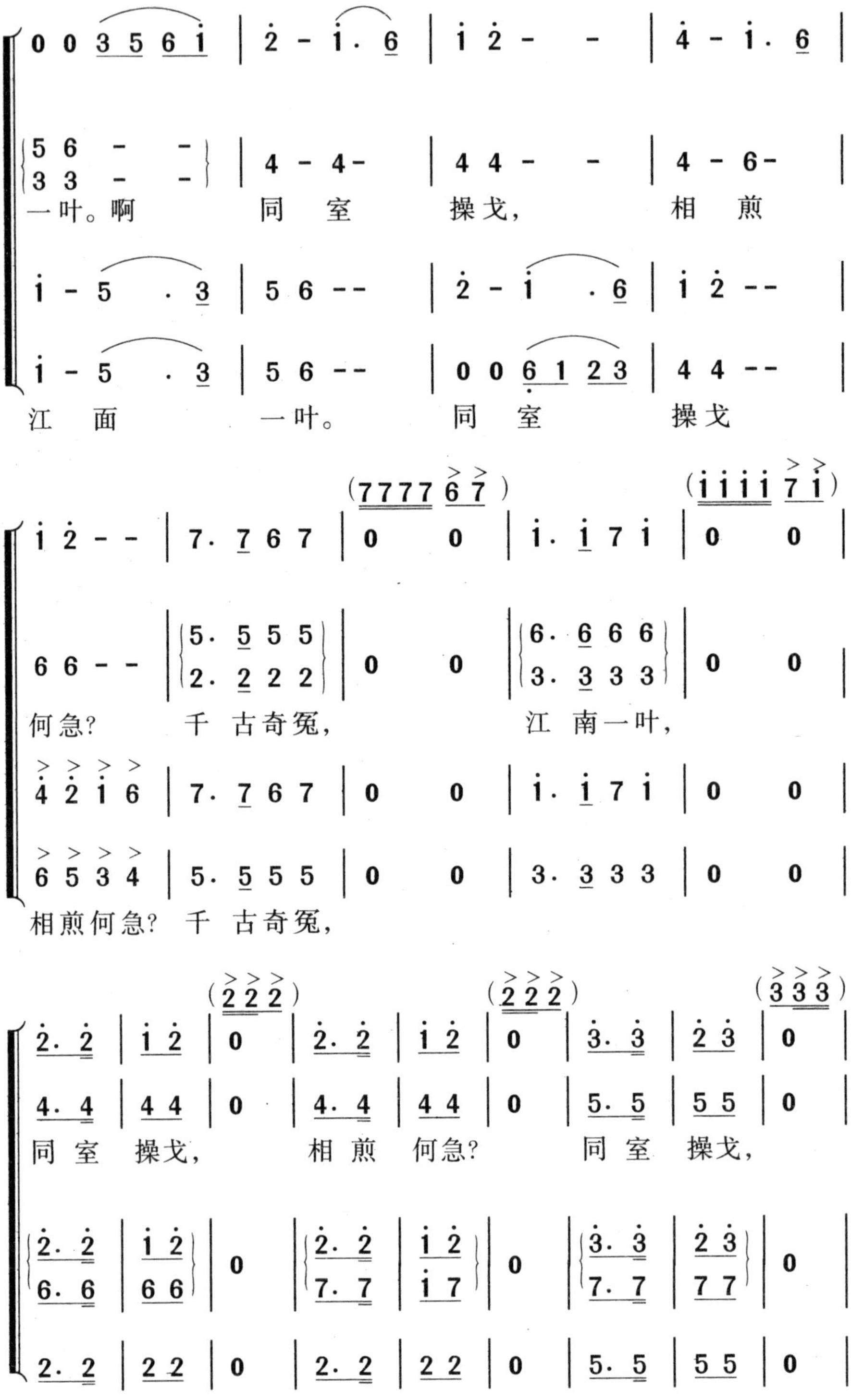
一叶。啊 同 室 操戈, 相 煎
江 面 一叶。 同 室 操戈
何急? 千 古奇冤, 江 南一叶,
相煎何急? 千 古奇冤,
同室 操戈, 相 煎 何急? 同室 操戈,

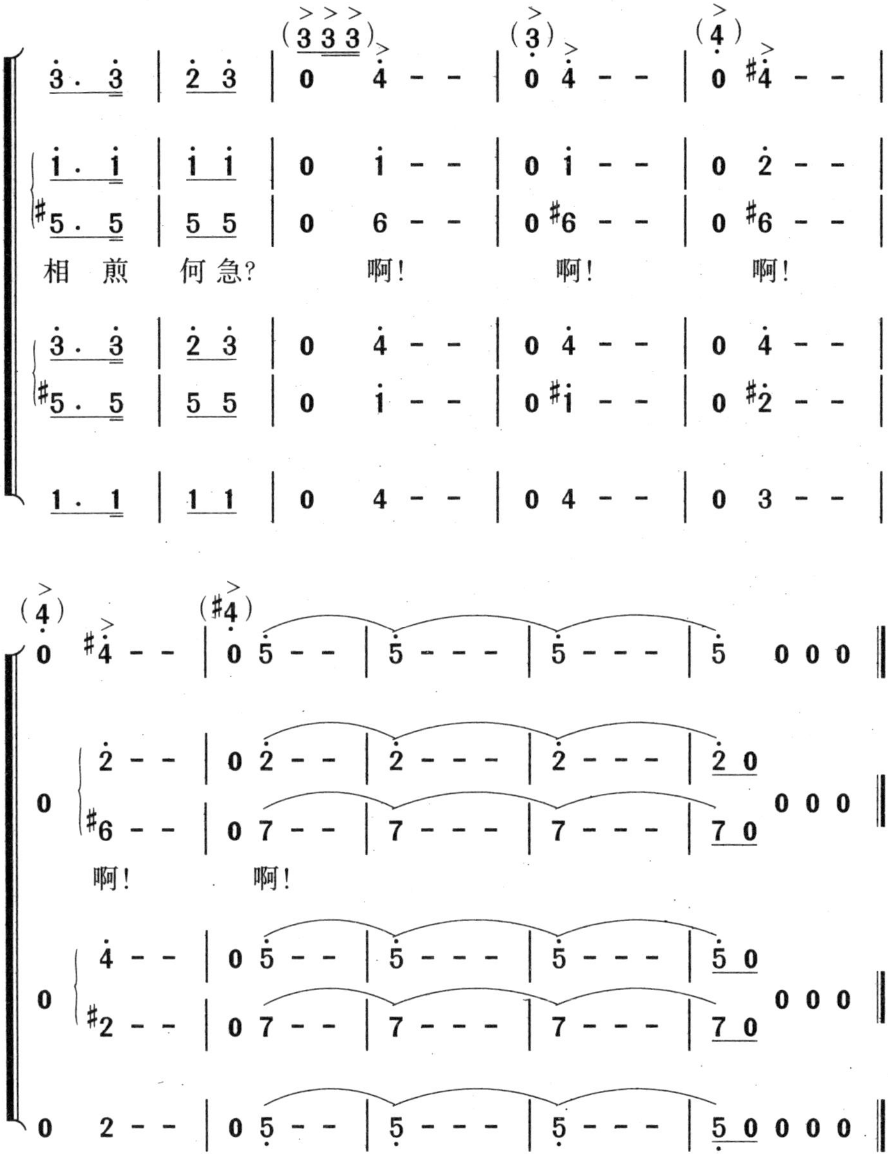
相 煎 何急？ 啊！ 啊！ 啊！
啊！ 啊！

夜 色

——故事片《漩涡里的歌》插曲之二

（男声独唱）

1=F 4/4

♩ = 48 忧郁地 慢

刘子农 廖 云 词

常苏民 陶嘉舟 曲

mp

（0 5̇ 6̇ 1 2）

3̇ 5̇ 6̇ 1 2 1 1· 2 | 3 2̇ 1 3 5 6 5 5 - | 1̇ 6 1̇ 6 5 6 5 3 |

夜　　色 把 大 江 笼 罩，　鸟 儿 睡 了，

（5 7 6 5 | 3 - ）

5 5 6 6 5 3 2 2 - | 5 1 2 1 2 3 3 - | 2 2 3 2 1 6 5 6 - |

花 儿 睡　 了。　 江 上 传 来　 忧 郁 的 歌 谣。

（5 3 3 2 2 1 1 5 6 1 2 3 5 6 1 2 3 5） mf 激动地

5· 6 6 5 3 2 2 3 3̇ 2 #1 2 1 | 1 - - - | 6 1 6 1 - |

传 来　 忧 郁 的 歌　 谣。　　　　　 询 问

2̇ 1 2 2 1 6 1 - | mp 5 3 1 6 5 6 5 3 | 5 6 1 2 3 2 2 - |

奔 流 的 波　 涛，　 将 来 的 生　 活 你 可 知　 道？

mf

6 1 6 1 - | 2̇ 1 2 2 1 6 5 3 - | mp 5 5 6 6 5 5 3 2 0 3 3̇ 2 #1 2 1 |

询 问 奔 流 的 波　 涛，　 将 来 的 生 活 你 可 知

（5 3 3 2 2 1 1 6 5）

p rit

1 - - - | 5· 6 6 5 3 2 0 3 3̇ 2 #1 2 1 | 1 - - - ‖

道？　　　 你 可 知　 道？

船工号子

——故事片《漩涡里的歌》主题歌
（男高音独唱）

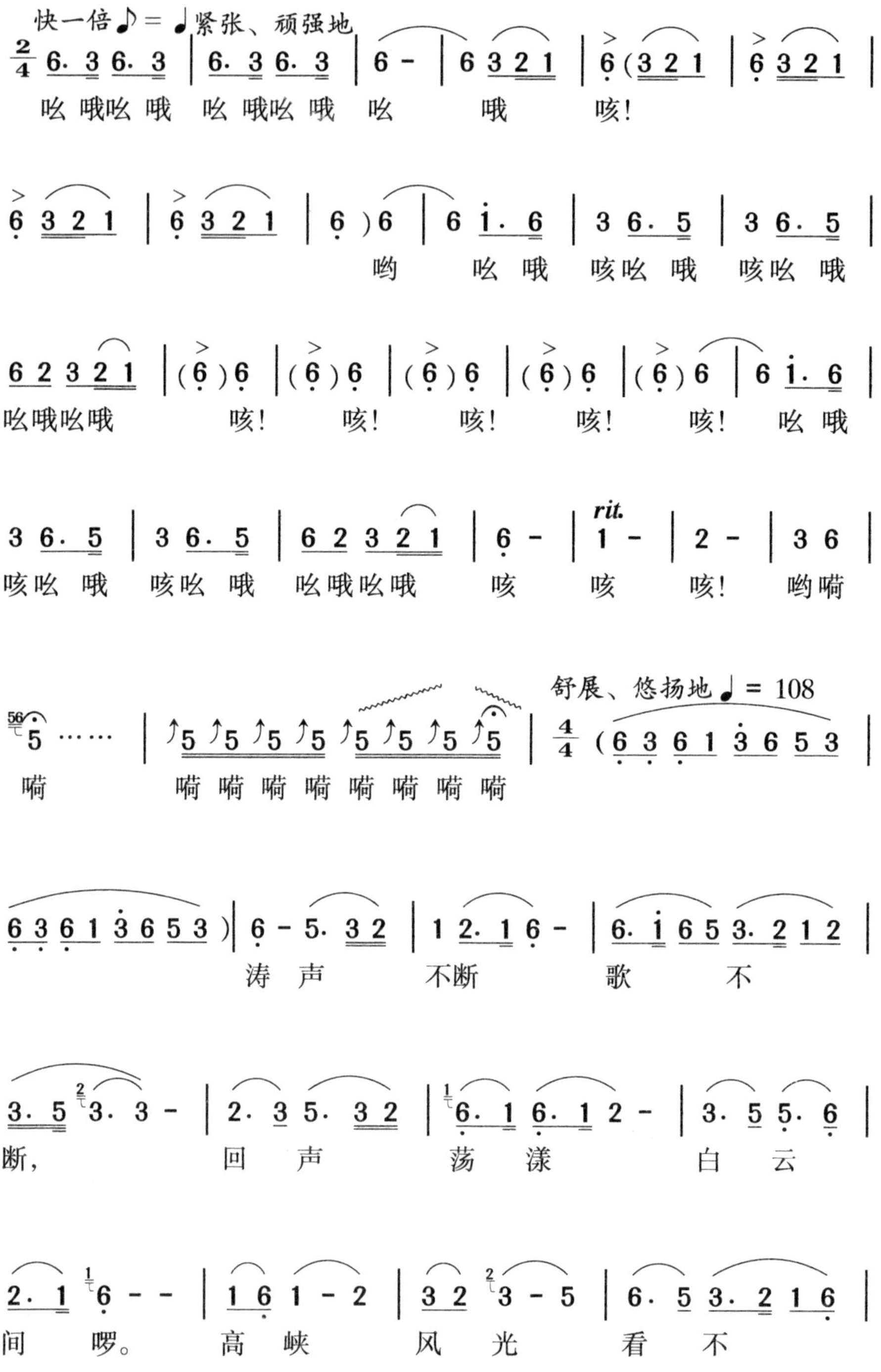
快一倍♪＝♩紧张、顽强地
吆 哦吆 哦 吆 哦吆 哦 吆 哦 咳!
哟 吆 哦 咳吆 哦 咳吆 哦
吆哦吆哦 咳! 咳! 咳! 咳! 咳! 吆 哦
咳吆 哦 咳吆 哦 吆哦吆哦 咳 咳 咳! 哟嗬
rit.
嗬 嗬 嗬 嗬 嗬 嗬 嗬 嗬 嗬
舒展、悠扬地♩＝108
涛 声 不断 歌 不
断, 回 声 荡 漾 白 云
间 啰。 高 峡 风 光 看 不

```
 ⌒       3              ⌒                ⌒
3 5 3  ₹2 -  | 5 3 1 - -  | 1 - - 7  | 6· 1  ⁵6 5 5 - |
尽     哪，   轻 舟              飞   过
```

```
⌒           3        ⌒         突回原速 松弛地   ⌒           ⌒
3 1 2 3  ₹5 0 3  | 2 1· 1 -  ‖ ²₄ 1· 6 1 6  | 1 6 | 6 5 3 |
万 重 山      啰。            吆 喂吆喂  吆 哦，
```

```
     ⌒          ⌒  ⌒                ⌒
5· 3 5 2  | 5 3 | 3 2 1 | 2· 1 2 6·| 3 2 | 2 3 | 6· 3 6 3 |
吆 喂吆喂  吆 哦，   吆 喂吆喂  吆 哦，    吆 喂吆喂
```

```
   ⌒              ⌒        rit. ⌒              >
6 5 | 5 - ⌇‖ 1 - | 1 - | 2 - | 2 - | 3 - | 3 - | 3 0 ‖
吆 哦！  嗨！    嗨！      嗨！
```

心心相印

——故事片《漩涡里的歌》插曲之四

（女声独唱）

1=F 4/4

♩=60 甜美、抒情地

廖 云 余 阳 词
常苏民 陶嘉舟 曲

(i̇. 2̇ i̇ 6 - | i̇. 2̇ 2̇ i̇ 6 5 5 - | 5. 6 1 2 3 5 6 5 3 2 3 |

(5 6 i̇ i̇ -) 1 - - - | 3 5 6 5 2 3 2 1 - | 2. 3 2 1 6 5 5 - |

两江的水 哟 合 起 来，

1 2 3 5. i̇ 6 5 3 | 5. 6 6 5 1 5 3 2. | 3 5 6 5 2 3 2 1 - |

亲密无 间奔东海。 两朵白 云

(5 6 i̇)
2. 3 3 2 7 2 2 6. | 5. 6 1 2 3 5 6 5 3 | 2 3 5 5 2 3 2 1 - |

合 起 来， 相 依 相 伴游 天 外。

(3. 2̇ 3 2̇ i̇ 6 | 5 5 6 1 2 3 1 -) | i̇ 6 i̇ 2̇ 2̇ i̇ 6. |

鸟 儿 双 双

i̇. 2̇ 2̇ i̇ 6 5 5 - | 5 3 5 6 1 6 5 3. | 5. 6 6 5 1 5 3 2. |

飞 起 来， 追风逐浪多 欢 快。

钟　情的人　儿　合　起　来，　心　心相印不　分

开。　　啊　　　　嗯　　　　啊　　　　啊

人家的船儿桨成双

——故事片《漩涡里的歌》插曲之五

（男高音独唱）

余 阳 廖 云 词

常苏民 陶嘉舟 曲

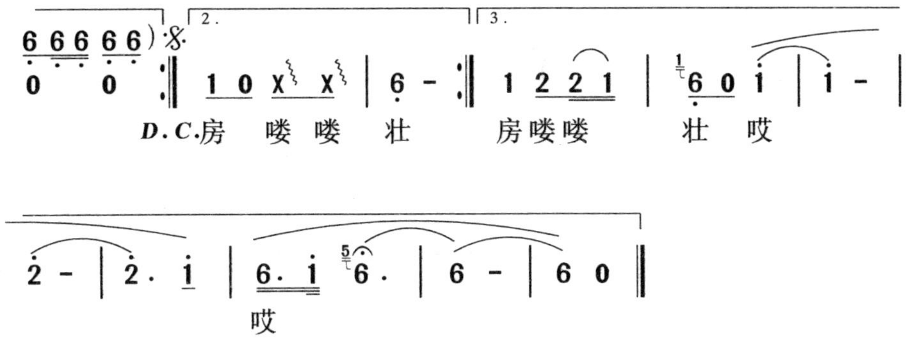
D.C.房 喽 喽 壮 房喽喽 壮 哎
哎

千里共婵娟

——故事片《风流千古》插曲之四

（女声独唱）

古词集句

常苏民 陶嘉舟 曲

1 = F 2/4

悲切、深情地

引子 稍自由

久，　　　　　　　　千里　共婵

娟。　　　　啊……　　　　　啊……

但愿　　人长　久，

慢
千里　共婵　　　　　　　　　娟。

钗 头 凤

——故事片《风流千古》插曲之五
（女声齐唱、合唱）

1=C 4/4

（南宋）陆 游 词
常苏民 陶嘉舟 曲

♩= 48 慢 感慨、痛切地

引子 稍自由

（6…… 2…… 1.265 356 16 5……）‖ 1632 123 31 1265 ‖

红酥 手，
春如 旧，

3.5656 116 5. | 561 2361 653 | 5232 35 51. |

黄滕 酒， 满城春 色 宫墙 柳。
人空 瘦， 泪痕红 浥 鲛绡 透。

女高 ‖ 2212 55 30 235 | 661 356 561 | 5.356 1532 i |

东风 恶， 欢情 薄， 一怀 愁 绪
桃花 落， 闲池 阁， 山盟虽 在

女低 ‖ 7 － ♭7 － | 6 － 2356 | 3.123 #4 45 |

p

啊…… 啊……
啊…… 啊……

‖ 6321 123 356 | i 305 52 2035 | 516 1 － |

几年离 索。 错， 错， 错！
锦书难 托。 莫， 莫，

（1. 123561 2 7）

653 2 7♭7 | 6#56 0 ♮5 #45 0 | 1. 6 1 － |

.250

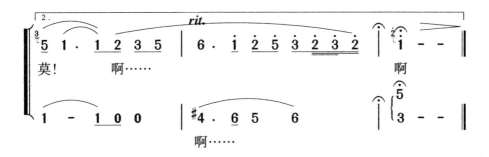

$(\overset{\cdot}{3} \cdot \overset{\mathbf{w}}{\overset{\cdot}{2}} \quad \overset{\cdot}{1} \quad \overset{\cdot}{1} \quad \overset{\cdot}{2} \quad 6 \quad 5 \mid \overset{3}{5} \quad 2 \quad 3 \quad 2 \quad 3 \quad 5 \quad \overset{3}{5} \quad 1 \quad 2 \quad 3 \quad 5 \quad 6);$

$\overset{3}{5} \quad 1 \cdot \quad \overset{\cdot}{1} \quad 2 \quad 3 \quad 5 \mid 6 \cdot \quad \overset{\cdot}{1} \quad \overset{\cdot}{2} \quad 5 \quad \overset{\cdot}{3} \quad \overset{\cdot}{2} \quad \overset{\cdot}{3} \quad \overset{\cdot}{2} \mid \overset{\frown}{\overset{\cdot}{1}} \quad \overset{2}{\overset{\cdot}{1}} \quad - \quad - \parallel$

莫!   啊……   啊

$1 \quad - \quad 1 \quad 0 \quad 0 \mid {}^{\#}4 \cdot \quad \underline{6} \quad 5 \quad 6 \mid \overset{\frown}{3} \quad \overset{\overset{\frown}{5}}{3} \quad - \quad - \parallel$

啊……

后　记

　　为了纪念常苏民老院长辞世20周年暨庆祝四川音乐学院建院75周年，学院领导决定由川音高等教育研究所组织编辑出版《音乐教育家常苏民纪念文集》一书。这本文集，本应在纪念常老百年诞辰时问世，由于当时搜集的资料尚有不足，一些历史影像的年代和涉及人物还有待查证，以及尚需安排必要的组稿工作等原因，从而推后了出书的时间。

　　川音建校至今已75周年，其间，常老出任川音院长就长达三十余年之久。常老对川音的建设和发展，起到了极其重要的奠基人作用，影响深远，功不可没。他有一颗赤子之心，对党忠诚，求真务实，积极贯彻党的文艺教育方针；他为人正直，廉洁秉公，亲民尊贤，和若春风。作为一个老共产党员，常老的精神魅力与高风亮节，将永远留在人们心中！

　　需要说明的是，常苏民音乐文论选部分，写于上世纪50年代和60年代的一些文章，都具有浓烈的历史特点和烙印。这些文章是历史的印证和记忆，它们说明任何人都不可能脱离所处的历史时代，都不可能不受历史时代的制约。这些文章对于了解和研究当时音乐领域的历史真实还是有一定助益的。

　　感谢常小勇先生提供了大量珍贵照片和资料，并提供经费资助，为本书的出版尽心尽力!

感谢川音档案馆为本书提供了重要历史资料!

在本书组织编写过程中,还得到川音音乐学系主任甘绍成教授的大力支持,该系教师陈思,研究生张婧、王国坤为本书付出了辛劳,谨在此一并致谢!

四川音乐学院高等教育研究所

2013年7月